서양 현대사의 흐름과 세계

서양 현대사의 흐름과 세계

■ 강철구Chul-Ku Kang 지음

용의 숲

| 머리말 |

이 책은 서양의 현대사를 다룬 것이다. 그러나 현대라는 시기는 서양이 전 세계를 지배한 시기이므로 서양에만 한정되지는 않는다. 자연히 세계사적인 성격을 가질 수밖에 없다. 따라서 서양의 현대사이기는 하지만 사실은 전 세계의 역사라고 해도 과언이 아니다.

서양 역사학에서 현대의 기점으로 보는 시기는 1870~1880년대의 제국주의의 시작, 1914년 제1차 세계대전의 시작, 또 제2차 세계대전이 끝난 1945년 등 학자들에 따라 다르다. 다 나름으로는 일리가 있으나 제국주의에 의해 세계가 하나로 묶였다는 점에서는 제국주의 시기가 가장 설득력이 있다. 따라서 이 책에서는 제국주의를 기점으로 삼았다.

이렇게 보아도 현대사는 시간적으로 그렇게 길지 않다. 대략 130여 년 정도 될 것이다. 그럼에도 그동안에 수많은 대사건들이 벌어져 어느 시대사보다도 동적이며 흥미진진하다. 소련이라는 최초의 사회주의 국가의 등장, 두 차례의 세계대전, 경제공황, 파시즘의 흥기, 냉전 등은 그야말로 인류의 역사에 큰 영향을 남긴 세계사적 사건들이다. 많은 역사가들뿐 아니라 일반인들이 큰 흥미를 느끼고 그 원인이라든가 의미를 찾으려고 애쓰는 이유이다.

그러나 아시아 · 아프리카 사람들의 입장에서 본다면 현대는 단순한 회고나 흥미의 대상만은 아니다. 그것이 오늘날 그들의 삶을 그대로 규정하고 있기 때문이다. 현대야말로 그들 대부분이 식민지인으로 전락했던 시기이고 식민지에서 해방된 후에도 '제3세계'로 불리며 저개발과 빈곤 속에서 과거 제국주의 국가들인 선진국들에게 착취를 당해온 시기이다. 그리고 그것은 지금도 선진국의 신자유주의적 수탈에 의해 지속되고 있다. 그 점에서 현대사는 아시아 · 아프리카인들에게 특히 '현재적'인 역사라고 할 수 있다.

그럼에도 서양 현대사는 다른 시기의 역사와 마찬가지로 아직도 강한 서양 중심적 시각에 의해 지배되고 있다. 특히 영미적인 시각이 뚜렷한데 그것은 영국, 프랑스, 미국 같은 이른바 서방 세계가 두 차례의 세계대전과 냉전에서 승리했기 때문이다. 역사가 승자의 기록이라고 하는 것은 이를 두고 하는 말이다. 몇 가지 예를 들어 보자.

제국주의의 경우 아직도 서양인들의 주류적 시각은 식민지 근대화론에서 벗어나지 못하고 있다. 또 어처구니없는 일이나 갤러거나 로빈슨의 '주변부 이론'이나 '협력 이론' 같은 것으로 그 책임을 식민지인에게 돌리고 있다. 그러니 아직도 조선과 관련해 식민지 근대화론에 집착하는 일본인들만을 탓할 일도 아니다.

제1차 세계대전이나 제2차 세계대전의 경우에는 독일을 비롯한 3국 동맹 측이나 추축국들을 악으로, 영국 · 프랑스 · 미국을 선으로 본다. 그러나 영국이나 프랑스, 미국은 당시에 많은 식민지를 거느리고 있는 제국주의 국가들이었다. 그리고 3국 동맹 측이나 추축국들은 이에 도전하려 했을 뿐이다. 그러므로 이 전쟁들은 사실 제국주의 국가들의 패권 다툼에 불과했다. 그런데 아시아 · 아프리카 사람들의 입장에서 본다면 거기에 선이 어디 있고 악이 어디 있나?

냉전도 마찬가지이다. 영미적인 시각은 소련을 중심으로 하는 사회주의권을 악으로 묘사한다. 그러나 사회주의 체제라고 하는 것은 실패하기는 했고 많은 문제점을 가지고 있기도 했으나 인류의 진보를 가져오려는 거대한 실험장이기도 했다. 게다가 냉전 시기에 미국은 자기 세력권에 있는 제3세계에서의 어떤 독자적인 행동도 결코 용납하지 않으려 했다. 미국 외교정책도 기본적으로는 제국주의적 성격을 가지고 있다. 따라서 단순히 미국식의 2분법적인 선악 개념으로 재단하기는 매우 어려운 것이다.

물론 현대라는 시기가 지금의 현재와 너무 밀착해 있어 다른 시대에 비해 도덕적 판단이 더 작용하는 경향이 있는 것은 분명하다. 그러나 이제 영미적인 시각에서 벗어나 우리 자신의 관점을 찾는 작업을 본격화해야 할 것으로 생각한다.

이 책은 기본적으로 대학생들을 염두에 두고 쓴 것이다. 그러나 서양 현대사의 중요한 주제에 대해 간략한 상을 얻도록 하는 데 중점을 두었기 때문에 내용을 쉽게, 또 분량을 적게 했다. 따라서 일반인들이 읽기에도 별 부담이 없을 것이다. 각 주제에 대한 본격적인 논의는 이 책에 함께 실은 참고 문헌이나 다른 책들을 참고하는 것이 좋을 것이다.

독자 여러분이 이 책을 통해 서양 현대사에 대한 지적 관심을 어느 정도라도 충족시킬 수 있다면 필자에게는 큰 기쁨이 될 것이다. 마지막으로 책을 펴내는 데 많은 수고를 아끼지 않은 이화여대 대학원의 유연지 양에게 깊은 감사를 표한다. 그가 사진이나 지도 등의 까다로운 작업을 성심껏 해주지 않았다면 책이 지금과 같은 모양을 하지는 못했을 것이다.

2012년 8월
강철구 씀

차례

6장 세계 경제공황

7장 파시즘

8장 제2차 세계대전

9장 냉전 체제

10장 식민지 해방과 제3세계

11장 서유럽의 사회민주주의 체제

01

제국주의 시대

제국주의란 무엇인가

1870년대부터 제국주의 시대가 시작되었다. 제국주의는 강대국들이 해외에 식민지를 많이 확보하여 제국을 만들려는 운동을 말한다. 물론 제국을 건설하는 것은 새로운 현상은 아니고 고대부터 있어 온 일이다. 그러나 이 시기의 유럽 국가들은 산업화를 통해 우월한 기술과 무기, 산업 능력을 발전시킴으로써 과거의 어떤 제국들보다도 더 강력한 힘을 갖고 있었다.

또 이때에는 전통적인 유럽의 식민 국가만이 아니라 여러 나라가 새롭게 식민지 확보에 참여했다. 독일, 이탈리아, 미국, 일본 같은 나라가 이에 해당한다. 식민지 보유가 이제 그 나라가 강국이라는 표시가 되었기 때문이다.

그리하여 제국주의는 전 세계가 그 대상이 되는 지구적 운동이 되었으며 1914년에 이르면 비유럽 지역 거의 전체가 식민지로 전락했다. 그런 변화를 가장 잘 보여 주는 지역이 아프리카이다. 1880년대에 시작된 아프리카 분할로 약 20년 사이에 아프리카 거의 전체가 유럽 7개

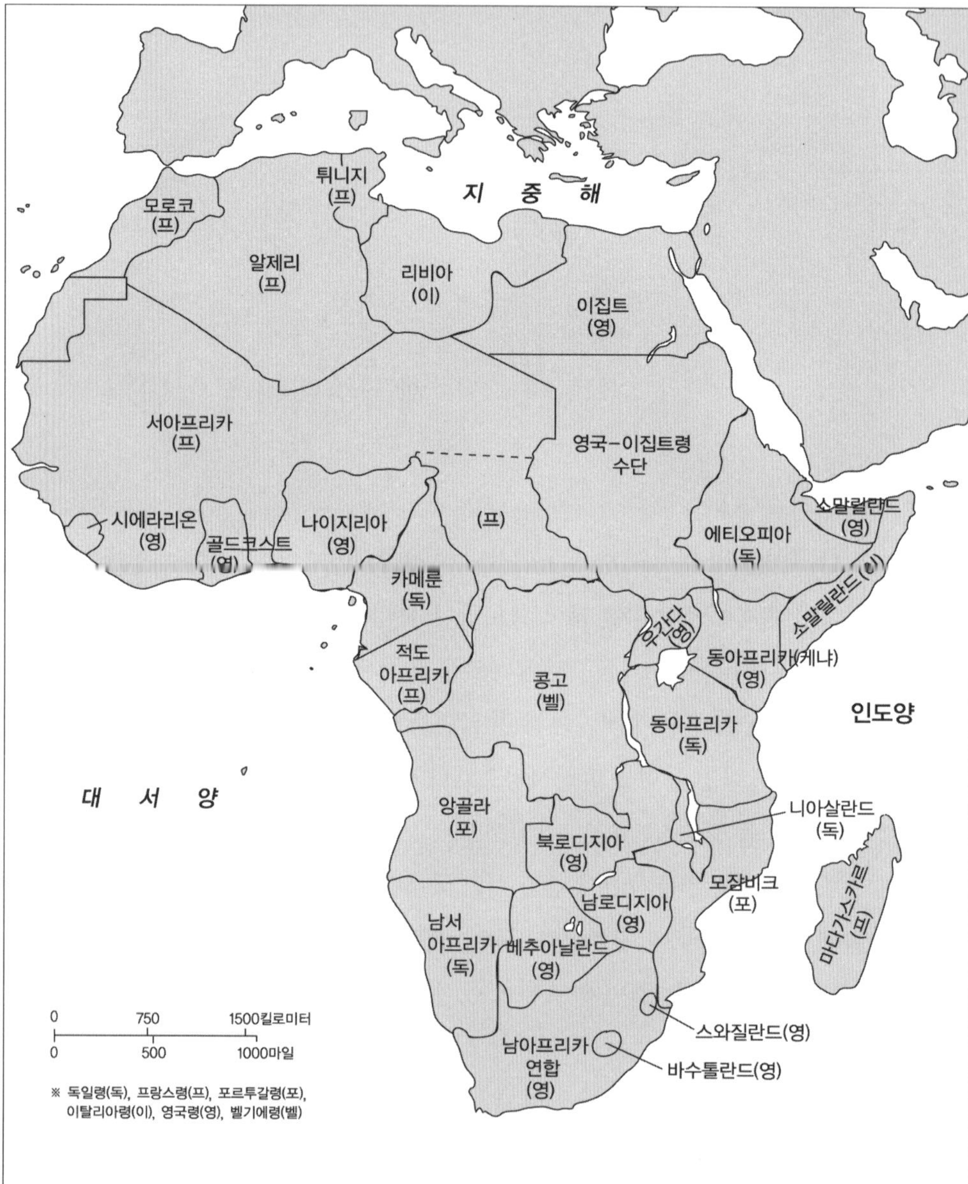

아프리카의 식민지화(1914)

국가의 식민지로 나뉘었다. 아시아라고 해서 별다를 것도 없다.

가장 큰 제국을 건설한 것은 영국이었다. 영국은 인도를 포함하여 이집트, 오스트레일리아, 뉴질랜드, 남아프리카 등을 차지하여 최대의 제국주의 국가가 되었다. 그리고 스스로 '해가 지지 않는 나라'임을 자랑했다.

프랑스도 북아프리카의 알제리, 모로코, 프랑스령 서아프리카와 아프리카 동해안의 마다가스카르 섬, 인도차이나 반도를 장악하여 2위의 제국주의 국가가 되었다. 네덜란드는 인도네시아, 보르네오 섬, 셀레베스 섬 등 동남아시아의 섬들을 차지했다.

독일은 독일령 동아프리카와 서남아프리카를 차지했고 이탈리아는 리비아를 차지했다. 미국은 스페인으로부터 필리핀과 쿠바를 빼앗았고 일본은 조선과 대만을 식민지화하는 데 성공했다. 그 외에 포르투갈이나 벨기에 같은 유럽의 작은 나라들까지 식민 국가가 되었다.

이렇게 비유럽 지역 대부분이 짧은 시간 안에 식민지화될 수 있었던 것은 19세기에 이루어진 유럽의 산업화 때문이다. 특히 19세기 말의 눈부신 과학 발전은 서양인들이 시간 · 공간적인 제약을 크게 넘어설 수 있게 만들었다. 그 결과, 서양인들이 압도적인 산업 능력과 군사력을 갖게 됨으로써 세계의 힘의 균형이 깨진 것이다.

전보나 전화, 철도, 증기선, 현대적인 무기 체제의 발전은 식민지 확보와 유지를 과거보다 훨씬 쉽게 만들었다. 아프리카의 경우 그 전까지는 지리적인 이점이나 효과적인 군사적 저항을 통해 잘 버텼었다. 그러나 이제 맥심 기관총을 장비한 유럽 군대에 속수무책으로 당할 수밖에 없게 되었다.

제국주의의 원인을 둘러싼 논의

그러면 제국주의의 원인은 무엇일까? 이미 1902년에 영국의 홉슨J. A. Hobson은 『제국주의』라는 책을 통해 제국주의는 자본가들만의 이익을 위한 것이라고 주장했다. 유럽 지역에서 자본 이익률이 점점 하락하자 자본가들이 과잉된 자본의 새로운 출구를 식민지에서 찾으려 했다는 것이다. 그는 보어 전쟁을 보고 이런 착상을 했다.

그는 이렇게 유럽에서 과잉자본이 생긴 것은 국내의 분배가 잘못 이루어졌기 때문이라고 생각했다. 잘못된 분배 체계가 소수의 부유층에게 과도한 부를 집중시켰고, 대중을 빈곤하게 만듦으로써 저소비를 가져왔고, 그리하여 과잉생산과 과잉자본을 가져왔다는 것이다.

그러므로 제국주의를 없애기 위해서는 분배를 보다 공정하게 하고 국내 투자를 늘려야 한다고 생각했다. 노동계급의 생활수준이 올라가고 그에 따라 그들의 구매력이 커지면 자본이 해외로 나갈 필요가 없다는 것이다. 그래서 그는 국내의 민주적인 개혁을 통해 소수 부유층의 제국주의 정책 추구를 막아야 한다고 생각했다.

그러나 당시에 금융자본과 제국주의 사이의 연관은 그의 주장만큼 밀접하지는 않았다. 실제로 영국의 해외 투자는 대부분 아메리카로 갔다. 또 프랑스와 독일 자본가들은 유럽, 특히 러시아에 많은 자본을 투자했다. 그럼에도 홉슨의 주장은 제국주의에 대한 국내의 불편한 목소리들을 대변했고 제국주의를 경제적 동기와 밀접하게 연관시켰다는 점에서 중요하다.

1916년에 블라디미르 레닌V. I. Lenin은 『제국주의 : 자본주의의 최고 단계』라는 책을 통해 이 문제에 접근했다. 그는 홉슨의 문제의식을 받아들이되 그것을 맑스주의 이론과 결합시켰으며 홉슨이 의도한 자본주의의 자기 개혁 가능성을 부인했다.

반대로 그는 제국주의를 '독점체들과 금융자본의 지배가 확립되고, 자본 수출이 뚜렷한 중요성을 획득하며, 국제 트러스트들 사이에서 세계를 분할하고, 최대 자본주의 열강들 사이에서 세계 분할이 완료된 단계에 있는 자본주의'로 규정함으로써 그것을 자본주의의 마지막 단계인 독점자본주의로 주장했다.

그는 이 단계에서 자본주의 국가들은 생산의 활력을 잃고 자본의 해외 수출로 얻는 이자로 생활하는 고리대 국가로 전락했으며, 따라서 세계 분할을 위해 제국주의 전쟁을 벌일 수밖에 없다고 주장했다. 그리고 그것은 착취받는 대다수 세계 인민의 민족해방을 가져옴으로써 자본주의 체제를 필연적으로 붕괴시키게 된다는 것이다.

제1차 세계대전을 자본주의를 붕괴시킬 제국주의 국가들 사이의 전쟁으로 규정하려했던 레닌의 이론은 1920년대 이후 공산주의자들에게 거의 성전이 되었다. 그리고 식민지뿐 아니라 제국주의 국가 안의 반대 세력에게도 반제국주의, 반자본주의 이데올로기를 제공함으로써 큰 영향을 미쳤다. 제국주의를 자본주의와 연관시키는 일반적인 태도는 여기에서 비롯한 것이다.

제2차 세계대전 이후에 브라운M. B. Brown이나 맥도프H. Magdoff는 독점적 시장과 원료 공급원으로서 식민지의 필요성을 주장했다. 반면 랭어W. L. Langer와 필드하우스D. K. Fieldhouse는 유럽 내의 외교적 경쟁이 전 세계로 확장된 데에서 제국주의의 원인을 찾았다.

영국 식민지인 나이지리아 무역업자의 창고(1912)

이와 달리 1950~1960년대에 갤러거J. A. Gallagher와 로빈슨R. E. Robinson은 '주변부 이론'으로 그것을 설명했다. 제국주의의 등장에는 유럽 내부의 정치 · 경제적 요소도 작용하고 있으나 더 중요한 것은 비유럽 지역의 정세 변화 때문이라는 것이다.

그래서 아프리카 쟁탈전은 유럽인의 태도 변화 때문이 아니라 아프리카의 정치적 혼란 때문에 시작되었다고 주장한다. 또 1895~1902년에 유럽 국가들이 중국을 분할한 것은 1894년 청일전쟁 이후 동아시아 세력 관계가 급변하고 이에 따라 중국에서 민족주의적 반동이 나타났기 때문이라고 본다. 그러나 이것은 원인과 결과를 뒤바꾼 주장이다.

제국주의를 어느 하나의 원인에 귀속시킬 수는 없다. 모든 제국주의 국가들이 원자재를 안정적으로 공급받고, 대량생산되는 공산품을 위

제국 위신의 중요성. 인도 황제이기도 한 영국왕 조지 5세가
인도의 제후들로부터 하례를 받고 있다(1910).

한 시장을 확보할 필요가 있었다. 또 축적된 자본을 보다 이윤이 남는 곳에 투자할 필요도 있었다. 그런 점에서 제국주의는 유럽 국가들이나 미국, 일본의 산업화, 자본주의의 성장과 밀접한 관계가 있다.

경제적 원인뿐 아니라 국가의 위신을 높이려는 정치적인 원인도 중요했다. 그러다 보니 외교적 경쟁도 치열해지지 않을 수 없었다. 또 과잉인구의 배출이라는 측면도 중요했고 기독교 선교열도 하나의 원인이었다. 제국주의는 이렇게 여러 요인들이 복합적으로 작용한 결과이다.

제국주의 이데올로기

서양인은 식민 지배를 어떻게 정당화했을까? 여기서 하나의 중요한 논리는 정복의 논리이다. 정복으로부터 지배의 권리가 나온다는 이런 주장은 16세기에 중남미를 정복한 스페인인들이 처음 사용하였다.

곧이어 자연법이 식민주의를 옹호하는 원리로 등장했다. 17세기에 북미 지역으로 들어간 영국과 프랑스인들이 식민지에서의 스페인의 악행을 비난하며 자연법 이론을 내세운 것이다. 그러나 자연법 이론이라는 것도 교역이나 정착의 자유를 자연법으로 내세우고 그것을 거부하는 경우 정복을 주장한다는 점에서 정복의 논리와 별 차이가 없다.

1870년대 이후의 제국주의 시대에 오면 많은 나라들이 식민지 확보를 위해 경쟁했으므로 식민지에 대한 요구는 더 노골적으로 나타나고 또 대중화된다. 이렇게 제국주의의 대중화에 앞장선 것은 각 나라의 식민협회, 해군협회 등 수많은 제국주의적 정치·사회단체들이었다.

많게는 수십만의 회원을 가진 이 단체들은 시장의 확보, 원료의 조달지, 자본의 투자처, 과잉인구의 유출지로 식민지가 꼭 필요하다고 주장했다. 식민지가 있어야 강대국으로서의 위신이 올라간다고도 생각했다. 당시 유행하던 사회적 다윈주의도 민족 사이의 적자생존을 주장함으로써 이런 태도를 부추겼다.

19세기 말에 와서 세계 경제가 점차 보호무역주의로 돌아가게 되자 이제 제국은 자국 경제를 지키기 위한 중요한 수단이 되었다. 이런 생각을 가장 잘 표현한 사람이 1895~1903년까지 영국의 식민장관을 지낸 조지프 체임벌린J. A. Chamberlain이다.

그는 당시의 추세대로 가면 곧 자유무역의 시대가 끝날 것으로 예상했다. 그렇게 되면 이제 주된 강국들은 식민지로부터 원료를 가져오고, 그곳에 공산품을 제공할 뿐 아니라 이민을 내보내는 자족적인 경제 블록을 형성하게 될 것이라고 생각했다. 그래서 그는 실패하기는 했으나 영국과 그 백인 정착 식민지들을 결합하는 제국적 경제 통합을 꿈꿨다.

물론 식민주의를 도덕적으로 정당화하려는 사람들도 있었다. 그 가운데에는 식민주의를 통해 서양 문명의 복음을 식민지에 전하고, 방치되어 있는 식민지의 자원들을 세계 경제를 위해 쓸모 있게 만들어야 한다고 주장하는 사람들도 있었다. 영국 시인인 러디어드 키플링J. R. Kipling이 쓴 〈백인의 짐〉이라는 시도 이런 고상한 도덕적 목적을 이야기하는 것이다.

식민주의를 옹호한 대표적인
영국 시인 중 한 사람인 J. R. 키플링

이런 태도는 기독교 선교에서도 나타난다. 19세기에 많은 서양 선교사들은 아시아, 아프리카 지역에서 기독교를 전파하며 식민지인의 환심을 사기 위해 교육과 의료 사업을 시작했다. 이때 이들은 식민지의 이교도들에게 기독교와 문명을 전파하여 이들의 삶을 개선시켜야 한다는 주장을 폈던 것이다.

그러면서 서양인들은 식민 지배의 야만적인 행태를 무시하고 그것이 언젠가는 양쪽 사람들 모두에게 도움이 될 것이라고 스스로를 세뇌시켰다. 프랑스인이 계속 주장한 동화(同化)는 그런 의미이다. 우월한 프랑스 문명을 식민지인에게 전파시켜서 그 혜택을 나누어 주어야 한다는 것이다. 그러나 그것은 대개 식민주의를 미화하기 위한 위선적인 태도에 불과했다.

정치적 주권의 박탈

그러나 실제의 식민 지배는 인류애에 가득 찬 이런 갸륵한 주장과는 거의 관계가 없었다. 식민 지배 체제란 식민주의자들이 식민지인들의 정치적 주권을 빼앗고 자유를 박탈함으로써 식민지인들이 자신의 운명을 스스로 결정할 수 없게 만드는 체제이기 때문이다. 물론 식민 국가의 성격이나 식민지가 위치해 있는 지역에 따라 식민 체제의 성격은 조금씩 달랐다. 그러나 식민지인을 억압하고 식민지 착취에 혈안이 되어 있었다는 점에서는 차이가 없었다.

어떤 식민지에서든 식민지인들은 정치 · 외교 · 군사적 자주권을 빼앗기게 된다. 또 식민지는 식민 국가들의 요구와 이익에 봉사하는 방향으로 다시 짜인다. 그 결과, 식민지인들은 스스로를 발전시킬 수 있는 기회를 원천적으로 박탈당하게 된다. 따라서 식민 지배 체제는 식민지인들에게 근본적으로 부정적인 것이고 악일 수밖에 없다.

식민 국가들은 식민지에 관료 제도와 군사 제도를 발전시켰다. 그러나 현지인들을 흡수하여 만든 이 제도들은 식민 통치를 용이하게 하기 위한 것이지 식민지의 근대화나 식민지인들의 복리를 위한 것은 아니었다. 실제로 이런 제도는 식민지인들을 억압하고 착취하는 데 중요한 역할을 했다.

동족을 억압하던 이들 식민지 관리나 군인들이 만든 전통은 오늘날에도 대부분의 제3세계 국가들에 그대로 살아남아 자주적이고 민주적인 나라를 만드는 데 큰 걸림돌이 되고 있다. 이들의 외세 의존적 태도는 국가의 정체성을 흔들리게 한다. 걸핏하면 군사 쿠데타가 일어나는 것도 이 때문이다.

아프리카의 경우를 보면 정치적인 면에서 식민주의가 지닌 이런 부정적인 성격들을 잘 알 수 있다. 유럽인들은 아프리카 식민지의 많은 경계선을 자기들끼리의 타협에 의해 제멋대로 만들었다. 오늘날 아프리카 국가들의 국경선에 직선으로 된 것이 많은 것은 그 결과이다.

이 경계선들은 종족이나 문화, 지리, 생태학적인 문제를 도외시한 것임에도 독립 이후 그대로 새 국가들의 국경선이 되었다. 그래서 한 종족이 여러 나라로 분산된 경우나 한 국가 안에 여러 종족들이 같이 사는 경우가 매우 많다.

각 나라 사이에는 자연 자원이나 경제적인 능력 면에서 너무나 큰 차이가 존재한다. 어떤 나라는 너무 크고 어떤 나라는 너무 작으며 어떤 나라는 풍부한 지하자원이 있는 반면 어떤 나라는 사막밖에 없다. 따라서 강물을 이용하는 문제, 바다로의 출구 등 많은 문제를 두고 수많은 국제적 분쟁이 생겨나고 있다. 이 대부분이 잘못된 식민 지배의 유산 때문이다.

게다가 식민 당국자들은 식민 통치를 쉽게 하기 위해 분할 통치 정책을 취했다. 일부 종족에게 특권을 주어 다른 종족과 대립하게 함으로써 여러 종족들이 함께 단합하지 못하게 하려는 것이었다. 이러한 종족 사이의 분열은 독립 후에도 아프리카의 여러 지역에서 고질적인 문제로 남아 있고, 그 결과 종족 사이의 분쟁이 가끔 종족 학살 같은 극단적인 형태로 치닫기도 한다. 그러나 이는 아프리카만의 일이 아니다.

경제의 약탈과 그 기형화

아메리카에 식민지를 처음 건설한 스페인 왕실이 계속 관심을 가졌던 것이 귀금속의 착취였던 데에서 알 수 있듯이 식민지의 가장 중요한 목적은 처음부터 경제적 착취였다. 정착 식민지의 경우에 식민자들은 원주민들을 토지로부터 아예 분리시키고 그것을 자기들이 차지했다. 영국의 북아메리카 식민지나 오스트레일리아 식민지가 대표적이다.

착취 식민지는 이와는 달리 사람에 대한 착취와 물질적인 착취가 함께 목적이므로 경제적 착취는 바로 식민지의 존재 이유가 된다. 그리고 그것은 토지의 약탈과 식민지인의 강제노동이라는 형태로 나타났다.

그러나 당장의 직접적인 착취만이 문제가 아니었다. 보다 근본적인 것은 그것이 장기적으로 식민지의 경제구조를 왜곡시키고 기형화함으로써 경제적 자립을 불가능하게 만든다는 것이다.

식민지 경제가 만들어진다는 것은 식민지인들이 조세나 무역, 화폐 제도 등에서 주권을 상실한다는 것을 의미했다. 그리하여 식민지인들은 자신들의 이익을 지킬 수 없게 되고 자신들을 위한 경제 정책을 취할 수 없게 된다.

또 식민지의 경제는 주로 식민 모국과 관계가 맺어지게 마련이고 그 경제적 하위 파트너로 밀접하게 통합된다. 결과적으로 식민지가 과거에 다른 나라나 주변 지역들과 맺고 있던 전통적인 경제적 관계들은 깨지고 경제적 자립이 불가능하게 된다.

무역도 주로 모국과 이루어질 뿐 아니라 무역 제도도 모국에게 유리하게 시행된다. 그리하여 보호관세가 없는 상황에서 싼 가격으로 밀려들어 오는 식민 모국의 공산품 때문에 식민지에서 발전하던 수공업이나 산업들은 붕괴할 수밖에 없게 된다. 식민지가 모국의 공산품 시장으로 전락하며 탈산업화되는 것이다.

식민자들이 식민지에 철도나 도로, 통신 시설, 학교 같은 사회 기반 시설의 건설, 또 농지 개간이나 수로 정비 사업 등을 하지 않은 것은 아니다. 특히 철도의 건설은 매우 중요한 사업이었다. 그러나 그것은 식민지로부터 원자재를 반출하고 식민지를 모국 경제에 보다 긴밀하게 통합하기 위한 수단이었지 진정으로 식민지인들의 복리를 위한 것은 아니었다.

시기에 따라 식민지의 경제정책이나 제도들이 여러 형태로 변화하기는 했지만 어떤 것이건 식민지 사람들의 경제적 이익이나 자립을 위한 것은 아니었다. 그러므로 식민주의자들이 가져다준 일부 혜택을 과장해서는 안 된다.

그럼에도 많은 서양학자들은 식민주의가 식민지의 경제 발전에 도움이 되었다고 주장한다. 그래서 필드하우스 같은 사람은 문화 수준이 높고 행정이나 경제구조가 발전한 일부 국가들의 경우는 그대로 놓아두어도 경제 발전이 되었겠지만 대부분의 경우는 그렇지 못했을 것이라고 주장한다. 기술적 · 정치적 장벽이 높기 때문이라는 것이다. 그러나 이런 주장은 높은 산업적 잠재력에도 불구하고 식민지 시기를 거치며 탈산업화되어 세계 최빈국이 된 인도 같은 경우를 보면 설득력이 없다.

베로크P. Bairoch는 필드하우스와는 달리 식민주의를 통해 제3세계의

영국 식민지 우간다의 철도 건설(1900)

탈산업화가 이루어졌다는 사실은 인정한다. 인도나 중국, 라틴아메리카 지역의 탈산업화를 식민주의와 연관시키고 있는 것이다. 그래서 경제적 저발전의 많은 부정적인 구조적 특징들이 유럽의 식민주의에 뿌리를 두고 있으며, 그 결과 오늘날 선진국과 제3세계의 GNP 수준에 현격한 차이를 가져왔다는 사실을 받아들인다.

그러면서도 그는 식민지의 착취가 유럽의 산업 발전에 도움은 되지 않았다고 주장한다. 유럽의 산업 발전은 산업혁명의 결과이지 식민주의의 결과는 아니라는 것이다. 식민지의 탈산업화를 인정하지 않을 수는 없으나 그렇다고 해서 착취를 통해 유럽이 잘살게 되었다고 인정하기가 곤란하니 이런 이해하기 어려운 주장을 하는 것이다.

사회적 억압

식민 세력이 지배하게 되면서 식민지의 전통적 사회구조는 무너지고 새로운 사회구조가 만들어졌다. 그러나 이는 지역에 따라 성격이 다르다. 라틴아메리카 지역은 19세기 초에 대부분 형식적으로는 독립했으나, 그럼에도 식민지의 사회적 유산이 매우 강하게 남아 있는 곳이다. 이곳에서는 광범하게 혼혈이 이루어졌으므로 유럽인을 가장 위에 두고 토착 원주민, 이주민인 아프리카인 등으로 구성된 인종적으로나 문화적으로 매우 복잡한 사회가 만들어졌다.

그리하여 피부색에 따른 매우 정교한 계층 질서가 만들어졌다. 부가 백인이고 모가 흑인인 경우 그 자식은 물라토, 부가 백인이고 모가 인디오인 경우는 메스티소, 부가 인디오이고 모가 흑인인 경우에는 치노 등 각각 나름의 이름과 사회적 지위를 지녔다.

아시아, 아프리카 지역에서는 식민주의가 새롭게 사회를 재구성하지는 않았다. 이 지역의 전통 사회들이 많건 적건 변형된 것은 사실이라 해도 유럽인과 원주민이 혼합된 복합 사회는 불가능했다.

식민자들이 관리, 군인들의 소집단을 형성했거나, 식민지 정착민들이 상당히 큰 공동체를 형성했던 아프리카에서 그들은 원주민과 일정한 거리를 유지했다. 원주민 여인들에 대한 성적 착취는 일상적인 것이었으나 인종 사이의 성적 접촉은 점차 비합법적인 일이 되었다. 식민자들은 원주민과의 성적 거리를 유지하지 못하면 통치자로서 백인

영국 남아프리카 식민지의 인종 차별.
흑인은 앞의 흙길로, 백인은 뒤의 포장도로로 다니고 있다.

들의 권위를 손상받는다고 생각했기 때문이다. 아프리카인을 야만적으로 생각한 탓이다.

아시아 지역도 대체로 마찬가지였다. 따라서 이들 지역에서는 식민 국가의 통치 아래 별개의 사회가 만들어졌다. 하나는 원주민들의 사회이고 하나는 식민 통치자들과 정착민들의 소수파 사회였다. 물론 두 사회 사이에는 이를 연결하는 집단들이 존재했다. 선교사, 통역자, 중개인, 정치적 협력자들이 그들이다. 이렇게 식민자들과 원주민 사이에 사회적 · 인종적 분리가 이루어져 있었으므로 착취 식민지의 경우에는 식민 사회가 붕괴된 이후에도 사회적 해체는 필요하지 않았다.

특히 '정치적 협력자'는 앞에 말한 갤러거와 로빈슨이 '협력 이론'이라는 것을 통해 규정한 것이다. 그들은 식민주의가 침투함에 따라 토착 사회에 정치적 · 경제적 협력자들이 만들어졌고 이들의 협력에 의해서만 식민 통치가 가능했다고 주장한다. 그리고 이들 협력 집단은 자국의 근대화를 위해 식민 세력에게 자발적으로 협력한 사람들이라고까지 주장한다.

그러나 이런 주장은 식민 지배의 본질이 협력이나 타협이 아니라 현격한 힘의 차이에 의한 강제력에 의존한다는 사실을 감추는 것이다. 또 부역자였던 이 정치적 협력자들을 근대화를 추구한 세력으로 미화하는 잘못을 저지르고 있다. 정치적 협력자들 가운데 근대화를 추구한 사람들이 일부 포함된다 해도 나라의 주권을 잃는 것을 감수하면서까지 근대화를 추구했다면 그들은 결코 근대화론자가 아닌 부역자에 지나지 않기 때문이다.

문화의 식민화

식민 체제는 문화 부문에서도 큰 피해를 남겼다. 언어가 가장 중요하다. 식민 국가들은 식민지에 자국어를 사용하도록 강요했다. 현재 제3세계 대부분의 나라들은 유럽 언어를 공용어로 사용하는데 이렇게 토착 언어를 유럽어로 대치한 것은 정신적인 면에서 제국주의적 침탈이 가져온 가장 나쁜 결과의 하나이다.

언어는 단순한 의사소통에만 사용되는 것이 아니라 사고 작용의 중요한 수단이다. 따라서 다른 언어를 사용한다는 것은 자신의 언어로 사고하는 것을 중지하고 다른 언어를 매개로 사고한다는 것을 의미한다. 언어를 통해 정신적인 면에서의 식민화가 자연스럽게 이루어지는 것이다.

교육은 식민지인을 이데올로기적으로 설득하는 중요한 수단이었다. 식민지인들은 식민 당국이 세운 학교에서 그 모국의 언어와 학문, 문화를 배우며 서서히 유럽 문화에 깃들어 있는 유럽 중심적 생각에 물들게 되었다. 유럽 문화의 우월성을 배우고 그 이데올로기에서 벗어나지 못하게 되는 것이다.

확립된 식민지 교육은 토착 문화에 대해 계속 경멸적인 태도를 취했다. 식민지 교육은 기본적으로 제국주의 교육이기 때문이다. 교과과정도 대체로 식민지의 실상과 관계없이 모국의 것을 그대로 모방하는 경우가 많았다. 그러니 근대적인 교육제도를 확립했다고 해서 식민지인에게 도움을 주었다고 할 수는 없다.

기독교 선교는 식민화의 주된 유인 가운데 하나였다. 따라서 많은

19세기 말 아프리카의 영국 선교사들

기독교 선교사들이 식민주의자들을 앞서거니 뒤서거니 하며 식민지로 파고들어 갔다. 이들은 목숨을 잃으면서도 기독교를 전파하려는 강한 사명감이 있었지만 결코 기존 종교와의 공존을 받아들이려 하지 않았다. 기독교를 고등 종교로, 토착민들의 종교를 미신으로 몰아붙이며 토착 종교를 파괴하려 했다.

이들은 기본적으로 서양인으로서의 문화적 우월감을 갖고 있었으므로 식민 지배 체제를 정당화했다. 그런 의미에서 기독교 선교 활동과 억압적인 식민 정책은 서로 뗄 수 없는 관계에 있었다. 그래서 지금도 과거 식민지였던 많은 지역에서 기독교와 토착 종교 사이의 갈등이 지속되고 있다.

고유문화가 침탈됨에 따라 식민지인들은 가치 체계의 혼란을 경험하게 되었고 이는 정체성 약화로 나타났다. 이는 식민주의자들이 식민지의 모든 고유문화를 부정하고 그것을 낡은 것, 미개한 것, 문화적으로 뒤떨어진 것으로 몰아붙였기 때문이다. 그리고 그런 사실은 식민주의자들이 누리는 힘에 의해 증명된 것 같이 보였다.

그리하여 식민지인들은 자기의 문화에 대한 모든 자신감을 잃어버리고 식민 지배자들의 문화에 굴종할 수밖에 없었다. 이렇게 자신감을 잃어버리고 자기 문화를 비하하게 됨으로써 그들은 깊은 문화적 열등감에서 벗어날 수 없었다.

식민지 해방과 제3세계의 현실

아시아, 아프리카, 카리브 지역에서 탈식민화는 1960년대에 대부분 끝났다. 제2차 세계대전 후에 전 세계적으로 식민지 해방 운동이 광범하게 전개되는 가운데, 과거의 식민 국가들은 이제 제국을 유지하는 데 정치·경제적으로 너무 비용이 많이 들 뿐 아니라 그것이 사실상 불가능하다는 것을 깨달은 것이다.

새로 초강대국으로 등장하게 된 미국과 소련이 그것에 우호적이지 않았던 것도 중요한 이유이다. 그러니까 식민지 해방은 식민지인들의 끈질긴 저항과 식민 제국들의 국력 약화, 제2차 세계대전과 냉전 체제로 바뀌는 국제 정치 흐름의 큰 변화와 맞물린 결과라 하겠다.

이렇게 새로 정치적 자주성을 회복한 국가들은 정치·경제적 자립을 위해 큰 노력을 기울여 왔다. 그럼에도 이들 국가의 자립이 쉬운 일은 아니었다. 새로 독립한 나라 안에서 여러 정치 세력 사이에 주도권 다툼이 일어났기 때문이다. 그리고 이 과정에서 식민주의의 유산은 고스란히 드러났다. 특히 유럽 국가의 분할 통치로 인한 여러 종족들 사이의 반목과 갈등은 아프리카의 경우 지금까지도 정치적 안정에 가장 큰 걸림돌이다.

식민지 시기에 형성된 기득권 세력도 큰 문제이다. 식민주의에 영합했던 대지주들이나 관리, 장교들이 자신들의 특권을 계속 유지하려는 과정에서 민주주의 질서의 정착을 방해할 뿐 아니라 전복하는 일도 빈번히 발생하고 있기 때문이다. 이것은 아직도 많은 나라에서 지속되고 있는 문제이고 한국도 예외는 아니다.

경제적 자립 역시 결코 쉬운 일이 아니다. 과거 식민지 시절에 만들어진 식민 모국과의 경제적 관계에서 벗어나기가 어렵기 때문이다. 또 기형화된 경제구조 때문에 균형 잡힌 경제를 발전시키기도 어렵다. 이것이 과거 식민지 지역인 오늘날의 제3세계가 아직도 과거의 식민 국가들인 선진국에 대한 경제적 예속에서 벗어나지 못하는 이유이다.

이런 상황이므로 제3세계 사람들에게 있어 식민주의를 어떻게 보고 이에 어떻게 대응하느냐 하는 것은 아직도 매우 중요한 과제이다. 그에 따라 현실과 미래에 대한 대처 방식이 달라지기 때문이다. 이런 일이 더 중요한 것은 특히 아직도 계속되고 있는 서양 학자들의 잘못된 학문적 태도 때문이다.

이들이 서양 중심적인 이론을 가지고 계속 식민주의를 옹호, 정당화함으로써 제3세계 사람들의 역사 인식을 파괴하려고 애쓰기 때문이다. 갤러거와 로빈슨, 필드하우스, 베로크 같은 사람들은 그 일부에 불과하다. 그러므로 이들의 주장을 철저히 분석하고 비판함으로써 바른 역사적 인식을 가지도록 노력할 필요가 있다.

참고 문헌

강철구, 『역사와 이데올로기 · I』, 용의 숲, 2004.

박지향, 『제국주의』, 서울대출판부, 2000.

서정훈, 『제국주의의 이해』, UUP, 2007.

이태숙, 「제국주의의 수익성」, 이민호 교수 정년기념위원회 편, 『유럽사의 구조와 전환』, 느티나무, 1993.

_____, 「제국주의의 주변부 중심론」, 『역사학보』 128집, 1990.

K. E. 볼딩 외 편(한택환, 김장호 역), 『제국주의의 제 관점』, 청사, 1982.

J. A. 홉슨(신홍범, 김종철 역), 『제국주의론』, 창작과 비평사, 1982.

P. Bairoch, *Economics & World History: Myths and Paradoxes*, Chicago, 1993.

A. A. Boahen, *African Perspectives on Colonialism*, Baltimore, 1987.

P. Cain & A. G. Hopkins, *British Imperialism: 1688-2000*, 2nd Edn. Edinburgh, 2002.

D. K. Fieldhouse, *Colonialism, 1870-1945*, London, 1983.

_____, *The West and the Third World*, Oxford, 1999.

J. A. Gallagher & R. E. Robinson, The Imperialism of Free Trade, *Economic History Review*, 2nd ser. Vol.VI, No.1, 1953.

P. K. O'Brien, The Costs and Benefits of British Imperialism 1846-1914, *Past and Present*, No.120, Aug., 1988.

R. E. Robinson, Non-European Foundations of European Imperialism, in: R. Owen & B. Sutcliffe(ed.), *Studies in the Theory of Imperialism*, 1972.

B. Sutcliffe(ed.), *Studies in the Theory of Imperialism*, London, 1978.

02

현대 미국의 발전

남북전쟁

1776년에 독립 선언을 하고 전쟁을 통해 영국으로부터 독립한 미국은 당시 일반적이었던 정치체제인 왕정 대신 공화정을 수립했다. 또 엄격한 삼권분립과 함께 13개 주가 상당한 정도의 자치권을 가진 중앙집권적 연방 국가를 이룸으로써 민주 제도의 기초도 마련했다. 이 점에서 미국은 유럽 국가들과는 다른 독특한 면모를 보였다.

미국은 19세기에 들어와 국가 체제를 본격적으로 갖추고 서부로의 팽창을 시작했다. 1803년에는 미시시피 강 서쪽의 루이지애나를 프랑스로부터 사들였고, 그 후 1809년까지 미시시피 강 하류 지역과 북부의 오대호 지역을 병합함으로써 중부 지역에 이르는 광대한 영토를 가진 대국가로 발전했다.

또한 유럽으로부터 지속적으로 많은 이민을 받아들였다. 그리하여 19세기 초 20년 동안에만 인구가 530만 명에서 960만 명으로 80퍼센트 이상 증가했다. 1812~1821년 사이에는 서부 6개 지역 루이지애나, 인디애나, 미시시피, 일리노이, 앨라배마, 미주리가 주로서의 체제를 갖추고 새로 연방에 가입했다.

이 시기에 미국은 경제적으로 큰 성장을 이루었다. 특히 노예노동에 의존하는 남부의 면화 플랜테이션 농장주들은 대량의 면화를 영국으로 수출하여 큰 이익을 얻었다. 그 과정에서 관세 문제를 둘러싸고 북부 주들과 남부 주들 사이에 대립이 생겨났다.

북부 주들은 아직 유치한 수준의 산업을 발전시키기 위해 보호관세를 선호한 반면, 노예경제에 의존하고 생필품을 대체로 영국에서 수입한 남부 주들은 자유무역을 주장했기 때문이다. 따라서 어느 주가 노예 주가 되는가 아니면 자유 주가 되는가 하는 문제는 북부 주와 남부 주들 사이에서 민감한 정치 문제였다.

1820년의 미주리 타협은 그것이 당시에 얼마나 중요했는가를 잘 보여 준다. 미주리가 노예 주로서 연방 가입을 신청하자 자유 주와 노예 주 사이의 수적 균형이 깨질 것을 우려한 북부 주들은 그것을 거부했다. 그러나 곧 메인 주가 자유 주로 편입을 신청함으로써 문제는 해결되었다. 다시 수적 균형을 회복할 수 있었기 때문이다.

1850년대에는 미국 경제에서 북부를 중심으로 하는 공산품 생산액이 농산물 생산액을 넘어섬으로써 보호관세 문제가 보다 첨예해졌다. 북부 사람들에게 보호무역이 더 중요해졌기 때문이다. 그러나 남부 주들의 분리 위협 때문에 대개 정치적 타협으로 미봉되었다.

그러나 1861년에 북부 지역을 기반으로 하는 공화당의 에이브러햄 링컨A. Lincoln이 대통령에 취임하자 사태가 급변했다. 남부의 사우스캐롤라이나 주가 가장 먼저 연방에서의 탈퇴를 선언하자 11개 주가 그 뒤를 따른 것이다. 이 남부 주들은 남부 연맹을 구성하고 대통령을 따로 선출했다.

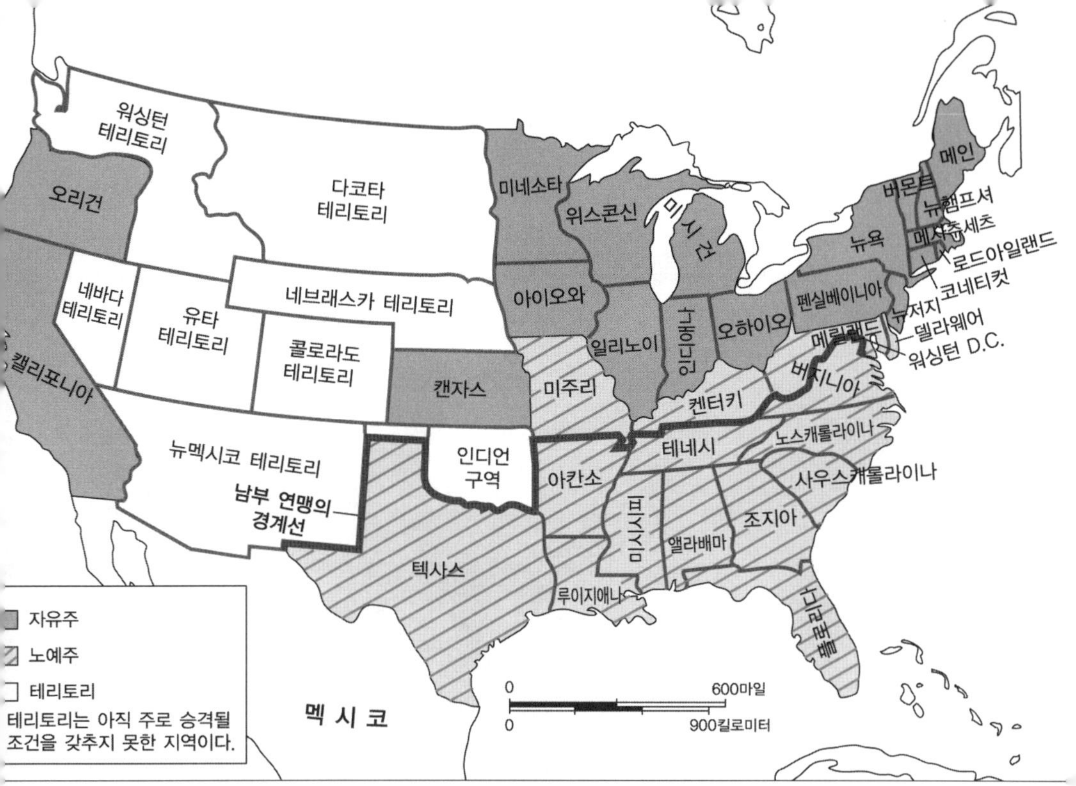

1861년의 미국

남과 북 사이에 반세기 가량 갈등이 지속되었으므로 링컨의 당선이 당장 남부에게 위협이 된 것은 아니었다. 문제가 있더라도 타협의 가능성은 항상 존재했다. 그럼에도 남부 주들이 돌연 연방 탈퇴를 감행한 것은, 링컨의 당선을 남부의 생활양식을 거부하는 세력의 집권으로 보았기 때문이다.

그리하여 연방 탈퇴를 반역으로 규정한 북부와 남부 연맹 사이에 내전이 발발했다. 이것이 남북전쟁이다. 전쟁에서 처음에는 경제적, 군사적 기반이 우월한 남부 연맹이 우세를 보였으나 시간이 갈수록 산업 잠재력이 크고 인구가 많은 북부에게 더 유리해졌다.

특히 1863년 1월, 링컨의 노예해방 선언은 하나의 전기를 만들었다. 그러나 링컨의 선언은 인류애적인 생각에서 나왔다기보다는, 남부 지역에서 현실적으로 일어나고 있던 상황을 고려한 것에 불과했다. 북

남북전쟁 최초의 전투인 섬터 요새 전투(1861)

부군이 가까이 왔다는 말을 들으면 많은 흑인 노예들이 농장을 이탈하여 도주하거나 북부군에 자진 입대했던 것이다. 전쟁 말기에 북부군에 참여한 흑인의 수는 18만 명으로, 이는 당시 미국 내 18~45세 흑인 남자 인구의 5분의 1에 해당할 정도로 많았다.

1865년까지 4년 동안이나 계속된 전쟁은 결국 북부의 승리로 끝났고 그 후 미국에서는 본격적으로 산업화가 시작되었다. 막대한 영국 자본이 투입되면서 대륙횡단 철도가 건설되기 시작했고, 면직, 철강 등 기간 산업들이 건설되었다. 서부 개척도 본격화되었고, 이에 따라 인디언 사냥도 지속되었다.

이민자, 인디언, 흑인

미국 사회를 특징짓는 가장 중요한 요소의 하나는 이민이다. 그것에 의해 미국적인 독특한 여러 문화적·사회적 특징들이 나타났기 때문이다. 19세기에 지속적인 경제성장을 가능하게 한 것도 지속적인 이민의 유입이었다. 유럽으로부터의 대량 이민자들이 산업화에 필요한 막대한 노동력을 제공한 것이다.

시기에 따라 이민 집단의 성격은 달랐다. 1840년대에는 '감자 기근'을 겪은 아일랜드인이 들어왔고, 1880년대에는 독일인들이 들어왔다. 또 1890년대에만 600만 명의 이민이 들어왔는데, 그 가운데 75퍼센트가 '신이민'으로서 폴란드, 이탈리아, 러시아 등 남동 유럽 출신이었다. 그리고 이들은 먼저 들어온 순서대로 각각 사회적 위계를 형성했다.

그리하여 미국의 인구는 1890년에 이미 6,000만 명이었으나, 1900년이면 7,600만 명으로 늘어남으로써 세계에서 중국, 인도, 러시아 다음으로 인구가 많은 나라가 되었다. 인구의 이러한 급증에는 이민의 대량 유입과 함께 당시의 높은 출산율도 함께 작용했다.

많은 이민이 들어오면서 이들을 미국화하는 일이 매우 중요해졌다. 헨리 포드H. Ford는 자신의 공장에서 일하는 이민 노동자들을 위해 미국화 학교를 세웠다. 그리고 입학하면 가장 먼저 '나는 훌륭한 미국인이다'라는 말을 배우게 했다. 교육이 끝날 때는 모두 고국의 옷을 입고 큰 '멜팅 폿melting pot'에 뛰어드는 무언극 세리머니를 하게 했다. 그 솥에서 나올 때는 미국식 옷을 입고 작은 미국기를 들고 나오게 했다.

1870~1880년대에 미국 경제가 팽창하며 서부로 나아가는 철도가

미국 서부로의 철도 건설(와이오밍 주 그린 강, 1868)

건설되었다. 이에 따라 많은 사람들이 서부로 이동하면서 중부 평원 지역에 사는 인디언들이 희생되었다. 그들은 살육되고, 토지를 빼앗겼으며, 문화도 잃어버렸다.

인디언들은 용감히 저항했으나 백인들의 우월한 무기나 병력에 대항할 수 없었다. 특히 1880년대에 들소 가죽을 노린 백인들의 무분별한 사냥으로 야생 들소가 거의 사라진 것이 인디언의 저항을 불가능하게 했다. 식량을 그것에 의존했기 때문이다. 1886년 제로니모Geronimo 추장이 지휘하는 치리카후아 아파치족이 마지막으로 항복함으로써 투쟁은 끝났다.

살아남은 인디언들은 척박한 오지의 '인디언 유보지'들로 추방되었다. 그러나 처음에는 비교적 규모가 컸던 이 지역들도 백인들의 탐욕으로 점차 축소되었다. 인디언 거주 지역을 관리하는 백인 행정관들의 부패도 인디언의 어려움을 가중시켰다. 그들에게 배급되어야 할 식량 등 생필품을 착복하는 일이 비일비재했던 것이다.

1887년의 도스법Dawes Act은 치명적인 타격을 가했다. 인디언이 부족적 공동생활을 그만두고 백인과 같은 개인주의적 생활 방식을 받아들이도록 했기 때문이다. 유보지 가운데서 원주민 한 가족당 160에이커(약 0.65제곱킬로미터)의 땅이 분배되었고, 그들이 백인들의 생활 방식을 받아들이는 것을 조건으로 시민권이 부여되었다. 남은 땅의 많은 부분은 백인에게 매각되었다. 그러나 인디언은 이에 적응하지 못했으며, 그 분배지들도 나중에 대개 백인들 손에 넘어갔다. 결국 인디언들은 정부의 구호에 의지해 사는 비참한 신세로 전락하지 않을 수 없었다.

흑인들은 노예해방령으로 해방되기는 했으나 삶의 형태가 크게 달라지지는 않았다. 그들의 90퍼센트가 계속 남부에 살았는데, 이들의 사회적 지위는 남북전쟁 이후 재건기를 지나며 점차 낮아졌다. 1880년대까지는 그래도 법적·정치적 권리가 있었고 투표도 할 수 있었으나, 남부에서 공화당 조직이 붕괴됨에 따라 흑인들을 위한 효과적인 정치적 힘을 발휘할 수 없었기 때문이다.

1890년대에 들어와 미시시피 주를 선두로 각 주는 헌법을 고쳐 다시 흑인들의 시민권을 박탈했다. 이를 위해 여러 방법이 동원되었다. 가장 일반적인 것은 '이해' 조항이었다. 즉, 투표 전에 헌법의 내용을 읽을 수 있고, 이해하는지를 검사하는 것이다. 문자 해득 검사 같은 것도 마찬가지였다.

투표자 등록 담당관에게 재량권이 있었으므로, 흑인들에게는 엄격한 기준이 적용되었고, 문맹 백인들의 경우는 이해하는 것으로 하고 그대로 넘어갔다. 흑인들에 대한 시민권 박탈은 민주당이 정치적으로

운디드니에서의 학살에서 살아남은 인디언들(1890)

남부를 쉽게 장악할 수 있도록 만들어 주었다. 또 과거 공화당을 찍었던 많은 백인들도 이런 방식으로 시민권을 박탈당했다.

연방대법원은 1883년에 흑백 분리를 불법화한 1875년의 시민권법을 무효화했다. 또 1896년의 플레시 대 퍼거슨 사건 판결은 루이지애나 주의 기차 안에서 흑인과 백인의 좌석을 분리하는 행위를 정당화했다. 같은 설비를 갖추기만 하면 분리를 해도 문제가 없다는 것이었다. 이런 상황은 1954년에 연방대법원의 판결이 바뀔 때까지 계속 유지되었다.

게다가 1890년대부터는 흑인에 대한 집단 린치, 살해 등의 박해가 잇달았다. 1900년이 되면 남부에서는 5퍼센트의 흑인만이 투표를 할 수 있었다. 이것은 또 공공시설에서 흑인과 백인을 분리하는 전초가 되었다. 노예해방에서 얻은 권리는 이미 과거의 기억이 되고 말았다.

그리하여 흑인들은 정치적 · 사회적 차별 속에 분익농이나 소작농으로 항상 빚에 찌들어 살았고, 지주나 상인, 은행에 거의 노예 상태로 종속되었다. 비록 그중 일부 흑인들은 자영농으로 성장할 수 있었으나 그 숫자는 미미했다.

미국 자본주의의 발전

미국 자본주의가 본격적으로 발전하기 시작한 것은 1880년대로 그 중심지는 북동 지역과 5대호 지역이다. 미국이 한 세대 만에 세계 최대의 산업국가로 성장할 수 있었던 이유는 여러 가지가 있다. 풍부한 자연 자원, 광대한 국내시장, 모험적인 기업가들, 물질적 성취를 이루려는 시대 분위기, 과학과 기술의 발전으로 인한 생산성의 향상 등이 함께 작용했다.

산업화에서 가장 중요했던 것은 철도 건설 사업이다. 철강, 기계, 건설 등 연관 산업에 대한 파급효과가 컸기 때문이다. 1880년대에는 매년 약 1만 킬로미터의 철도가 건설될 정도로 붐을 이루었고, 세기가 끝날 때엔 연장 32만 킬로미터로서 전 세계 철도 길이의 절반을 차지했다.

철도는 전국을 하나의 시장으로 묶음으로써 제조업의 발전을 촉진시켰다. 조그만 지방 시장에서 활동하던 소규모 기업들이 시장이 크게 확대되자 점차 전국 시장을 목표로 하게 되었다. 그리하여 기업가들은 돈을 빌려 새 기계를 사들이고, 더 많은 노동자를 고용하고, 원자재를 대량 구입하여 생산의 규모를 늘렸다. 이에 따라 기업의 규모도 점차 커졌다. 그리하여 1900년이면 미국은 이미 세계에서 가장 규모가 크고 생산적인 경제를 갖게 되었다.

제조업 분야에서 가장 괄목할 만한 것이 철강 산업이다. 선철로부터 강철을 싸게 대량생산하는 베세머법이 1856년에 영국에서 발명되고 그것이 도입되면서 1880년에는 미국의 철강 산업이 세계에서 가장 많은 철강을 생산할 정도로 급성장했다.

석유 산업도 마찬가지로 급성장했다. 미국에서 유전이 처음 개발된 것은 1859년 서부 펜실베이니아에서였는데, 등불을 켜는 등유 수요가 늘고 나중에는 자동차 산업이 발전하며 성장이 가속화되었다. 대표적인 기업은 존 록펠러J. D. Rockefeller가 1863년에 세운 스탠더드 석유회사이다.

다른 두 개의 중요한 산업은 전화와 전기 산업이었다. 1876년에 알렉산더 벨A. G. Bell이 전화를 발명했고, 두 해 후에 첫 상업전화선이 개통되었다. 1900년에는 80만 가입자를 가질 정도로 성장했다. 그해에 미국전화전신회사는 독점 기업의 지위를 확보했다.

전기 산업의 기초를 놓은 것은 미국의 가장 유명한 발명가인 토머스 에디슨T. A. Edison이다. 그는 1879년에 백열전구를 발명함으로써 밤을 어둠에서 해방시키는 새 시대를 열었다. 1882년에 에디슨의 회사는 뉴욕에 첫 발전소를 세웠다. 그 후 1898년까지 전국적으로 3,000개의 발전소가 건설되었다. 20세기에 들어와서는 새로운 주력 산업으로 자동차 산업이 급성장했다.

그리하여 미국은 1870년에 석탄 2,047만 톤, 철강 7만 7,000톤을 생산했던 것에서 1910년에는 석탄 4억 1,711만 톤, 철강 2,833만 톤을 생산하여 세계 제1의 공업 국가가 되었다. 영국은 1913년에 석탄 2억 9,200만 톤, 철강 770만 톤을 생산했고, 독일도 같은 해에 각각 1억 9,000만 톤과 1,750만 톤을 생산했다. 이는 미국 산업이 얼마나 크게 성장했는지를 보여 준다.

트러스트의 등장과 규제

기업의 규모가 커지며 점차로 기업 집중이 나타났다. 소수의 대기업들이 대부분의 산업에서 점점 더 높은 비중을 차지하게 된 것이다. 이렇게 된 가장 큰 이유는 기업들 사이의 지나친 경쟁으로 인한 상품가의 하락이다. 경쟁 기업 간에 시장을 지키거나 빼앗기 위해 가격을 더 낮추는 사활을 건 싸움이 벌어지게 되었고, 여기서 이긴 기업이 패배한 기업을 없애거나 흡수했기 때문이다.

그러나 이런 경쟁은 자주 기업이나 소비자에게 파멸적인 영향을 미쳤다. 처음에는 상품 가격이나 서비스 요금이 내려가지만, 경쟁자들이 사라지게 되면 오히려 더 오르기 때문이다. 또 시장을 독점하고 있는 지역에서는 경쟁 지역에서의 손실을 메우기 위해 상품 가격을 대폭 올렸다. 그리고 이런 경쟁 상황에서 이기기 위해서 기업들이 정치인과 관리들에게 뇌물을 바치는 등 불공정 행위가 만연했다.

이는 트러스트라는 기업 합동 체제가 만들어지며 고착화되었다. 트러스트란 한 산업 분야에서 지배권을 가지고 있는 기업이 다른 기업을 합병하며 전체 산업을 지배하게 된 거대 기업 집단을 말한다. 1897년에서 1904년 사이에만 4,227개의 기업이 257개 기업에 합병되었다. 이때 합병된 기업은 그 재정적 지분은 유지하나, 경영권은 완전히 박탈당하게 되었다.

1882년에 만들어진 스탠더드 오일 트러스트는 수많은 경쟁자들을 합병하여 미국 정유 산업의 85퍼센트를 장악하였다. 철강이나 다른 많은 주요 업종들에서도 마찬가지 현상이 나타났다. 그리하여 20세기 초에는 318개의 트러스트가 미국 제조업의 40퍼센트를 장악할 정도가 되었다.

이 당시 미국인들은 경제적 개인주의와 자유기업의 철학을 믿고 있었다. 따라서 이론상으로 경제에 대한 정부의 규제를 거부했다. 그러나 실제에서는 달랐다. 그들은 경제 영역에서 보호관세, 철도 회사에 대한 토지 공여 등 상당한 정도의 정부 개입을 받아들였다. 그런 것들이 경제성장을 촉진시키고 일자리를 만들어 주기 때문이었다.

그러나 1880년대에 미국인들은 거대 철도 회사들이나 스탠더드 오일 트러스트 같은 거대 기업 집단의 등장에 놀랐다. 그것들은 너무 크

초기 유전의 모습(펜실베이니아, 티터스빌. 세네카 석유 회사가 시굴 중인 1858년의 모습)

고 강력해져서 사회에 위협이 되는 것으로 보였다. 경쟁이 사라지고 정부로부터 아무 규제도 받지 않으므로 그들이 소비자들에게 무슨 일이든 할 수 있을 것 같이 보였던 것이다.

더 나쁜 것은 독점 기업가들이 다른 사람들의 경제적 기회를 파괴하는 것을 넘어 민주주의 제도 자체를 위협하고 있었다는 것이다. 스탠더드 오일 같은 회사가 펜실베이니아 주 의회에 대해 한 로비 활동은, 독점 기업가들이 이익을 위해서라면 어떤 짓이든 한다는 평판을 얻게 했다. 또 지각 있는 시민들은 빈부 격차가 점점 심해지는 사회에서 민주주의가 살아남을 수 있을 것인지를 심각하게 고민하게 되었다. 따라서 정부에 대해 트러스트를 규제하도록 요구했다.

그러자 1887년 하원에서는 철도 규제를 위해 주간(州間)통상법을 만들었고 이에 기초해 주간통상위원회가 만들어졌다. 이는 최초의 연방 규제 기구였다. 이에 의해 합리적이고 공정한 요금, 리베이트나 여러 독점적 관행들이 불법으로 규정되었다.

동시에 각 주에서 트러스트를 규제하려는 최초의 시도들이 이루어졌다. 그 결과가 1890년에 연방의회에서 만든 셔먼 반(反)트러스트법이다. 그것은 트러스트나 자유로운 통상을 저해하는 다른 기업 조직들을 불법으로 규정했다. 그럼에도 연방대법원은 곧 그것을 무력화시켰다. 1895년에 대법원이 국내 정당(精糖)의 98퍼센트를 통제하고 있는 나이트사(社)의 설탕 트러스트가 통상을 방해하지 않는다는 판결을 내렸기 때문이다. 그리하여 기업 집중은 19세기 말에도 계속되었고, 20세기 초에 와서야 본격적으로 규제가 시작되었다.

제국주의의 시작

남북전쟁 이후 미국인들은 주로 국내 문제에 관심을 가졌다. 산업화, 철도 건설, 서부로의 이주, 도시 문제 등이 그것이다. 그러나 19세기 말에 와서는 외부로 관심을 돌렸다. 국제 정치에 참여했고, 해군을 건설했으며, 스페인과 전쟁을 벌였고, 식민 제국을 건설했다.

경제적인 요구가 가장 중요한 역할을 했다. 산업화는 미국의 수출품을 다양화시키고 증가시켰다. 따라서 새로운 해외시장이 필요했다. 앤드루 카네기A. Carnegie는 철강을 영국 회사보다 싸게 영국에 팔 수 있었다. 록펠러는 유럽의 등유 시장을 장악했다. 다른 기업가들은 그때까지 영국의 시장이었던 라틴아메리카에 눈독을 들였다. 그래서 1890년대에는 미국 자본이 캐나다, 멕시코, 쿠바 등지로 대거 쏟아져 들어갔다.

다른 하나의 이유는 당시의 일반적이었던 제국주의적 팽창과 해군력 경쟁이다. 19세기 말에 강대국들은 해외에 광대한 식민지를 확보하여 제국이 되려는 열망에 빠져 있었다.

여기에서 중요한 역할을 한 인물이 미국 해군 장교인 앨프리드 머핸A. T. Mahan이다. 그는 『역사에 있어서 해상력의 영향』이라는 책에서 영국을 예로 들어 해군력이 없으면 강국이 될 수 없다며 해군을 현대화하고 팽창시키도록 역설했다. 그리고 그것을 식민지 확보, 통상 확대와 연결시키며 정치인들을 설득했다. 그는 시어도어 루스벨트T. Roosevelt나 우드로 윌슨T. W. Wilson, 또 1899년에서 제1차 세계대전까지 미국 외교정책을 만드는 데 중요한 역할을 한 헨리 로지H. C. Lodge 같은

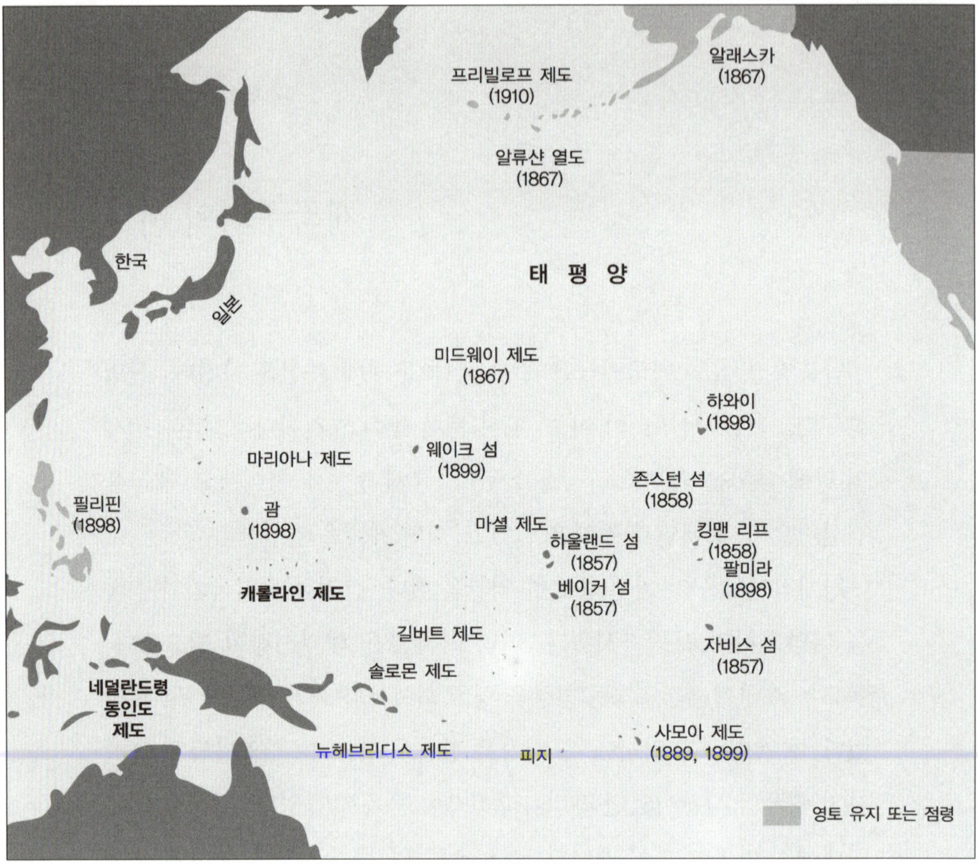

미국의 태평양 진출

사람에게 많은 영향을 미쳤다.

선교의 열정 또한 하나의 이유였다. 기독교의 복음을 세계에 전파하려는 것이었다. 그리하여 1890년대에는 이미 수백 명의 미국 선교사들이 중국에서 활동했다. 선교사들은 선교의 열정과 민족주의, 인종주의 이데올로기를 결합시킴으로써 특히 아시아에서 팽창주의의 하수인이 되었다. 사회적 진화론도 마찬가지였다. 강력한 미국의 앵글로-색슨족이 식민지를 확보하고 전 세계를 지배할 때까지 영향력을 팽창시키는 것을 생물학적인 법칙으로 생각한 것이다.

태평양의 섬들이 첫 목표가 되었다. 오스트레일리아와 뉴질랜드로

가는 중간 기착지였던 남태평양의 사모아 섬이 1899년 처음으로 보호령이 되었다. 이는 독일과 절반을 나눈 것이다.

하와이 군도는 태평양의 가장 큰 섬들로 미국인들이 일찍부터 눈독을 들이던 곳이었다. 1820년대부터 선교사들이 활동했고, 1840년대에는 미국의 포경 기지 역할을 했다. 그러나 19세기 중반부터 팽창주의자들이 병합을 요구하기 시작했다. 그리하여 1893년에 보호령으로 만들었고, 1898년에는 마침내 병합했다. 이 외에도 괌, 마리아나 제도, 웨이크, 존스턴, 킹맨 리프, 팔미라 등 남태평양의 많은 섬들을 1898~1899년에 사이에 병합했다.

그다음에 가장 중요한 것이 쿠바 문제였다. 스페인의 식민지였던 쿠바에서는 1895년에 스페인에 대한 반란이 일어났다. 이에 대한 스페인 정부의 가혹한 진압을 빌미로 미국이 군사적으로 개입했는데, 실제 목표는 쿠바를 장악하는 것이었다.

첫 전투는 1898년에 필리핀의 마닐라 항에서 벌어졌다. 미국 해군은 곧 스페인 함대를 격침시키고 마닐라 항을 점령했다. 그 후 6월에는 쿠바에 1만 7,000명의 병력을 상륙시켰다. 미군은 연전연승을 하여 고작 2주 만에 쿠바 섬의 스페인군을 굴복시켰다. 1898년 말에 열린 파리 강화회의에서 미국은 스페인으로부터 필리핀, 괌, 푸에르토리코를 할양받고 2,000만 달러를 지불했다.

미군은 쿠바에서 1902년에 철수했으나 플랫 어멘드먼트Platt Amendment 조약을 통해 쿠바의 주권을 침해했다. 미국은 쿠바가 다른 나라와 조약을 맺을 수 없도록 했고, 쿠바의 질서와 독립을 지킨다는 명분으로 개입할 권리를 갖게 되었다. 또 미 해군은 관타나모에 해군 기지를 유지할 수 있게 되었다. 이런 관계는 1934년까지 유지되었으며 그 사이에 쿠바는 완전히 미국 경제에 편입되었다.

카리브 해와 아시아에 대한 미국의 관심이 커짐에 따라 중미 지역에 운하를 건설하는 일이 매우 중요해졌다. 그래야 미국의 동해안과 서해안을 이을 수 있고 아시아로 진출하기가 용이했기 때문이다. 그리하여 1904~1914년 사이에 파나마 운하가 건설되었으며, 카리브 해는 이제 미국의 호수가 되었다.

루스벨트를 이어 윌리엄 태프트W. H. Taft와 윌슨 대통령도 자주 쿠바, 파나마, 니카라과, 도미니카, 아이티, 멕시코 정세에 개입했다. 이들 나라의 세관을 장악하고, 정부 예산까지 좌우했다. 미국 은행에서 차관을 얻는 일에도 간섭했고, 선거에도 개입했다. 이 시기에 미국은 타국의 권리에 전혀 무감각한 식민 제국이었다. 그래서 라틴아메리카 민족주의자들은 이를 양키 제국주의라고 불렀다.

미국이 스페인과의 식민지 전쟁에서 멀리 떨어져 있는 필리핀에 눈독을 들인 것은 아시아에서의 전략적 이익, 즉 통상 이익 때문이었다. 특히 유럽 각국이 분할하고 있던 중국에서 이권을 차지하는 것은 중요한 일이었다. 필리핀을 점령한 다음 해인 1899년에 미국이 중국에 대해 요구한 문호 개방 정책Open Door Policy이 그것을 잘 보여 준다.

그것은 중국의 항구에서 미국이 다른 나라와 동등하게 무역을 할 수 있도록 보장해 줄 것을 요구한 것이었다. 이와 함께 미국은 중국의 영토 보전을 주장했는데, 이는 중국을 위한 것이 아니라 일부 국가들이 중국을 독점하는 것을 막으려는 것이었다.

또 미국은 1905년 러일전쟁 후에 두 나라를 중재하여 미국의 포츠머스 항에서 강화조약을 체결하도록 주선했는데, 이는 동아시아에서의 세력 균형을 유지하기 위해서였다. 같은 해에 미국은 일본과 태프트-

가쓰라Taft-Katsura 조약을 체결했다. 이는 일본의 조선 지배를 인정하는 대신 미국의 필리핀 지배를 인정받으려는 것이었다. 이를 통해 미국은 일본이 조선을 보호령으로 삼는 것을 묵인했다.

또 1908년에는 일본과 루트-다카히라Root-Takahira 조약을 체결했다. 이는 만주에 대한 일본의 이권을 인정하는 대신 미국의 아시아 식민지들을 존중하겠다는 일본의 약속을 받으려는 것이었다. 이렇게 두 나라가 타협하여 당분간 세력권을 획정하기는 했으나, 두 제국주의 국가의 이해관계는 결국 충돌하지 않을 수 없었다. 그 결과 1942년에 태평양전쟁이 발발하게 되었다.

도금 시대의 부패와 혁신주의 운동

19세기 말의 미국은 철강 생산량, 철도 연장 거리, 석유 정제량 등 지표상으로 보면 산업이 대단히 발전한 나라이고 계속 진보해 가고 있는 나라였다. 하지만 사회에는 탐욕적이고 천박한 물질주의가 넘쳤다. 트러스트의 경제 지배, 만연한 정치적 부패, 모든 대도시에 넘치는 가난한 이민자 등 산업화에 따른 많은 부정적 결과들이 나타났다. 그래서 이 시기(1870~1900)를 도금(鍍金) 시대라고 부른다.

이런 문제에 관심을 가진 뜻있는 사람들은 자신들을 '혁신주의자'라고 부르며, 미국 사회의 여러 가지 폐해들을 개혁하려고 시도했다. 그래서 스페인-미국 전쟁에서 제1차 세계대전 참전 때까지의 시기를 '혁신주의 시대'라고 부른다.

혁신주의 운동은 전국적으로 조직된 통일된 운동이 아니라 많은 관련 없는 운동들이 하나로 합쳐진 것이었다. 그것은 기본적으로는 권력의 남용과 불공정한 특권을 없애려는 것이었다. 그들은 낭비적이고 경쟁적이며 무정부적인 산업사회를 효율적이고 질서 잡힌, 기업과 정부가 서로 협력하는 사회로 만들려고 했다. 그들은 또 힘없는 사람들을 북돋우고 힘 있는 자들을 억누름으로써 산업화 이전의 미국 공동체를 회복하려 했다.

그것을 포괄적으로 '사회 정의 운동'이라고 부르나 내용은 매우 다양했다. 이것을 주도한 사람들은 잘 교육을 받은 도시의 젊은 중산층들이었으며, 여기에 일부 노동자들이 합세했다. 특히 주목할 것은 이 운동에 여성들이 대거 참여했다는 것이다.

이 운동은 노조 조직, 소년 노동 폐지, 여성 투표권, 참전 거부, 나아가서는 사회주의 운동으로까지 발전했다. 그리고 이들을 도운 언론인, 저술가, 예술가들의 집단을 머크래커muckrakers라고 불렀다. 이들은 수백만의 독자를 갖고 있는 『매클루어스McClure's』 같은 잡지나 신문 등 대중매체나 소설 등을 통해 비참한 현장의 모습을 생생하게 고발했다.

많은 혁신주의자들은 제도의 개혁만이 아니라 인간 행위의 개선도 바랐다. 그래서 미국 사회를 음주, 매춘, 도박에서 구원하기를 바랐다. 이들의 노력으로 1893년에서 1900년 사이에 많은 주나 군, 시들이 알코올음료의 판매와 소비를 금지하거나 제한했다. 제1차 세계대전이 이들에게 힘을 실어 주었다. 전시 식량을 확보하기 위해 정부가 곡물로 위스키 만드는 것을 금지시켰기 때문이다. 결국 연방의회는 1920년에 볼스테드법Volstead Act이라는 금주법을 만들었다. 이 법은 0.5퍼센트 이상의 알코올 함유 음료를 알코올음료로 규정하고, 그 제조와 판매를 금지시켰다.

혁신주의는 매춘과 도박도 공격했다. 머크래커들은 젊은 여인들을 납치하여 매춘을 강요하는 '백인 노예' 조직을 폭로했다. 또 이민자나 흑인 여성을 매춘으로 이끄는 빈곤에 대해서도 폭로했다. 1910년에 연방의회는 주 경계선을 넘어 비도덕적인 목적으로 여성을 이송하는 것을 금지시키는 맨Mann법을 통과시켰다. 1915년이면 모든 주가 매음굴과 공공연하게 남성을 유혹하는 행위를 불법화시켰다. 도박도 불법화되어 이 시기에 모든 카지노들이 문을 닫았다. 심지어 캘리포니아에서는 권투나 경마까지 불법화되었다.

금주법 시대에 공무원들이 압수한 밀조 맥주를 도랑에 버리고 있다.

혁신주의자들은 교육이 사회 개선을 위한 중요한 수단이라고 생각했다. 이들은 도덕 교육이나 하고 암기를 강요하는 19세기식의 교육을 포기하고 새로운 교육을 도입해야 한다고 주장했다. 민주주의 사회에서 공공 학교는 아이들을 생산적인 시민으로 기르고 만족할 만한 개인의 삶을 위한 준비 역할을 해야 한다는 것이다.

그 대표자인 존 듀이J. Dewey는 학교가 학생들의 창의성과 지성을 계발해야 하며, 학생이 예속된 존재가 아니라 학교의 중심이 되어야 한다고 주장했다. 그리고 유치원에서 고등학교에 이르기까지 학생들은 경험에서 배워야 하고, 교과과정은 이것을 목표로 맞추어져야 한다고 주장했다. 학교가 '민주주의의 실험실'이 되어야 한다는 것이다.

이 시기에는 재학률이 크게 높아져, 1920년대에는 5~17세 아이의 78퍼센트가 각급 학교에 재학했다. 학교 행정과 교사직이 전문화되고 봉급이 올랐다. 대학의 수도 급증했다. 1910년에 미국의 대학은 1,000개를 헤아릴 정도가 되었는데 이는 세계 다른 나라의 모든 대학 수를 합친 것보다도 많았다. 1920년이면 여대생이 절반 정도를 차지하게 되었다.

혁신주의자들이 또 다른 중요한 목표로 삼은 것은 도시 행정에서 부패와 비효율을 제거하는 것이었다. 당시 도시들의 시정(市政)은 매우 부패해 있었다. 도시 안의 힘센 보스들이 관직이나 계약을 매매했고, 뇌물도 만연해 있었다. 선거 부정도 일상화되어 있었다. 관리들도 뇌물을 받고 청탁을 들어주는 것을 당연시했다.

이들은 선거를 통해 개혁적인 인물들을 시장으로 뽑도록 노력했고, 시 감독관직을 만들어 시정을 감시하게 했다. 그리고 가스나 전기 같은 공공 설비를 사기업에서 공공기관으로 넘겨 시민들에게 보다 많은 혜택이 돌아가도록 했다. 이들의 노력이 완전히 성공한 것은 아니었지만 그래도 상당한 성과를 거둔 것은 사실이다.

참고 문헌

박진민, 「박람회와 카우보이」, 서양사학자 13인 지음, 『서양문화사 깊이 읽기』, 푸른역사, 2008, pp. 250~275.

S. M. 립셋(이종수 역), 『미국사의 구조』, 한길사, 1982.

D. J. 부어스틴(이보형 외 역), 『미국사의 숨은 이야기』, 범양사출판부, 1991.

W. B. Carlson, *Technology in World History*, No.6, Oxford, 2005.

E. Foner(ed.), *The New American History*, Philadelphia, 1990.

G. N. Grob & G. A. Billias, *Interpretations of American History: Patterns and Perspectives*, V.2. New York & London, 1985(제5판).

T. Kemp, *The Climax of Capitalism: The U.S. Economy in the Twentieth Century*, Longman, 1990.

S. M. Lipset, *American Exceptionalism: A Double Sword*, New York, 1996.

G. D. Moss, *The Rise of Modern America 1890-1945*, Prentice-Hall, 1995.

D. Preston, *20th-Century United States History*, Harper Perennial, 1992.

A. S. Rice 외, *United States History to 1877*, Harper Perennial(8 Edn.), 1991.

C. V. Woodward, *The Comparative Approach to American History*, Oxford Univ. Press, 1997.

03

제1차 세계대전

19세기 말, 20세기 초의 유럽 국제정치

1870년대부터 본격화된 유럽 국가들의 제국주의는 산업화에 성공한 서양 국가들이 압도적인 군사력과 경제력으로 비서양 국가들을 식민지화하는 전 지구적 운동이었다. 그 과정에서 서양 국가들은 서로 간에 치열한 경쟁을 벌였다. 먼저 광대한 식민지를 차지한 영국과 프랑스 외에 독일, 미국, 이탈리아, 일본, 러시아 등이 가세하며 아시아, 아프리카의 전 지역이 식민지 경쟁에 휩쓸린 것이다.

그래도 1890년까지는 유럽 국제정치가 비교적 안정되었는데 그것은 1870~1890년의 20년 동안 유럽 국제정치를 주도한 독일 수상 오토 폰 비스마르크Otto von Bismarck의 균형 잡힌 태도 때문이었다. 비스마르크의 가장 중요한 외교 목표는 1871년에 통일된 독일제국의 보전이었다. 방금 통일된 독일이 아직 취약하다고 생각했기 때문이다. 그래서 식민지 확보에도 적극적으로 나서지 않았고 이해관계가 충돌하는 나라들 사이의 관계를 중재하려고 했다.

비스마르크는 유럽 국제정치에서 프랑스를 고립시키는 것을 가장 중요한 외교 정책으로 생각했다. 1870년의 보불전쟁에서 프랑스를 패배시키고 알사스-로렌 지방을 빼앗았으므로 프랑스와의 우호 관계가 당분간 불가능하다는 것을 잘 알고 있었기 때문이다. 프랑스인들은 이 일에 대해 언젠가는 설욕할 것을 다짐하고 있었다.

당시의 영국은 스스로 '영광된 고립 정책'이라고 부른 정책을 통해 유럽 정세에 관여하지 않으려 했다. 자기 나라를 세계 제국이라고 생각했으므로 유럽 내의 복잡한 정세에 연루되지 않으려 한 것이다. 따라서 비스마르크는 영국과 프랑스를 제외한 유럽 내의 중요 국가들인 오스트리아, 러시아, 이탈리아를 자기편으로 끌어들이는 데 온갖 노력을 다 쏟았다.

그리하여 1873년의 3제 협약(독 · 오 · 러), 1879년의 2국 동맹(독 · 오), 1881년의 3제 동맹(독 · 러 · 오), 1882년의 3국 동맹(독 · 오 · 이), 1887년의 재보장조약(독 · 러)을 통해 그 목표를 달성할 수 있었다. 그 과정에서 고민스런 문제는 오스트리아와 러시아의 이해관계를 잘 조정할 수 없다는 것이었다. 두 나라의 이해관계가 슬라브족이 많이 사는 발칸반도에서 부딪쳤기 때문이다. 재보장조약도 3제 동맹이 두 나라의 불화 때문에 깨지자 할 수 없이 러시아와 단독으로 체결한 것이었다.

비스마르크는 이렇게 국제관계가 독일에게 유리하도록 신중한 외교를 했으나 그가 1890년에 수상직에서 물러나고 빌헬름 2세가 친정을 하면서 상황이 바뀌었다. 그가 '세계정책'이라는 제국주의 정책을 본격적으로 취했기 때문이다. 그리하여 비스마르크가 공들여 만든 국제관계는 다 무너지고 말았다.

의회 개원식에 참석한 빌헬름 2세(1888년).
단 위의 정면으로 서 있는 사람이 빌헬름 2세,
그 앞의 흰옷 입은 사람이 비스마르크이다.

빌헬름 2세는 3년마다 갱신하게 되어 있는 재보장조약을 갱신하지 않음으로써 파기했다. 러시아를 소홀하게 대한 것이다. 이에 불안을 느낀 러시아는 프랑스에 접근하여 1894년 프－러 협상을 체결했다. 이는 나중에 군사동맹으로 발전했다.

세기가 바뀔 무렵에는 영국의 외교 기조도 고립 정책에서 동맹 정책으로 바뀌었다. 다른 나라들의 산업화로 국제관계에서 과거와 같은 절대적인 우위를 누리기 어려웠기 때문이다. 또 당장 아시아 지역에서 러시아 세력의 팽창을 막을 필요가 있었다. 이것이 유럽 국제정치에 큰 변화를 가져왔다.

그리하여 1902년에 동아시아에서 러시아의 세력을 막기 위해 영일 동맹이 맺어졌다. 일본은 이에 힘입어 1904년에 러일전쟁을 일으켰다. 영국과 프랑스 사이의 식민지 경쟁은 1898년에 아프리카에서 군사적 충돌인 파쇼다 사건을 가져왔으나 이는 타협으로 해결되었다. 그 후 두 나라는 식민지 분쟁을 마감하고 1904년에 영-프 협상을 체결했다. 1907년에는 영국과 러시아가 영-러 협상을 체결했는데 이는 러시아가 러일전쟁에서 패배하고 동아시아와 중앙아시아에 대한 야심을 버리자 영국이 더 이상 러시아를 경계할 필요가 없어졌기 때문이다. 이렇게 세 나라 사이에 3국 협상 체제가 만들어졌다.

반면 동맹국 러시아를 잃은 독일은 오스트리아, 이탈리아와의 3국 동맹을 강화했다. 그 결과 유럽의 주요 강대국들은 1차 세계대전이 일어나기까지 3국 동맹과 3국 협상이라는 두 개의 동맹 체제로 나뉘어 서로 으르렁거리게 되었다.

그 후에도 국제적 긴장은 1914년까지 간단없이 계속되었다. 프랑스와 독일은 모로코를 두고 1905년과 1911년에 두 차례나 전쟁까지 갈 위기에 몰렸었다. 또 독일이 1897년부터 해군력을 본격적으로 강화함으로써 건함 경쟁에 돌입한 영국과 독일 사이에는 긴장이 고조되었다. 독일이 영국의 제해권에 도전하려 했기 때문이다.

다른 한편으로 러시아와 오스트리아 사이에는 오스트리아가 지배하는 발칸반도의 슬라브계 주민들을 둘러싸고 신경전이 벌어졌다. 당시의 민족주의 열기 속에서 범슬라브주의와 범게르만주의가 맞부딪치게 된 것이다. 일본과 러시아는 동아시아의 패권을 두고 1904년 러

발칸전쟁(1912~1913)

일전쟁을 벌였다. 이 전쟁으로 조선과 만주가 일본의 세력권 아래로 들어갔다.

1912~1913년에는 발칸반도에서 세르비아, 그리스, 몬테네그로, 불가리아가 노쇠한 튀르크의 유럽 영토를 빼앗으려고 발칸전쟁을 일으켰다. 2차에 걸친 이 전쟁은 동남 유럽의 긴장을 높였고 마침내 1차 세

계대전의 도화선을 만들었다. 그럼에도 이때 유럽 전역에 걸친 대전쟁이 반드시 일어나야 할 필연성은 없었다. 1914년까지는 중요한 이해관계의 충돌이 대체로 각 국가나 동맹 사이의 타협으로 타결될 수 있었기 때문이다.

전쟁의 발발과 그 원인

전쟁이 촉발된 것은 1914년 6월 28일 오스트리아 황태자 페르디난트 대공 부부가 보스니아의 수도 사라예보를 방문하던 중 암살을 당한 사건 때문이다. 보스니아와 헤르체고비나는 오스트리아가 1908~1909년 사이에 러시아의 약화를 틈타 전쟁 없이 병합한 지역이다. 그러자 세르브인들이 많이 사는 보스니아를 노리던 세르비아의 민족주의자들이 오스트리아에게 복수를 한 것이다.

이에 분개한 오스트리아는 세르비아에게 최후통첩을 했고 세르비아는 굴복하여 대부분의 조건을 받아들였다. 그럼에도 오스트리아는 7월 28일 세르비아에게 선전포고를 했다. 종속 국가를 만들고자 한 것이다. 그리고 이는 짧은 시간 안에 국제적인 연쇄반응을 일으키며 마침내 제1차 세계대전이라는 대전쟁으로 발전하게 되었다.

7월 30일에 러시아가 세르비아 편에 서서 총동원령을 내리자 오스트리아도 7월 31일 총동원령을 내렸다. 독일은 같은 날, 러시아에 대해 총동원령 해제를 요구했으나 받아들여지지 않자 8월 1일, 러시아에 대해 선전포고를 했다. 이와 함께 독일은 벨기에에게 프랑스를 공격할 통로를 빌려 달라고 최후통첩을 했고, 8월 3일에는 프랑스에 대해 선전포고를 했다. 독일이 벨기에를 통과하려 한 것은 벨기에 쪽 프랑스 국경의 방어선이 약했기 때문이다.

8월 3일, 독일군이 벨기에를 침공하자 벨기에의 중립을 보장하고 있던 영국이 그 철수를 요구했다. 그러나 그 요구가 받아들여지지 않자 영국은 다음 날인 8월 4일 독일에게 선전포고를 했다. 오스트리아는 뒤이어 8월 6일, 러시아에 선전포고를 함으로써 유럽의 모든 강대국들이 전쟁에 휩쓸리게 되었다.

사실 19세기 말부터 유럽 지식인들 가운데에는 국제적 긴장이 고조되는 것을 보며 곧 세계 전쟁이 벌어질 것이라는 전망을 하는 사람이 많았다. 또 당시의 민족주의적 열기 속에서 대부분 참전국의 국민들은 전쟁을 열렬히 환영했다. 따라서 전쟁이 반드시 놀라운 사건은 아니었다.

그러면 이 대전쟁의 원인은 무엇이었을까? 오스트리아와 세르비아의 분쟁이 그 직접적인 원인은 아니다. 1908년 이후 두 나라의 관계가 점점 나빠지기는 했으나 그들은 국지전을 생각했지 세계 전쟁을 원한 것은 아니었다. 3국 동맹과 3국 협상의 동맹 체제도 반드시 전쟁을 확대시킨 원인이라고 할 수는 없다. 1904년 이후 많은 국제적 위기가 있었으나 이 동맹 체제들이 반드시 구속력이 있었던 것은 아니었다. 필요한 경우에는 동맹국을 지원하지 않는 일도 종종 있었다. 모든 나라가 자국의 이해관계에 따라 행동했기 때문이다.

식민지 경쟁이 중요한 원인도 아니다. 분규는 계속 있었으나 대체로 전쟁 없이 해결되었다. 독일과 영국 사이의 경제적 경쟁이나 해군 경쟁도 원인은 아니다. 1914년의 독일은 경제적인 면에서 3~4년이면 영국을 따라갈 수 있는 위치에 있었다. 1906년에 영국이 드레드노트급 전함(2만 5,000톤의 배수량을 가진 신형 대형 전함)을 건조함으로써 본격화된 두 나라 사이의 건함 경쟁은 이 무렵이면 영국의 우세로 끝나고 있었기 때문이다.

그러므로 전쟁에는 어떤 면에서 우발적인 요인이 많이 작용했다고 할 수 있다. 오스트리아는 세르비아의 굴복에도 불구하고 이것을 자국이 지배하는 발칸반도 지역의 불안한 민족문제를 해결하는 기회로 삼으려고 했다. 그래서 강경한 태도를 취했다.

러시아도 처음 총동원령을 내림으로써 독일이 이에 대응하게 만들었으나 대전쟁을 계획하고 있었던 것은 아니었다. 단지 세르비아가 오스트리아의 종속국이 되면 발칸반도가 오스트리아에게 넘어갈 것을 우려했고, 그래서 오스트리아와 독일에게 압력을 넣으려 한 것뿐이다.

독일은 발칸반도를 독일과 오스트리아의 세력권으로 만들려고 했으나 그렇다고 반드시 전쟁을 하려던 것은 아니었다. 단지 오스트리아를 지원함으로써 러시아가 움직이지 못하게 견제하여 외교적 승리를 거두려 했을 뿐이었다. 프랑스는 1912년 이후 계속 발칸 위기 시에는 러시아를 지원할 것이라고 보증한 바 있다. 그러므로 막상 위기가 닥치자 전쟁에서 발을 뺄 수 없었다. 강대국 가운데 영국만이 비교적 중요한 역할을 하지 않았다.

레너드 터너L. C. F. Turner는 각 나라 정치가들의 이런 태도를 '잘못된 계산'이라고 불렀다. 진정으로 전쟁을 하려고 작정했던 것은 아니나 결국 '계산'이 잘못되어 전쟁이 발발했다는 것이다.

문제는 두 세력 사이에 협상할 시간이 매우 부족했다는 것이다. 여기에는 당시 각 나라의 전시 작전 계획들이 중요한 역할을 했다. 이 시기에는 철도, 자동차 등 교통수단이 발달하며 전쟁에서 기동성이 매우 중시되었다. 그래서 모든 나라들이 치밀한 동원 계획이나 군대 이동 계획을 짜놓고 있었다. 심지어 열차 시간표까지 정밀하게 짜놓고 있었다.

독일은 벨기에를 통과하여 프랑스를 공격할 계획을 가지고 있었고 프랑스는 알사스로부터 신속하게 독일로 침공할 계획이었다. 또 러시아는 폴란드를 통해 오스트리아를 공격할 계획을, 오스트리아는 갈리키아로부터 러시아를 공격할 계획을 가지고 있었다. 영국도 전쟁이 시작되면 며칠 내에 프랑스에 파병하기로 계획을 세웠었다. 어느 나라도 방어적인 전략을 가지고 있지는 않았다.

따라서 상대방이 선수를 치기 전에 먼저 공격을 개시할 필요가 있었다. 그래야 기습 효과가 있기 때문이었다. 그러므로 정치가들이 협상을 오래 끌 수 없었으며 대신 전쟁을 결정하는 과정에서 장군들의 영향력이 커졌다. 특히 독일의 경우에는 동맹을 맺고 있는 러시아와 프랑스를 국경 양쪽에 두고 있었으므로, 불리한 양면 전쟁을 하지 않으려면 시간이 매우 중요했다. 독일의 작전 계획인 슐리펜 계획이 6주라는 단기간에 프랑스를 굴복시키고, 그다음에 러시아와 장기전을 하기로 계획한 것은 그 때문이다. 결국, 설마 대전쟁이 벌어지랴 하는 각국 정치가들의 '잘못된 계산'과 속전속결 전략들이 겹쳐지며 1차 세계 대전이 터지고 만 것이다.

전쟁의 과정과 동맹국 측의 패배

독일은 처음에는 단기 전쟁을 예상했다. 그러나 전쟁은 계획대로 진행되지 않았다. 독일군이 중립을 깨고 벨기에로 침공했으나 예상치 못했던 저항에 부딪혀 벨기에 점령에 2주일이나 소요했기 때문이다. 그 사이에 프랑스는 벨기에 쪽 국경선에 방어망을 조직할 시간을 벌게 되었고, 영국군도 북프랑스에 상륙할 수 있었다.

그리하여 원래는 영불해협 지역을 점령하여 영국군을 견제하고 해안을 따라 서부로 나아가 서쪽에서 우회해 파리를 공격하려던 독일의 작전 계획은 실패로 돌아갔다. 첫 번째 계획이 여의치 않자 독일군은 동쪽으로부터 파리에 접근할 수밖에 없었다.

그럼에도 효율적인 군대와 함께 전쟁 준비를 잘 갖추고 있던 독일군은 파리 외곽 30여 킬로미터 지점까지 진출하는 데 성공했다. 그러나 수도를 지키려는 프랑스군의 완강한 저항에 직면하여 목표를 이룰 수 없었다. 더구나 9월에 마른 강 전투에서 패배함으로써 센 강의 지류 중 하나인 엔 강까지 퇴각하지 않을 수 없었다.

게다가 동부에서는 러시아가 예상보다 신속하게 오스트리아와 동프로이센을 공격했다. 따라서 독일은 일부 군사력을 동부 전선으로 분산시키지 않을 수 없었으므로 서부 전선의 공격력은 약화되었다. 결국 슐리펜 계획은 완전히 실패로 돌아갔다.

러시아는 독일 지역을 일찌감치 공격했으나 전쟁 준비가 거의 되어 있지 않았다. 병사들 가운데에는 제대로 된 무기도 없이 전투에 투입되는 경우도 많았다. 그리하여 러시아는 힌덴부르크 장군이 이끄는 독일군에 의해 8월의 타넨베르크 전투와 9월의 마주리 호수 전투 등 여러 번의 전투에서 패배하고 동쪽으로 밀려났다.

전쟁이 시작되자 튀르크와 불가리아가 3국 동맹 측인 '동맹국' 측에 가담했다. 따라서 흑해와 지중해를 연결하는 보스포루스 해협의 봉쇄가 가능해졌고 러시아의 입장은 불리해졌다. 그럼에도 독일은 그렇게 피하려고 애썼던 장기적인 양면 전쟁에 빠짐으로써 큰 고통을 겪지 않으면 안 되었다.

1915년에 서부 전선은 교착 상태에서 벗어나지 못했다. 동부 전선에서 러시아군은 독일군에게 계속 패배하여 폴란드 지역을 잃고 러시아 본토로 쫓겨났다. 이 해에 그때까지 중립을 지키던 이탈리아는 전쟁이 끝난 후 아드리아 해 연안의 이탈리아어 사용 지역을 병합시켜 준다는 약속을 받고 3국 협상 측을 뜻하는 '연합국' 측에 가담하였다.

서부 전선 참호에서 돌격을 준비 중인 프랑스 병사

1916년에 서부 전선에서는 두 번의 큰 전투가 벌어졌다. 2~6월의 베르됭 전투와 7~11월의 솜 강 전투이다. 전자는 독일 측이 프랑스군의 주력을 섬멸하려고 베르됭 요새를 공격한 것이었고, 후자는 베르됭과 러시아에 대한 독일의 압력을 줄여 주기 위한 영국 원정군의 공세였다. 두 전투를 통해 양측이 모두 수십만 명의 사상자를 냈으나 전선에는 큰 변화가 없었다. 그리하여 서부 전선은 프랑스 국경 안에 고정된 채 지루한 참호전이 되었다. 영국이 참호전의 교착 상태를 풀

제1차 세계대전 시기의 서부 전선.
독일이 원래 계획한 '슐리펜 전략'은 북서쪽으로부터
파리를 포위하는 것이었으나 이에 실패했다.

제 1차 세계대전 당시의 영국 해군 함대

기 위해 신무기인 탱크를 투입하였으나 전세를 변화시키지는 못했다.

동부 전선에서 브루실로프A. Brusilov 장군이 지휘하는 러시아군은 베르됭에 대한 독일군의 압력을 완화시키기 위해 오스트리아로 쳐들어갔다. 오스트리아 국경 안으로 160킬로미터나 진입하고 포로를 40만 명이나 잡았다. 하지만 곧 구원군으로 도착한 독일군은 러시아군을 몰아냈을 뿐 아니라 연합국 측의 루마니아를 완전히 점령했다.

전쟁은 바다에서도 벌어졌다. 영국 해군은 우월한 해군력으로 독일 해군이 바다로 진출하는 길을 봉쇄했다. 독일을 자원 부족으로 고사시키려고 한 것이다. 독일 해군은 연합국 측의 해상 봉쇄에 잠수함 작전으로 대응했으나 큰 효과는 없었다. 영국과 독일은 주력 함대 사이의 교전은 가급적 피하려 했다. 양국 모두 치명상을 입지 않기를 바랐기 때문이다.

그러나 1916년 5월 견디지 못한 독일 해군이 그동안 킬 항구에 묶어 놓았던 주력 함대를 출항시킴으로써 결전은 불가피해졌다. 영국 해군이 독일 함대가 북해로 진출하는 것을 막자 5월 31일에 덴마크 근해에서 유틀란트 해전이 벌어졌다. 이 해전에서 영국은 전함 14척, 독일은 11척을 잃어 전투 자체로서는 독일이 승리했다.

하지만 해군의 남아 있는 주력함 비율에서 상대적으로 영국 쪽이 더 유리했으므로, 독일 해군은 이제 더 이상 영국 해군의 적수가 될 수 없었고 전쟁이 끝날 때까지 항구 밖으로 나올 수 없었다. 빌헬름 2세가 큰 열정을 가지고 막대한 예산을 들여 건설한 독일 해군이 실제 전쟁에서는 무용지물이 된 것이다.

이에 점점 더 잠수함에 의존할 수밖에 없게 된 독일은 1917년 1월에 무제한 잠수함 작전을 선언하고 전쟁 수역에 들어온 모든 적국과 중립국 선박을 격침시키기에 이르렀다. 독일 잠수함은 이미 1915년 4월에 영국 여객선 루시타니아호를 격침시켜 승객을 몰살시켰는데, 승객 약 1,000명 가운데 118명이 미국인이었다. 이 사건은 중립을 지키려는 미국 정부의 태도를 어렵게 만들었다.

그러므로 이제 무제한 잠수함 작전은 필연적으로 미국과의 적대 관계를 가져올 수밖에 없었다. 그럼에도 독일인들은 그 작전을 통해 영국과 프랑스의 해외 보급로를 끊어 미국이 참전하기 전에 두 나라를 굴복시키기를 희망했으나 독일 측의 도박은 실패로 끝났고 미국은 1917년 4월에 참전을 결정했다. 이는 전쟁의 결정적인 전환점이 되었다.

1917년 11월의 혁명을 통해 정권을 잡은 러시아의 볼셰비키 세력은 1918년 3월에 독일과 브레스트-리토프스크 조약을 맺고 서둘러서 강화를 했다. 사회주의 혁명을 지키기 위해서는 전쟁을 지속할 수 없었던 것이다. 물론 이를 위해서는 백러시아, 우크라이나 등 광대한 지역을 포기하는 등 큰 희생을 치러야 했다.

러시아가 전쟁에서 빠지게 되자 용기를 얻은 독일은 미국이 본격적으로 참전하기 전에 전세를 결정짓고자 1918년 봄에 서부 전선에서 춘계 대공세를 폈다. 그러나 그것은 프랑스와 영국군의 완강한 저항으로 실패하고 말았다.

결국 그해 8월부터 유럽에 상륙한 미군을 포함한 연합군의 공세가 시작되면서 전세는 이미 결정된 것이나 마찬가지였다. 병력이나 물자에서 턱없이 부족했던 독일군은 천천히 후퇴할 수밖에 없었다. 그런 와중에 10월 초 킬 군항에서 해군 수병들이 일으킨 반란이 전국으로 확산됨으로써 독일은 완전히 혼란 속에 빠졌고, 결국 11월 11일에 무조건 항복을 하지 않을 수 없었다. 4년여의 긴 전쟁이 끝난 것이다.

무조건 항복을 하기는 했으나 당시 독일의 군사력은 아직 괴멸된 상태는 아니었다. 또 서부 전선의 전장도 프랑스 영토에서 벗어나지 않은 상태였다. 이러한 상태에서의 항복은 나중에 독일의 패전이 독일군의 패배 때문이 아니라 국내 반전 세력이 독일군의 등을 칼로 찔렀기 때문이라는 신화를 만들어 냈다. 바이마르 시대에 독일 우익은 좌익을 공격하는 데 이 신화를 계속 이용했다.

독일이 전쟁에서 패배한 데에는 몇 가지 이유가 있다. 우선 슐리펜 계획이 실패하여 장기간의 양면 전쟁을 하지 않을 수 없었다는 것이다. 영국의 우세한 해군력도 하나의 원인이다. 해상 봉쇄 때문에 독일이 고립될 수밖에 없었던 것이다.

미국의 참전도 중요하다. 세계 제1위의 공업 국가가 연합국 측에 섬으로써 힘의 균형이 연합국 쪽으로 기운 것이다. 반면 독일의 동맹국들은 산업화되지 못한 나라들로서 독일에게 별로 도움이 되지 못했다.

독일의 인력 부족이나 물자 부족도 중요한 요인이다. 특히 국내에서 식량이나 생필품의 절대적인 부족 사태가 일어나자 이는 국민들의 사기를 떨어뜨리게 되었고 결국 반전운동이 일어나는 중요한 요인이 되었다. 에리히 레마르크E. M. Remarque의 『서부 전선 이상 없다』는 전쟁 말기 독일 국내의 음울한 분위기를 잘 묘사하고 있는 반전 소설이다.

총력전과 사회의 변화

이 전쟁은 그때까지 인류가 경험한 가장 큰 전쟁이었다. 규모도 커서 유럽 국가들만이 아니라 미국, 일본도 참전했고 수백만 명의 군인들이 서로 싸웠다. 전쟁의 희생자만도 엄청나서 전체적으로는 약 3,000만 명에 이르렀다.

이 대규모 전쟁을 위해 참전한 각 나라들은 국가의 온 힘을 전쟁 노력에 바치지 않으면 안 되었다. 이 점에서 후방도 전선과 별다를 바가 없었다. 전쟁이 장기화되며 막대한 무기나 탄약, 군수물자가 필요했기 때문이다. 그래서 후방 민간인들의 생활도 정부에 의해 상당 부분 통제되지 않으면 안 되었다.

따라서 정부의 힘이 커졌다. 대부분의 유럽 국가들은 이미 어떤 형태이건 징병제를 채용하고 있었으나 그것은 이제 더욱 강화되었다. 마지막까지도 모병제에 의지하던 영국 같은 나라도 징병제로 돌아서지 않으면 안 되었다. 영국은 1914년과 1915년에도 100만 명의 병력을 모병제로 유지했으나 이제 태도를 바꾸지 않을 수 없었던 것이다.

유럽 전체에 걸쳐 전시 정부들은 경제에 대한 통제도 강화했다. 물가, 임금, 집세가 통제되었고 식량 공급도 배급제로 바뀌었다. 수출입도 통제되었고, 교통체계나 산업의 국유화도 진전되었다. 어떤 정부는 강제 고용으로까지 나아갔다. 이렇게 유럽 국가들은 정부가 주도한 계획경제 쪽으로 나아갔다.

총력전은 유럽의 사회에도 큰 변화를 가져왔다. 가장 눈에 띄는 것은 실업자가 사라졌다는 것이다. 수백만 명의 노동자가 전선으로 차출되고 전시 수요가 증가함에 따라 모든 사람이 일자리를 찾을 수 있게 되었다. 그럼에도 노동력이 매우 부족했으므로 많은 식민지 노동자들이 그 자리의 일부를 메웠다.

또 많은 여성들도 과거에는 남성들만 하던 일을 떠맡았다. 영국에서만 134만 5,000명의 여성이 남성들을 대치했다. 그들은 과거에는 여성이 할 수 없는 일로 여겨졌던 굴뚝 청소, 트럭 운전, 농장 노동뿐 아니라 중공업 회사에서 공장 노동을 하기도 했다. 독일의 경우 무기를 만드는 최대의 중공업 회사인 크루프사 노동력의 38퍼센트를 여성이 차지할 정도였다. 여성들이 대포나 포탄을 만드는 작업에까지 참여했던 것이다.

따라서 여성의 임금도 정부의 입법으로 점점 올라갔다. 그럼에도 전쟁 말까지 남성과 동등해지지는 못했다. 또 전쟁이 끝나가자 여성을 점차 남성으로 대치하기 시작했다. 그러나 전쟁이 여성의 사회·정치적 해방을 위한 운동에 미친 영향은 매우 컸다. 1차 대전 후에 많은 나라 정부들이 여성에게 투표권을 부여한 것은 그 결과이다.

전시 정부들은 국민들의 사기를 올리는 방법으로 광범한 선전 선동 활동을 벌였다. 상대편을 비도덕적인 존재로 깎아내림으로써 자기편의 전쟁 목적이 정당하다는 것을 국민들에게 알리기 위해서였다. 이를 위해 영화, 연극, 문학, 신문 등 온갖 문화적 수단이 동원되었다.

공장에서 탄약을 생산하는 영국 여성 노동자들(1915)

그럼에도 전쟁이 장기화되면서 사상자가 늘고 물자가 부족해지자 초기의 애국적 열정 대신 불만의 목소리가 커지기 시작했다. 이는 러시아나 독일뿐만 아니라 영국이나 프랑스에서도 마찬가지였다. 특히 독일에서는 이것이 사회주의자들을 중심으로 한 반전운동으로 발전하며 정부에 대한 민심을 이반시키는 데 큰 역할을 했다.

전쟁 초에 영국은 국가방위법을 통과시켜 당국이 전쟁 반대자를 반역자로 체포하도록 했다. 이것은 나중에 신문 검열뿐 아니라 나아가 발행 중지까지 하는 권한으로 확대되었다. 프랑스에서는 처음에는 반대 세력에 관대했으나, 1917년 조르주 클레망소G. Clemenceau가 수상이 되자 태도를 바꿔 시민들의 기본적 권리까지도 억압했다. 전쟁을 협상으로 끝내자는 발언을 했다 하여 전임 수상까지도 반역죄로 2년의 실형을 선고받았을 정도였다.

베르사유 조약과 전후 처리

전쟁이 끝나기 전인 1918년 1월에 미국의 윌슨 대통령은 전쟁을 끝내기 위한 조건으로서 '14개 조항'이라는 것을 발표했다. 그것은 비밀외교의 금지, 군비의 전면적 축소, 해당 주민의 요구에 따른 식민지 문제의 공정한 조정, 폴란드의 독립, 평화 유지를 위한 국제기구의 설립 등을 포함하였다.

독일이 이 시기에 강화를 협상했다면 어느 정도 타협의 여지가 있었다. 그러나 무조건 항복을 함으로써 연합국이 제시하는 강화 조건을 그대로 수용할 수밖에 없는 어려움에 빠졌다. 전후 문제를 처리하기 위한 파리 강화회의가 1919년 1월에 베르사유에서 27개국 대표가 모여 시작되었다.

독일과의 강화협정은 6월에 타결되었고, 오스트리아, 헝가리, 튀르크, 불가리아와는 1920년까지 따로따로 체결되었다.

이 조약은 너무 가혹한 것이었으나 패전국들은 이를 감수할 수밖에 없었다. 먼저, 동맹국 측은 전쟁 책임을 홀로 지게 되었다. 그리고 당시에 아직 액수는 결정되지 않았으나 막대한 전쟁 배상금을 물어야 했고 영토의 상당 부분을 빼앗기게 되었다.

파리 강화회의에 참석한 중요 국가의 지도자들.
프랑스의 조르주 클레망소(왼쪽의 지팡이 든 사람),
미국의 우드로 윌슨(가운데), 영국의 로이드 조지(맨 오른쪽의 웃는 사람)

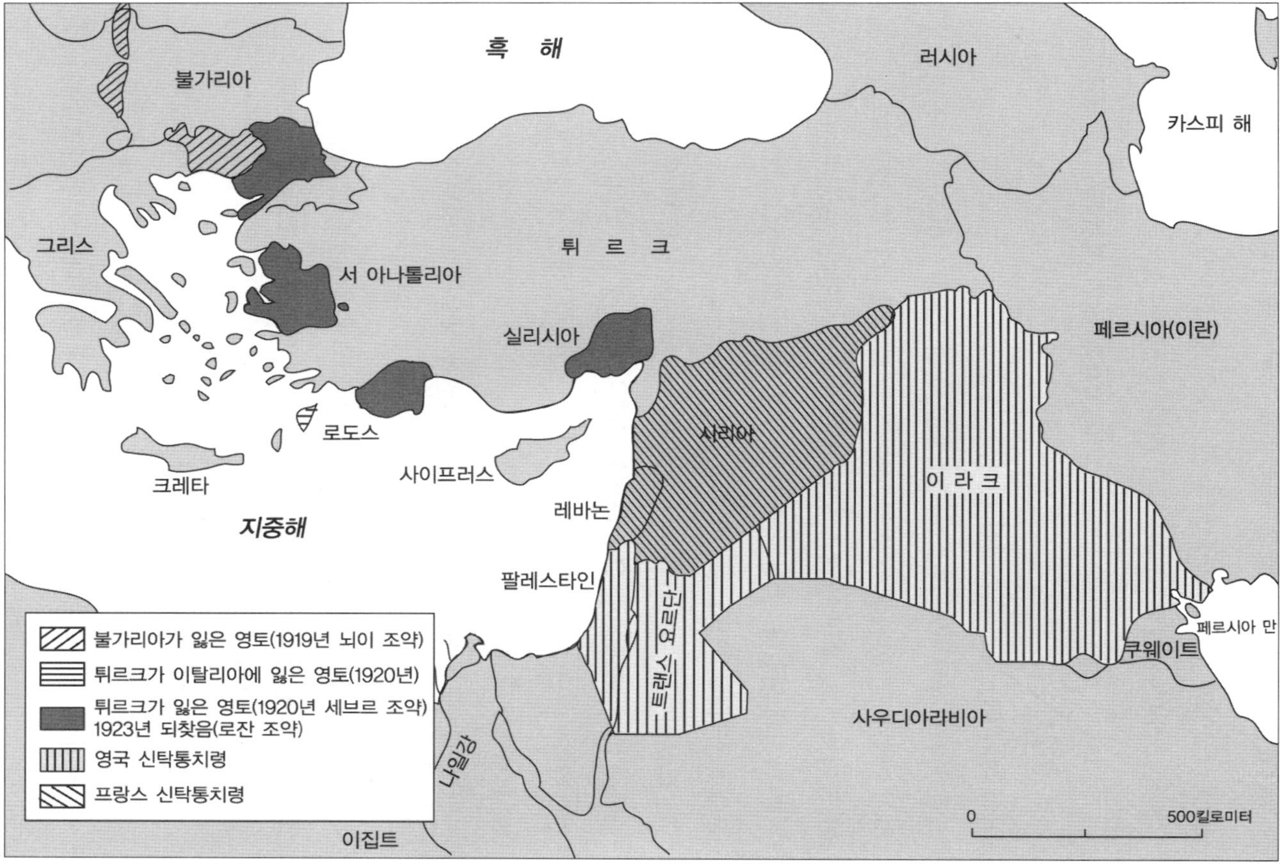

제1차 세계대전 이후 중동의 영토 변경

폴란드가 독립함에 따라 독일은 18세기 말에 분할했던 폴란드 지역을 돌려주어야 했고, 폴란드에게 항구로의 접근을 보장해 주기 위해 '폴란드 회랑' 지역을 넘겨주어야 했다. 알사스-로렌은 프랑스 쪽으로 넘어갔고, 자르란트는 나중에 주민 투표를 통해 귀속 국가를 정하기로 결정되었다. 그 외에도 독일은 여러 작은 지역들을 잃었다. 또 해외의 식민지를 모두 포기해야 했다.

게다가 심각한 군비 축소를 당함으로써 강국으로서의 면모를 유지하기 어렵게 되었다. 모든 탱크, 전투기 등 공격 무기의 생산이나 보유가 금지되었고, 육군 병력은 10만 명으로 축소되었다. 해군은 전함 6척만 남기게 되었다. 군사력이 겨우 국내 치안을 할 수 있는 정도의 수준으로 약화된 것이다.

오스트리아는 헝가리와 체코슬로바키아 등 비독일계 민족들이 독립함에 따라 해체되어, 인구 650만 명에 불과한 중부유럽의 소국가로 전락했다. 더군다나 공업 지역을 체코슬로바키아에게 빼앗김으로써 농업 국가가 되었다.

튀르크는 중동 지역 전체에 대한 지배권을 상실하고, 영토는 콘스탄티노플 부근 일부 지역과 아나톨리아 반도로 제한되었다. 튀르크가 지배하던 중동 지역의 상당 부분은 영국과 프랑스의 신탁통치령이 되었다. 영국이 팔레스타인, 트랜스요르단과 이라크를, 프랑스가 레바논과 시리아를 차지했다.

러시아도 많은 영토를 상실했다. 핀란드와 발트 3국이 러시아로부터 독립했다. 또 과거의 폴란드 지역을 빼앗겼고, 베사라비아 지역을 루마니아에게 넘겨주어야 했다. 주된 참전국의 하나였으나 사회주의 국가라는 이유로 자신의 운명을 결정하는 베르사유 강화회의 참석마저 거부당했다.

그러나 전후 처리는 많은 국가들에게 불만을 안겨주었다. 독일은 동부 영토의 상실과 전쟁 책임 조항, 막대한 배상금에 대해 분개했다. 프랑스는 독일로부터 안전 보장을 확보하지 못했으므로 불만을 가졌다. 원하던 라인란트를 확보하지 못했고, 영국과 미국의 안전 보장도 약속받지 못했으므로 불안하게 생각한 것이다. 이탈리아는 트리에스테, 달마티아 지역의 일부를 할양받기는 했으나 약속받은 땅을 다 얻지 못했고, 또 영국과 프랑스가 중동의 전리품을 독점한 데 불만을 가졌다.

중국은 일본이 중국 내 독일령의 절반을 차지한 것에 불만을 느꼈다. 러시아는 영토 상실뿐 아니라 국제적으로도 고립된 것에 분개했다. 자본주의 국가들이 새로운 사회주의 국가를 의도적으로 고립시키려 했기 때문이다. 또 윌슨이 약속한 민족자결주의는 실천되지 않았다. 패자의 식민지는 승자의 차지가 되었을 뿐이고 승전국의 식민지에는 어떤 변화도 없었다.

이렇게 이 조약은 승전국 몇 나라를 제외한 대부분의 당사국들에게 불만을 야기했다는 점에서 별로 좋은 결과를 가져왔다고는 할 수 없다. 또 독일에 대한 지나치게 많은 전쟁 배상금이나 비무장화는 사실 받아들여지기 어려운 비현실적인 요구였다. 결국 베르사유 체제의 실패가 20년 만인 1939년에 다시 2차 대전이라는 대전쟁을 불러오는 중요한 요인의 하나를 만든 셈이다.

참고 문헌

P. M. H. 벨(강철구 외 역), 『서양 현대사의 제문제』, 명경, 1998.

K. 키건(조행복 역), 『1차세계대전사』, 청어람미디어, 2009.

E. 홉스봄(이용우 역), 『극단의 시대』 상권, 까치, 1997.

F. Fischer, *Germany's Aims in the First World War*, New York 1967.

H. H. Herwig, Industry, Empire and the First World War, in: G. Martel(ed.), *Modern Germany Reconsidered 1870-1945*, London and New York, 1992.

P. M. Kennedy, German World Policy and the Alliance Negotiations with England 1897-1900, *Journal of Modern History*, 45, 1973.

J. W. Langdon, *July 1914: The Long Debate 1918-1990*, Oxford, 1991.

G. Martel, *Origins of the First World War*, Pearson/Longman, Third Edn., 2003(1987).

M. Pugh, *A Companion to Modern European History 1871-1945*, Oxford, 1997,

L. C. F. Turner, *Origins of the First World War*, Norton, 1970.

04

러시아혁명과 사회주의 체제의 성립

러시아의 개혁 시도와 실패

19세기 후반의 러시아는 여러 심각한 문제들을 안고 있었다. 급격하게 발전하던 서유럽 국가들에 비하여 정치적 · 사회적으로 매우 후진적이었다. 차르가 절대적인 권력을 가지고 나라를 다스렸으므로 대의정치는 꿈도 꿀 수 없었다. 봉건적인 농노제는 사회의 발전을 전반적으로 막았다. 서유럽에서 진전되고 있던 산업화도 러시아 땅에는 아직 도달하지 못했다.

크림전쟁(1853~1856)에서의 패배는 러시아의 이러한 후진성을 잘 보여 주었다. 그 전까지는 유럽의 강대국으로 생각되어 왔으나, 산업국가인 영국이나 프랑스에 비해 무기나 보급 체제에서 너무나 뒤떨어졌던 것이다. 이에 충격을 받은 알렉산드르 2세는 1861년에 각종 지방사업과 교육 · 의료를 담당하는 지방의회인 젬스트보의 설립을 포함한 지방 행정 개혁, 보다 공정한 재판을 위한 사법 개혁, 징병제를 채용한 군제 개혁과 함께 농노해방을 했다.

가장 중요했던 것은 귀족들의 봉건적 지배에 얽매여 빈곤과 고통 속에 살던 농노의 해방이었다. 이들은 토지에 얽매여 대대로 거기에서 벗어날 수 없었고, 과중한 부역이나 공납에 시달렸다. 농노는 1858년에 러시아 전체 인구의 37.7퍼센트인 약 2,600만 명이었는데, 이들은 대체로 러시아, 우크라이나, 백러시아 같은 비옥한 중부 지역에 많았다. 이 가운데 농노해방령에 의해 처음 자유를 얻은 농노들은 귀족 소유지에 속한 약 2,200만 명이었다. 왕령지와 국유지의 농노들은 1860년대에 차차 해방되었다.

그러나 그들은 경작하던 땅의 약 3분의 1 정도를 귀족에게 직영지로 내주어야 했으므로 경작지가 줄어들었다. 또 삼림, 하천, 목초지가 귀족의 사유재산이 됨으로써 목재, 연료를 얻는 데, 가축에게 풀을 뜯기거나 물을 먹이는 데 과거와 달리 대가를 지불해야 했다. 분배받은 토지의 상환금은 정부가 귀족에게 대납해 준 80퍼센트를 49년 동안 분납으로, 나머지 20퍼센트는 돈이나 노동력으로 귀족에게 즉각 갚아야 했다.

그렇다고 분배지가 개인 소유가 된 것도 아니었다. 상환금을 완전히 지불하기까지는 전통적 마을 공동체인 미르에게 귀속되었기 때문이다. 이 시기에 귀족은 농노해방으로 자기 영지에 대한 행정적 관할권을 잃었으므로 미르가 그것을 대신했다. 납세, 부역, 군역, 토지 관리 등이 모두 미르의 소관 사항이었다.

그러므로 분배지를 저당 잡히거나 매매하는 것은 불가능했고, 심지어 개인적인 영농도 할 수 없었다. 미르 공동의 결정에 따라야 했기 때문이다. 미르는 농민들의 이동도 막았다. 공동체 안의 주민이 다른 곳으로 이주하면 남아 있는 사람들이 그 세금도 떠안아야 했기 때문이다.

게다가 이 시기에 러시아의 인구는 급증했다. 1858년 6,800만 명에서 1897년에는 1억 2,500만 명이 되었다. 따라서 농민들의 생활은 더 곤궁해졌으며, 토지 상환금이나 각종 세금의 연체는 일상적인 일이 되었다. 1882년에 세금을 포함한 농민들의 연체금은 전체 부과금의 약 47.2퍼센트에 달할 정도였다. 결국 어정쩡한 개혁으로 말미암아 농민들의 상황은 개선되기는커녕 오히려 악화되었다. 이것이 1917년 혁명의 주된 요인 가운데 하나였다.

농노해방과 함께 중요했던 또 다른 문제는 민족문제였다. 러시아의 제국주의는 유럽 다른 나라들과는 달리 국경을 넘어 육지로 제국을 확대하는 방법을 취했다. 그래서 19세기 후반의 러시아는 수많은 종족으로 구성된 다종족 사회였다. 1차 대전 무렵 러시아제국 인구 가운데 러시아인은 43.4퍼센트에 불과했고, 약 100개 이상의 종족이 혼거했다.

농노해방령을 반포하는 장면(그루지아 텔라비, 1861)

이 시기에는 전 유럽적으로 민족주의가 강화되어, 각 종족의 지위를 존중해 줄 것과 자치를 요구하는 목소리가 높아졌다. 그러나 러시아 정부는 반대 방향으로 나아갔다. 러시아화 계획을 통해 이들을 억압했다. 특히 러시아어를 행정, 교육, 사법에 사용하도록 강요했는데, 이는 폴란드, 리투아니아, 우크라이나에서 특히 심했다. 그 결과, 각 종족들의 불만을 샀고, 이들의 민족주의적 요구가 1905년 혁명과 1917년 혁명의 중요한 추진력의 하나가 되었다.

러시아 사회의 혼란과 1905년 혁명

토지 부족과 빈곤으로 인한 농민들의 큰 불만은 사회정치적 혼란을 불러왔고, 이는 1870~1880년대에 각지에서 농민 소요, 지주와 관리들에 대한 지속적인 테러 활동을 불러일으켰다. 이 중 가장 유명한 것이 '인민의 의지Narodnaia Volia'단의 활동이다. 이들은 1881년 차르 알렉산드르 2세를 암살하기까지 했다. 러시아 정부는 1905년 혁명이 일어나고 난 뒤인 1906년에 가서야 미르와 토지 상환금의 폐지를 선언했으나 이미 때는 늦었다.

19세기 중반부터 시작된 산업화도 러시아 사회의 긴장을 높이는 데 중요한 역할을 했다. 처음에는 상인-기업가들에 의해 직물 산업이 발전했으나, 1880년대부터는 외국 차관에 의한 대규모 공장 건설이 시작되었다. 1887~1897년 사이에 공장 수는 26.5퍼센트, 산업 노동자 수는 59.2퍼센트, 생산력은 112.8퍼센트가 증가했다. 철도 건설도 활발했고, 1892~1903년 사이에는 시베리아 횡단 철도까지 건설되었다. 재무장관인 세르게이 비테S. Y. Vitte(재임 1892~1903)가 러시아 산업화 과정에서 주도적 역할을 했다.

이 당시에 숙련 노동자 수는 아직 적었고, 임금은 낮고 불규칙적으로 지불되었을 뿐 아니라 대개 전표를 가지고 구내 상점에서 물품을 구입하게 되어 있었으므로 착취가 심했다. 노동시간도 10~15시간 정도로 길었고, 작업장 환경도 위험하고 비위생적이었다. 따라서 1870년대부터 파업이 증가하기 시작했고, 이는 20세기에 들어와 훨씬 심해졌다.

한편 러시아의 전제정치는 정당 활동을 불가능하게 했으므로 처음 등장한 정당들은 혁명 정당들이었다. 노동자들을 기반으로 하는 맑스주의 정당인 사회민주당이 1898년에 창설되었다. 사회민주당은 1903년에 프롤레타리아 전위 정당을 추구하는 강경파인 볼셰비키와 온건파인 멘셰비키로 갈라졌다. 농민을 지지 세력으로 하는 사회혁명당은 1900년에 결성되었다. 그러나 정부가 이에 대해 엄격한 규제를 가했으므로 이들이 크게 성장하기는 어려웠다.

그런 가운데 1904년 1월 러일전쟁이 시작되었다. 이는 동아시아에 확고한 발판을 마련하려는 러시아와, 한반도와 만주 지역으로 막 세력을 뻗치려는 일본의 필연적인 충돌이었다. 심지어 러시아인 가운데는 이때 아주 일본을 정복해야 한다고 주장하는 사람들도 있었다.

전체적으로는 월등한 군사력을 가지고 있었음에도 불구하고 동아시아의 러시아 주둔군은 일본군에게 연전연패했다. 1904년 12월에는 조차지였던 중국의 여순항까지 빼앗겼다. 마지막으로는 러시아가 자랑하던 발틱 함대가 1905년 5월에 대마도해협에서 일본 함대에게 전

페트로그라드에서 혁명에 참여한 해군 수병들(1905)

멸하다시피 함으로써 전쟁은 끝났다.

1904년 여름에 이미 패전이 분명해 보였으므로 국가에 대한 신뢰가 무너지고 국민들이 동요하기 시작했다. 11월에는 개혁적인 대지주들이나 부르주아들, 자유 직업을 대표하는 사람들조차 차르에게 긴급한 개혁을 요구했다. 그럼에도 황제는 머뭇거렸다. 1904년 말이 되면 러시아 사회는 경제적 · 정치적 · 군사적 위기에 빠져 혁명이 임박한 것처럼 보였다.

결국 1905년 1월에 혁명이 자연발생적으로 일어났다. 가퐁이라는 신부가 군중을 이끌고 차르에게 진정을 하기 위해 궁전 앞에 왔으나 이에 위협을 느낀 경비병들이 발포한 것이다. 이로 인해 약 1,000명이 죽었고 시위, 폭동, 파업으로 점철된 전국적인 혁명이 발생했다. 이는 10월까지 계속되었다.

1905년 10월의 총파업과 수많은 도시들에서 결성된 혁명적인 조직들에 위협을 느낀 정부는 국민들에게 여러 가지 양보를 하지 않을 수 없었다. 그리하여 10월 30일의 칙령은 의회인 두마의 창설과 헌법의 제정을 약속했다. 입헌군주제로의 이행을 약속한 것이다.

1905년 혁명 뒤에 부르주아 계급의 자유주의 정당들인 입헌민주당과 12월당이 창설되었다. 1906년에 두마가 처음 개원했으나, 헌법에서 의회의 역할이 크게 제약되어 있었으므로 황제권을 견제할 수는 없었다. 게다가 차르는 두마의 정치 간섭을 싫어했으므로 사소한 이유로 계속 두마를 해산했다. 그럼에도 1912년에 시작된 제3차 두마에서 12월당은 지배적 정당이 될 수 있었다.

제1차 세계대전과 1917년 3월 혁명의 발발

1914년 8월에 차르 니콜라이 2세는 오스트리아, 독일과의 전쟁에 빠져들었다. 이는 범슬라브주의의 종주국으로서 세르비아의 굴복을 그대로 두고 볼 수 없기도 했으나, 국내 정치적으로는 반대 세력들을 억누르고 통합을 강화할 필요가 있기도 했기 때문이다. 그러나 준비되지 않은 전쟁으로 인해 식량난, 물가고 등 국민들의 생활이 너무나 어려워지고, 또 계속된 패전으로 영토의 많은 부분을 잃으며 국민의 사기가 크게 떨어졌다. 이는 1917년 혁명의 직접적인 원인이 되었다.

황제 니콜라이 2세가 전선으로 출정한 뒤 국내에서는 자칭 성자인 라스푸틴G. E. Rasputin이라는 정교회 신부가 황후인 알렉산드라를 등에 업고 국정을 농단했다. 뿐만 아니라 그는 과음과 궁정 여인들과의 추문으로 별로 인기가 없었다. 황후는 그를 축출하라는 두마의 권고를 무시하고 오히려 그를 총애함으로써 로마노프 왕가에 대한 신뢰를 크게 약화시켰다. 한편 전장에서는 니콜라이의 무능한 전쟁 지휘로 러

1917년 7월 4일, 볼셰비키의 쿠데타 시도를 임시정부 군대가 진압하고 있다.

시아군이 패배를 거듭했다.

이런 가운데 1917년 3월 8일 수도인 페트로그라드에서 자연발생적으로 혁명이 일어났다. 여기에서는 공장 노동자들과 병사들이 중요한 역할을 했다. 러시아혁명 무렵 산업 노동자 수는 300만 명 정도로 전체 인구에 비하면 적은 편이었다. 그러나 대도시 주변의 대규모 공장들에 취업하고 있었고, 사회주의자들의 영향으로 계급의식이 높았으므로 혁명 시기에 큰 역할을 할 수 있었다.

병사들은 계속되는 패전으로 사기가 크게 떨어져 있었고, 불충분한 무기나 보급에 불만을 느끼고 있었다. 따라서 무능한 차르 정권에 반감을 가졌다. 페트로그라드에서 혁명이 일어나자 곧 각지의 노동자들과 병사들이 지역이나 단체별로 구성원들의 평등한 조직인 소비에트를 조직하며 이에 적극 호응했다. 소비에트는 1905년 혁명 때 처음 나타났었다.

국민의 신뢰를 잃고 있던 차르 정권은 이를 막을 수 없었다. 그리하여 로마노프 왕가의 러시아제국은 무너졌다. 그리고 그 자리를 두마 의원들을 중심으로 하는 임시정부가 차지했고, 입헌민주당이 그것을 주도했다. 임시정부에 참여한 사회주의자들은 소수였으므로 초기에는 혁명을 주도할 수 없었다.

그렇다고 권력을 임시정부가 독차지할 수는 없었다. 각지에서 자발적으로 조직된 농민과 노동자, 병사들의 소비에트가 전국적 조직을 형성했기 때문이다. 그 중앙 조직인 전국소비에트대표자회의는 그 후 혁명의 향배에 중요한 역할을 했는데, 그 안에서는 사회혁명당원이나 사회민주당원들이 주된 영향력을 행사할 수 있었다.

임시정부는 국민들의 자유를 억압하던 전제정치의 많은 제약을 없애고, 소수민족에 대한 불평등도 어느 정도 제거했다. 또 11월에 제헌의회를 소집할 것을 약속했다. 그럼에도 임시정부는 과단성을 결여하고 있었다. 혁명 후의 혼란 속에서도 전쟁을 계속하며 중요한 문제들의 해결을 후에 소집될 제헌의회로 미뤘다.

이는 대중들의 열망에 반하는 것이었다. 노동자들은 물가고와 실업의 두려움이 당장 해소되기를 바랐다. 1917년 1월과 10월 사이에만 물가가 네 배 오른 데 비해 실질임금은 60~70퍼센트로 떨어져 생활고가 심했기 때문이다.

농민은 귀족이 소유하고 있는 토지의 즉각적인 분배를 요구했다. 병사들은 즉각적인 정전을 요구했고, 소수민족들 사이에서는 자치의 요구가 커졌다. 따라서 보다 강력하고 급진적인 정책이 필요했다. 임시정부가 결단을 내리지 못하자 급진적인 사회주의자들에 대한 지지가 점점 커졌다.

레닌의 4월 테제와 볼셰비키 혁명의 성공

사회민주당 내의 볼셰비키 지도자로 그동안 스위스에서 망명 중이던 블라디미르 레닌이 1917년 4월에 스위스에서 귀국하여 '4월 테제'를 발표했다. 이는 '즉각적인 종전', '토지는 농민에게', '모든 권력은 소비에트에게'라는 세 가지 주장을 내세운 것이었다. 처음에는 볼셰비키들도 레닌의 이런 단호한 주장이 지나치다고 생각했다. 특히 임시정부와의 협력을 중단시킨 것에 당황했다. 그러나 레닌은 그들 사이에서 큰 권위를 갖고 있는 인물이었기 때문에 곧 그것을 받아들였다.

그해 6월에 멘셰비키로서 임시정부의 국방장관이었던 알렉산드르 케렌스키A. F. Kerenskii가 전선에서 일대 공세를 폈으나 실패했다. 이에

11월 혁명 상황 속의 볼셰비키 간부들.
가운데 검은 옷을 입은 이가 레닌(1918. 11. 7.)

따라 물가고와 식량난은 더 커졌다. 이 틈을 타 레닌이 7월에 쿠데타를 시도했으나 실패하고 핀란드로 피신했다. 그달에 케렌스키가 수반이 되는 새로운 내각이 출범했으나 무력하기는 마찬가지였다.

그사이에 볼셰비키는 점차 대중적인 정당 조직으로 성장했다. 그들은 즉각적인 종전, 귀족 영지의 몰수, 산업 관계의 철저한 개혁, 경제 붕괴를 막기 위한 국가의 개입, 민족자결 원칙 등을 주장하며 임시정부의 정책에 철저히 반대했다. 이런 정책들은 당원 수를 크게 늘리는 데 도움이 되어 볼셰비키 당원은 1917년 2월 1만 명에서, 10월에는 약 30만 명으로 증가했다. 그리하여 대다수 노동자들과 많은 병사들의 지지를 얻는 강력한 대중 정당으로 성장할 수 있었다.

10월에 레닌이 귀환하며 볼셰비키는 11월 7일에 다시 무장봉기를 일으켰다. 임시정부는 거의 저항하지 못하고 무너졌다. 이것이 볼셰비키 혁명이다. 볼셰비키 세력은 정정의 혼란을 틈타 혁명에 성공하자마자 새로운 내각인 인민위원회Sovnarkom를 구성하여 국가의 모든 권력을 접수하고 프롤레타리아 독재를 수립했다. 레닌은 모든 토지의 국유화를 선언했고 전쟁을 즉시 끝내겠다고 약속했다.

그럼에도 임시정부 시기에 이미 준비하고 있었던 11월 중순의 제헌의회 선거 결과는 실망스러웠다. 전체 703석 가운데 사회혁명당이 248석인 데 비해 볼셰비키는 168석밖에 차지하지 못했기 때문이다. 이에 레닌은 1918년 1월 18일에 의회가 개원하자마자 다음 날 의회를 해산함으로써 정치적 주도권을 계속 장악하려 했다.

또 당의 명칭을 볼셰비키에서 러시아공산당으로 개명하고, 수도를 페트로그라드에서 모스크바로 옮겼다. 18세 이상의 성인 남녀에 의해 선출되는 전러시아노동자농민병사소비에트대표자회의는 1918년 7월에 만들어진 헌법에 따라 주권을 갖게 되었음에도 불구하고 실제로는 공산당에 종속되었다. 그리고 당의 중앙위원회가 당과 국가의 모든 일을 관장했다.

1918년 3월에는 브레스트-리토프스크 조약을 통해 독일과 단독 강화를 했다. 이 조약을 통해 러시아는 독일에게 핀란드, 에스토니아, 라

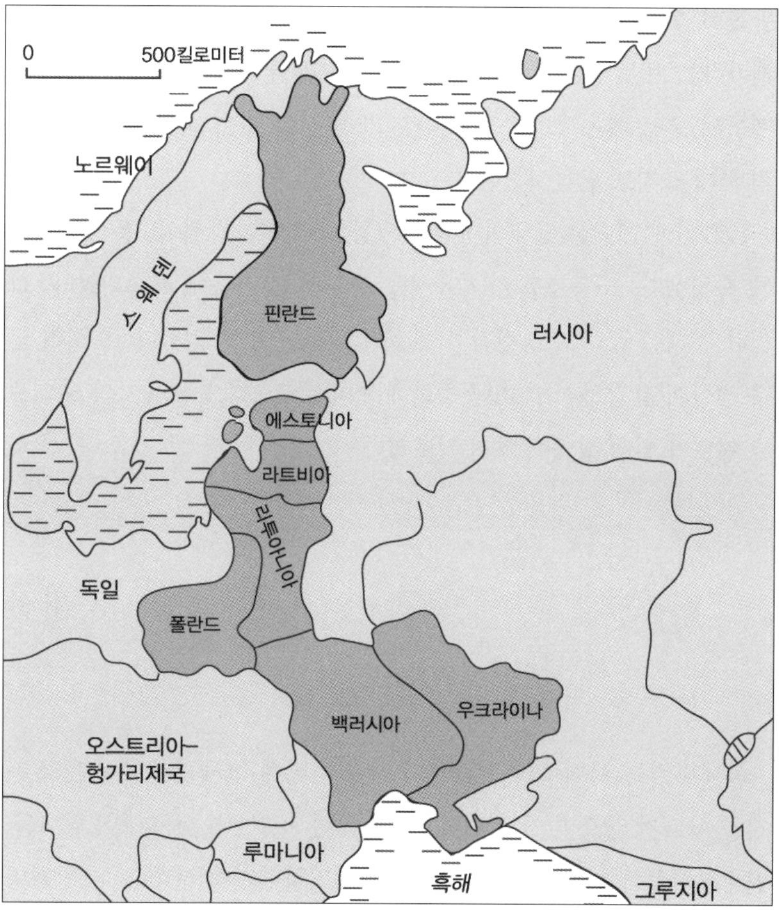

브레스트-리토프스크 조약으로 독일에게 할양된 지역(진한 색 부분)

트비아, 리투아니아, 폴란드, 우크라이나와 상당 부분의 백러시아를 넘겨주었다. 면적으로는 약 330만 제곱킬로미터, 인구로는 6,200만 명에 달했다. 또 당시 러시아 산업 지역의 약 2분의 1을 포함했으므로 피해가 매우 컸으나 혁명을 보전하기 위해서는 불가피했다. 이로 인해 많은 국민들이 공산당에 분노하게 되었다.

처음에는 쉽지 않았으나 볼셰비키 정부는 1918년이 지나며 국가를 완전히 장악하는 데 성공했다. 중앙에서 통제하는 경찰 조직과 함께 체카라는 비밀경찰 조직도 만들어졌다. 반혁명의 위협이 매우 컸기 때문이었다. 레온 트로츠키L. Trotsky가 중심이 되어 적군(赤軍)으로 불린 군대 조직도 만들어졌다.

1921년에 레닌은 당내의 분파주의를 공격하고 당원의 3분의 1 정도를 숙청했다. 노동조합은 자율성을 상실하고 국가에 예속되었다. 그러나 전쟁이 끝나도 경제적 어려움이 해소될 수는 없었다. 오히려 군수 생산이 급감하여 1918년 중반에는 페트로그라드 노동자의 60퍼센트 정도가 실업 상태에 빠질 정도였다.

내전

볼셰비키는 사회주의 정권을 수립하기 위해 구세력과 수년간의 전쟁을 치르지 않으면 안 되었다. 구 귀족이나 장군들, 사회혁명당원들, 멘셰비키들이 지방을 근거지로 혁명에 저항했기 때문이다. 사회혁명당 세력이나 멘셰비키는 옛 차르 체제를 복원하는 데에는 관심이 없었다. 단지 볼셰비키가 소비에트에서 자신들을 축출하고 중앙집권적 독재 체제를 만든 것에 불만을 가졌다. 또 군인들 사이에서는 굴욕적인 브레스트-리토프스크 조약에 대한 반발도 크게 작용했다.

그리하여 1918년 4월부터 이들 반혁명 세력의 군대인 백군(白軍)과 볼셰비키의 적군(赤軍) 사이에 4년에 걸친 내전이 시작되었다. 흑해 함대 사령관이었던 알렉산드르 콜차크A. Kolchak 제독이 시베리아를 거점으로 백군 정부를 세웠다. 그리고 군 참모총장 라브르 코르닐로프L. G. Kornilov 장군이 1917년 8월에 임시정부에 대해 일으킨 쿠데타 시도에 가담했다 투옥되었던 안톤 데니킨A. I. Denikin 장군은 코카서스 지방을 지배했다. 또 1차 대전에 참여했던 약 4만 명의 체코 여단은 시베리아 횡단 철도를 장악하여 볼셰비키 정부에 큰 타격을 주었다.

외국의 개입은 문제를 더 복잡하게 했다. 자본주의 국가들이 사회주의 혁명을 전복시키려 한 것이다. 1918년에 프랑스, 영국, 미국은 자국의 군대를 북해에 있는 무르만스크, 아르한겔스크에 상륙시켰고, 미국군과 일본군은 블라디보스토크에 상륙했다. 또 핀란드와 발트 3국은 러시아로부터의 독립을 선언하고 러시아를 공격했다.

그러나 옴스크를 근거지로 했던 콜차크 제독은 1919년 초에 새로운 수도인 모스크바를 향해 진격했으나 중간에 저지당하고 나중에 붙잡혀 처형당했다. 데니킨 장군은 흑해 부근으로부터 모스크바를 향해 진격했으나, 역시 저지당했으며 영국의 도움으로 겨우 탈출에 성공했다. 내전에 개입했던 외국군들은 상황이 안 좋아지자 1920년 중반에 모두 철수했다.

그리하여 1919년 말이면 볼셰비키의 승리가 분명해 보였다. 그러나 1920년에 폴란드와 프랑스가 우크라이나로 침입함에 따라 내전은 더

적군 앞에서 연설하는 군사인민위원 레온 트로츠키

지연되었다. 러시아는 1921년의 리가 조약으로 두 나라에게 우크라이나와 백러시아의 일부를 할양해야만 했다. 하지만 어쨌든 내전은 1921년에 결국 볼셰비키의 승리로 끝났다.

적군의 승리에는 우선 볼셰비키가 혁명 세력으로서 정치적 정당성을 갖고 있었다는 점이 중요하게 작용했다. 프롤레타리아 계급을 위해 혁명을 한다는 명분을 갖고 있었던 것이다. 또 레닌은 볼셰비키 정부를 외국군과 싸우는 민족주의적인 정부로 보이게 할 수 있었다.

군사적으로도 유리했다. 적군은 중앙집권적으로 잘 조직되어 있었고, 유능한 군사인민위원 트로츠키의 지도로 사기도 높았다. 또 징집을 했으므로 병력에서 백군에 비해 10대 1의 우위를 유지했다. 그뿐만 아니라 볼셰비키가 레닌그라드와 모스크바 같은 중심적인 공업 지역과 철도 교통망을 장악하고 있었으므로 무장이나 보급, 기동성 등 모든 면에서 더 나았다.

전시공산주의 체제도 중요했다. 이는 국가의 모든 경제적 자원을 전쟁에 동원하는 체제였다. 모든 규모의 공장을 국유화했고, 사적인 상업을 금지시켰다. 곡물도 공출했다. 그러나 이 체제는 전쟁 수행에 큰 도움이 되었지만 한편으로는 국민들의 큰 불만을 살 수밖에 없었다.

반면 백군에게는 구심점이 없었다. 여러 지역에 뿔뿔이 흩어져 있었으므로 지휘 체계도 단일화하기 어려웠다. 또 변두리 지역에 머물러 있었으므로 인력, 무장, 보급 등 여러 면에서 불리했다. 따라서 효과적인 전쟁을 할 수 없었다. 적군도 전시공산주의 때문에 인기가 없었지만 백군은 외국군과 연계되어 있었으므로 더 인기가 없었다.

소련 체제의 성립과 스탈린의 정권 장악

내전이 끝나자 사회주의 체제의 건설이 시작되었다. 소련 정부는 1921년부터 신경제정책NEP을 실시했는데, 이는 내전으로 피폐한 소련 경제를 다시 회복시키기 위한 조치였다. 세금을 제외한 농업 생산량의 잉여를 인정했으므로 농업 생산이 증가했다. 또 소기업이나 소상업의 사적인 소유를 인정했다. 중공업이나 전력, 운송, 은행은 국유화 상태를 유지했지만, 과거의 경영자들을 복귀시키고 상여금을 지불함으로써 자본주의적 인센티브를 주었다. 이리하여 일시적으로 부농인 쿨라크Kulak('센 주먹'의 의미)와 자본가들의 자본 축적을 허용했다.

이는 일시적인 타협 정책에 불과했으나 여하튼 신경제정책으로 인

※숫자는 연방에 편입된 해

1922년의 소비에트연방

해 1927년에 이르면 러시아의 경제 수준은 1914년 이후 어느 때보다도 높아졌다. 그러나 경제가 어느 정도 안정되자 사회주의로의 이행은 불가피해졌다. 자본주의적 요소가 너무 강해지면 안 되기 때문이었다.

1922년 12월에는 1차 소비에트 대회가 연방 조약을 의결함으로써 소비에트사회주의연방공화국USSR이 탄생했다. 이는 러시아소비에트연방사회주의공화국과 우크라이나, 백러시아, 아제르바이잔, 아르메니아, 그루지아의 5개 공화국이 하나의 연방으로 합쳐진 것이다. 말은 연방이나 이들 공화국들은 실제로는 러시아가 중심이 되는 중앙집권적인 연방 정부에 예속되었다.

1922년에 혁명 최고지도자인 레닌이 뜻하지 않게 뇌졸중에 걸림으로써 위기가 찾아왔다. 그는 나중에 두 번 더 발작을 겪었고, 1924년에 53세로 죽었다. 그가 죽자 후계 다툼이 벌어졌다. 당시 러시아는 많은 문제에 직면해 있었다. 공업이나 농업은 후진적이고 비효율적이었다. 심각한 식량 부족 상태가 계속되었다. 자본주의 국가들의 침입에 대한 두려움도 있었다. 새 지도자는 이런 문제들을 해결할 수 있어야 했다.

당시에 가장 유력한 인물은 트로츠키였다. 그는 재사형 인물로 웅변가였고, 1905년 혁명과 내전을 지휘한 영웅이었다. 그러나 거만하여 정치국에서 별로 인기가 없었다. 정치국원들은 트로츠키 대신 실무형의 스탈린을 더 선호했다.

그루지아 태생으로 본명이 이오시프 비사리오노비치인 스탈린I. V. Stalin(1879~1953)은 대학에서 신학 공부를 하다가 1899년에 사회주의 사상을 유포한 혐의로 쫓겨났다. 그 후 볼셰비키 혁명운동에 헌신했다. 1917년 이후 당내에서 조직자로 두각을 나타내어, 1924년에는 당의 조직을 장악하는 당 서기장직에 올랐다. 또 정치국 7인 위원회의 구성원이기도 했다. 스탈린은 자신의 직위를 이용하여 요소요소에 자기편을 심었고, 그것은 나중에 권력투쟁을 하는 데 큰 도움이 되었다.

이오시프 스탈린

이념적으로도 스탈린의 주장은 트로츠키의 것보다 더 현실성이 있었다. 트로츠키가 영구혁명론을 주장한 반면 스탈린은 일국사회주의론을 내세웠다. 영구혁명론은 현재의 소련을 기반으로 전 세계적인 사회주의 혁명을 계속하자는 것이었다. 일국사회주의론은 혁명의 기초인 소련의 사회주의를 보다 확고히 한 다음에 세계 적화에 나서자는 것이었다. 이는 정치국원인 니콜라이 부하린N. I. Bukharin의 주장을 따른 것이었다. 전자가 급진론이라면 후자는 신중론인 셈이다.

아직 소련 사회주의의 기초가 취약하고 자본주의 국가들로부터 포위되어 고립된 상황에서 전자의 주장은 이상론에 가까웠다. 사실 러시아공산당은 1919년에 제2인터내셔널의 재건을 명목으로 국제공산주의 조직인 코민테른을 만들어 공산주의의 세계적 확산을 시도했었다. 1920년 2차 대회에서는 모든 가입 국가에 대해 자국의 사회민주당에 반대하고 공산당을 만들라는 요구까지 했다. 그러나 아직 러시아공산당의 힘이나 지도력이 충분치 않아 지지부진한 상태였다.

결국 스탈린의 주장이 다수의 지지를 받게 됨으로써 그가 권력을 장악하게 되었다. 트로츠키를 포함해 그를 지지한 정치국원들인 카메네프, 지노비에프는 1927년에 당에서 추방되었고 나중에는 처형을 당했다. 부하린이 신경제정책 폐기에 반대하자 1929년에는 그마저 제거되었다. 그리하여 스탈린은 1928년 말부터는 실질적인 독재자가 되었다.

정권을 장악한 스탈린은 정적들을 차례로 제거하여 일인 독재를 강화하고, 소련을 엄격한 통제를 받는 경찰국가로 만들었다. 1937~1938년 사이에는 군부에 대한 숙청에 나서서 장교의 50퍼센트, 장군의 90퍼센트를 제거했다. 이는 영국과 프랑스의 군부가 군사적 동맹자로서의 소련의 가치를 의심하게 만들 정도였다. 또 반체제 세력의 일소에 나서 1936~1937년에만 100만 명 정도가 처형되었고, 약 800만 명이 강제노동수용소에 보내졌다.

중공업화 정책과 농업 집단화 정책

스탈린은 집권하자마자 신경제정책을 폐기하고, 예브게니 프레오브라젠스키E. A. Preobrazhensky의 '본원적 사회주의 축적' 이론에 따라 사회주의 경제로의 이행을 추구했다. 그 이론에 따르면 볼셰비키 체제가 살아남고 소비에트 러시아에서 사회주의가 지배적이 되려면 매년 전체 생산액이 증가해야 할 뿐 아니라, 사회화된 국가 부문이 사적 부문보다 훨씬 빨리 성장해야 했다. 사적 부문이 보다 빨리 성장하면 소련 경제는 다시 자본주의로 되돌아갈 것이기 때문이었다.

이에 따라 사회주의적 축적을 위해 모든 산업을 국유화했다. 또 1928년부터 세 차례에 걸쳐 5개년 계획이라는 계획경제를 실시했다. 이는 생산 · 유통 · 소비를 모두 정부가 계획하고 주도함으로써 노동과 자본에 있어서 자본주의적 낭비를 없애고, 사회주의를 실현시키기 위한 전제가 되는 생산력을 확대하기 위해서였다.

그러나 소련은 자본주의 국가들로부터 외자를 얻을 수 없었으므로 자력갱생 원칙에 의존하지 않으면 안 되었다. 그러므로 주된 수출품인 곡물 수출 대금과, 이익 분배의 축소를 통해 필요한 자금을 조달할 수밖에 없었다. 이렇게 공업화는 국가의 철저한 관리 아래 이루어졌다. 엄격한 노동 통제가 행해졌고, 사보타주는 반혁명 행위로 간주되었다. 또 스타하노프 운동 같은 증산 운동이 벌어졌다. 그 결과, 1930년대 후반에 가면 소련의 공업은 이미 영국을 능가했고, 독일과 거의 근접한 수준에 이르렀다.

경제정책에서 소련이 가장 중요하게 생각한 것은 중공업화와 농업 집단화 정책이었다. 중공업화 정책은 군수산업의 기초인 중공업을 발전시킴으로써 자본주의 국가들과 경쟁하고, 그들로부터의 공격을 막으려는 목적을 갖고 있었다. 또 산업 노동자들을 대량으로 창출함으로써 소비에트 체제의 기초인 프롤레타리아 계급을 확대하려는 것이었다. 그래서 독일의 공격에 대비하기 위해서 공업 지구인 광역 콤비나트들을 주로 우랄 산맥 이동 지역에 건설했다.

농업 집단화 작업은 더 힘이 들었다. 농업 집단화는 농업에서 규모의 경제를 이루고 기계를 투입함으로써 생산성을 높이기 위한 목적을 갖고 있었다. 더불어 그것은 농민이 갖고 있는 전통적인 사적 이기심을 없애는 수단으로서도 중요하게 생각되었다. 또 다른 목적은 신경제 기간에 성장한 부농인 쿨라크 집단의 제거였다. 이들을 사회주의 진보에 방해되는 세력으로 여겼기 때문이다.

표 8-1 1940년 다른 강대국과 비교한 소련의 공업 생산력(단위: 백만 톤)

	선철	강철	석탄	전기(단위: 10억 킬로와트)
소련	14.9	18.4	164.6	39.6
미국	31.9	47.2	395.0	115.9
영국	6.7	10.3	227.0	30.7
독일	18.3	22.7	186.0	55.2
프랑스	6.0	16.1	45.5	19.3

그리하여 농민을 국영 농장과 집단농장에 강제로 편입시키는 작업이 1929년부터 대대적으로 벌어졌다. 그러나 이는 농민들의 엄청난 반발을 샀다. 농민들이 자기 땅과 농기구, 가축을 빼앗기지 않으려 했기 때문이다. 그래서 많은 농민들은 가축을 빼앗기기보다는 아예 잡아먹는 방법을 택했다.

집단화에 반대하는 농민들에게는 가혹한 조치들이 취해졌다. 그들은 추방되거나 처형되었다. 그렇다고 곡물의 증산이 이루어지지도 않았다. 1934년의 생산량은 1928년보다 더 적었다. 1932~1933년에 대규모 기근이 왔는데도 불구하고 그해에 각각 약 170만 톤의 곡물을 해외로 수출했다. 외화를 벌어들이기 위해서였다. 그 결과, 약 500만 명의 농민이 굶어 죽었다.

가축 수도 1932~1933년 사이에 절반 이하로 줄어들었고, 그 수는 1953년에야 회복되었다. 한편 농사짓기에 적절하지 않은 한계지의 개척도 대규모로 이루어졌다. 특히 건조한 중앙아시아 지역에 땅콩, 면화, 해바라기 등의 농장을 대규모로 확대했다. 그러나 물이 충분치 않았으므로 성공을 거두지는 못했다.

초기 소련 사회의 성격

억압적이기는 했으나 그럼에도 사회주의 건설 초기의 소련은 힘이 넘쳐 있었다. 소련 내외의 많은 사람들이 새로운 사회주의 국가를 건설한다는 사실을 희망을 갖고 바라보았기 때문이다. 1920년대 이후 많은 나라에서 소련의 모범을 본받아 공산당이 생겨났으며, 공산주의자들은 소련을 사회주의의 고향으로 칭송했다.

프랑스의 철학자인 장 폴 사르트르J. P. Sartre 같이 서유럽 지식인들 가운데는 소련 체제를 찬양한 사람들도 있었다. 또 미국에서 소련으로 이민을 간 사람들조차 있을 정도였다. 그래서 소비에트 역사가들은 전통적으로 이 시기를 인민의 창조성이 승리한 시기로 간주해 왔다.

그러나 사회주의 국가의 건설은 엄청난 대가를 요구하는 것이었다. 내전과 사회주의 체제의 건설, 집단화 정책, 기근 등을 통해 수천만 명의 사람들이 희생을 당했다. 물론 사회주의 체제가 안정되며 국민들은 최소한 굶주림에서 벗어날 수 있었고, 상당한 생활수준과 사회적 평등을 보장받기는 했다.

그러나 개인적 · 정치적 자유를 거의 완전히 빼앗기고 당과 국가의 통제 아래 들어갔으므로 이것이 과연 러시아인들이 바란 것이었는지 판가름하기는 쉽지 않다. 그러나 한편에서 소련이 2차 대전에서 독일의 침공을 물리치고 승리하는 데 중공업화 정책이 큰 기여를 했다는 사실을 부정할 수는 없다.

전통적으로 서방 역사가들은 소련을 전체주의의 시각에서 이해했다. 정치적 자유라는 관점에서만 접근하여 소련 사회를 파시즘 체제와 마찬가지로 전체주의로 규정하고 부정적으로 보았다. 냉전 시기에 한나 아렌트H. Arendt나 즈비그뉴 브레진스키Z. K. Brzezinski가 대표한 이런 시각은 소련 사회의 객관적인 이해를 방해하므로 최근에는 보다 객관적인 시각으로 대치되고 있다.

참고 문헌

김학준, 『러시아사』, 개정판, 대한교과서, 2005.

H. 아렌트(이진우, 박미애 역), 『전체주의의 기원』, 한길사, 2006.

S. F. 플라토노프(김남섭 역), 『러시아사 강의』, 나남, 2009.

R. D. 차크스(박태성 역), 『러시아사』, 역민, 1991.

T. Ball & R. Bellamy(ed.), *The Cambridge History of Twentieth Century Political Thought*, Cambridge, 2003, pp. 239~266.

R. W. Davis(ed.), *The Soviet Union*, Boston, 1989.

B. Eklof & S. P. Frank, *The World of the Russian Peasant: Post-Emancipation Culture and Society*, Boston, 1990.

R. Hingley, *Russia: A Concise History*, London, 1992.

S. Kotkin, 1991 and the Russian Revolution: Sources, Conceptual Categories, Analytical Frameworks, *The Journal of Modern History*, Vol.70, No.2(Jun., 1998), pp. 384~425.

J. R. Millar(ed. by S. J. Linz), *The Soviet Economic Experiment*, Urbana and Chicago, 1990.

R. C. Nation, *Black Earth, Red Star*, Ithaca and London, 1992.

R. Pipes, *The Formation of the Soviet Union*, Cambridge, London, 1997(초판 1954).

_____, *Russia under the Old Regime*, London, 1974.

M. Raeff, *Understanding Imperial Russia*, New York, 1984(1982년 불어판의 번역판).

T. Shanin, *Russia, 1905-07: Revolution as a Moment of Truth*, MacMillan, 1986.

A. Wood, *The Origins of the Russian Revolution 1861-1917*, London, 1987.

05

전간기의 유럽과 세계

전간기의 성격

전간기란 1919~1939년 사이의 20년 동안의 기간을 가리킨다. 1차 대전이 끝나고 2차 대전이 시작된 1939년까지의 중간 시기이므로 두 세계대전 사이의 기간이라고 하여 전간기(戰間期)라고 부른다. 이 시기는 길지는 않지만 현대사에서 매우 중요한 시기이다. 현대 세계를 특징짓는 중요한 요소들이 대개 이 시기에 다 나타났기 때문이다. 따라서 이 시기와 우리가 사는 현재는 직접 연결된다는 느낌을 많이 받을 수 있다.

정치적으로는 공화 체제와 대중 정치가 등장했고, 경제적으로는 현대 자본주의가 본격적으로 발전하였다. 사회적으로는 귀족들이 사회적 힘을 잃고 노동계급의 사회적 지위가 올라가면서 보다 평등한 민주적 사회가 되었다. 문화도 대중적인 성격이 강화되었고, 과학기술에 있어서도 급격한 발전이 나타났다.

그럼에도 불안정한 요소를 많이 포함하고 있었다. 많은 나라에서 민주적인 제도를 도입했으나 아직 국민들의 의식수준은 이에 이르지 못했다. 그래서 밖에서 파국적인 사태가 닥쳐왔을 때 이를 버티어 낼 힘이 아직 없었다.

대공황으로 인한 극심한 정치 · 사회적 혼란은 극단 세력들을 크게 성장시켰다. 많은 나라의 사람들이 비민주적인 방법을 통해서라도 당면한 경제적 고통에서 벗어나고자 했기 때문이다. 그리하여 많은 나라에서 민주주의는 민간인 독재나 군부독재로 넘어갔다.

러시아혁명 이후 각 나라에서 좌익의 힘이 매우 커졌다. 이에 반발하여 우익의 결집 또한 두드러지면서 전간기에는 좌우익 간의 갈등과 투쟁이 커다란 정치적 혼란을 가져왔다. 일부 국가에서 사회주의 세력이 연립 정권 형태로 집권하기도 했으나 오래가지는 못했다.

1920년대에 미국을 중심으로 현대 자본주의가 확산하기는 했으나 그것도 안정된 기반 위에 서지는 못했다. 막대한 공급을 소화할 만큼 수요가 충분치 않았기 때문이다. 이는 대공황이라는 미증유의 경기 침체를 가져옴으로써 세계의 모든 나라 사람들에게 극심한 고통을 주었다.

전간기의 국제 관계도 상당히 불안정했다. 미국이 자신에게 걸맞은 국제적 책임을 포기했고, 독일과 러시아가 국제 관계에서 배제되었기 때문이다. 영국과 프랑스가 그 책임을 떠맡았으나 이미 두 나라는 독일, 이탈리아, 일본 같은 국가들의 팽창주의를 막을 만한 힘이 없었다. 그렇게 해서 전간기는 1939년에 시작된 2차 세계대전으로 인하여 고작 20년 만에 끝나게 되었다.

베르사유 체제와 전간기 국제정치의 약체성

1919년의 베르사유 조약은 안정된 국제 체제를 만드는 데에 실패했다. 그것은 베르사유 조약이 전승국들의 입장만을 중시하고 패전국들에게 너무 많은 희생을 치르게 함으로써 불공평하다는 인상을 주었기 때문이다. 또 식민지의 해방도 이루어지지 않았다.

독일은 홀로 전쟁 책임을 뒤집어쓰고 무장해제를 당했다. 막대한 전쟁 배상금을 물어야 했을 뿐 아니라 국제사회에서도 발언권을 인정받지 못했다. 더구나 많은 영토를 잃음으로써 국민들에게 큰 상처를 주었다. 독일의 우익 세력은 이에 반발하여 베르사유 체제의 폐기를 강력하게 주장했다.

소련은 가장 중요한 교전 국가였음에도 베르사유 강화회의에 초청받지 못했고 그 후에도 국제 관계에서 대체로 고립되었다. 그것은 자본주의 국가들이 새로 성립한 사회주의 국가인 소련을 두려워했기 때문이다. 그러나 소련인들은 이에 매우 분개했고 이것이 그 후 자본주의 국가들을 근본적으로 불신하게 되는 단초가 되었다.

미국은 1차 대전에 참전하기는 했으나 전후에 국내에서 새로 고조된 고립주의 때문에 국제 관계를 주도할 수 없었다. 전후에 자국의 안보가 위협받지 않았던 것도 하나의 이유였다. 독일, 영국, 프랑스 같은 유럽 국가들이 모두 약화되고, 소련도 내전으로 매우 어려운 상황에 있었기 때문이다. 유일하게 껄끄러웠던 상대는 아시아에서 해군력을 강화하던 일본이었다. 그러나 미국이 이렇게 자신의 실력에 걸맞은 국제적 책임을 떠맡지 않으려 함으로써 전간기 국제정치에는 힘의 큰 공백이 생겼다.

따라서 이제 영국과 프랑스가 국제 관계를 주도해야 했다. 그러나 두 나라는 20세기에 들어와 이미 국력에서 세계 일류 국가라고 하기는 어려웠다. 게다가 장기간에 걸친 전쟁으로 경제 상황이 매우 안 좋았고, 국민들의 사기도 크게 저하되어 있었다. 그러므로 전쟁까지 포함하는 단호한 외교정책을 추구하기에는 역부족이었다. 특히 프랑스는 자국의 이해관계에만 매달린 이기적인 태도를 보임으로써 다른 나라들의 이해와 협조를 받기가 어려웠다.

식민지인들도 불만을 느끼기는 마찬가지였다. 미국의 윌슨 대통령은 '14개 조항'에서 민족자결을 말하고 식민지의 재조정을 주장했으나 그것은 말뿐이었다. 전승국들의 식민지는 해당되지 않았다. 또 패

베르사유 강화회의에서의 영국과 프랑스 대표단.
왼쪽에서 두 번째가 조르주 클레망소, 세 번째가 로이드 조지

전국의 식민지도 신탁통치령이라는 이름으로 전승국들이 갈라 가졌다. 이는 전후에 어떤 변화가 나타나기를 기대하던 많은 식민지인들을 크게 실망시켰다.

1920년대에 이탈리아와 독일에서 파시스트 세력이 등장하여 전후 국제 질서의 재편성을 주장한 것은 이 때문이었다. 특히 1933년에 독일에서 히틀러의 나치당이 집권하여 공격적인 외교정책을 편 것은 대국으로서의 자국의 지위를 국제사회에서 다시 인정받으려는 욕구에서 출발했다. 1930년대 중반부터 독일, 이탈리아, 일본의 팽창주의 정책이 본격화되었으나 영국, 프랑스 두 나라의 힘만으로 그것을 저지하는 것은 불가능했다. 특히 두 나라의 유화정책은 히틀러가 모험적인 외교정책을 추구하도록 부추겼다.

전후에 평화를 정착시키려는 시도가 없었던 것은 아니다. 그러나 별로 성공적이지는 않았다. 미국의 윌슨 대통령과 다른 여러 나라 정치가들의 제안으로 1920년에 창설된 국제연맹은 집단 안보와 국제 협력을 목적으로 했다. 처음에는 42개 국가가 참여했고, 1926년에는 55개 국가로 늘어났다.

그러나 미국이 의회의 반대로 가입을 하지 않았고 독일은 가입을 거부당해 1926년이 되어서야, 소련도 1934년에야 가입할 수 있었다. 이렇게 중요한 국가들이 빠졌으므로 처음부터 큰 역할을 기대하기 어려웠다. 게다가 지나치게 베르사유 조약에 얽매여 연맹 규약 일부에 문제의 소지도 있었다. 강대국들의 도전에 대한 대응 수단이 없었던 것도 문제였다. 그래서 몇 차례 작은 국제 분쟁들을 중재하기는 했으나 곧 유명무실하게 되었다.

1922년의 제노바 회의는 프랑스와 독일 사이의 적대감을 줄이고, 독일의 전쟁 배상금 문제와 유럽 국가들이 미국에 진 전채(戰債) 문제를 해결하고, 소련과의 적절한 외교 관계 수립을 위해 열렸다. 그러나 프랑스가 모든 타협을 거부함으로써 무산되었다.

1925년에는 독일, 프랑스, 영국, 벨기에, 폴란드, 체코슬로바키아가 참여한 로카르노 조약이 체결되었다. 여기에서 독일, 프랑스, 벨기에는 서로 그 국경선을 존중하겠다고 약속했다. 그래서 이 조약에서 나타난 독일과 프랑스의 화해 정신을 '로카르노 정신'이라고 불렀다. 그러나 독일은 독일 영토의 일부를 합병한 폴란드와 체코슬로바키아에 대해서는 결코 그 국경을 보증하려 하지 않았다.

1928년에는 65개 국가가 참여한 켈로그-브리앙 조약이 맺어졌다. 이는 국가의 정책 수단으로 전쟁을 부인한 그럴듯한 조약이었으나, 위반국에 대한 제재 수단이 없었으므로 별 의미가 없었다. 1932~1933년에는 제네바에서 군축회의가 열렸으나 어떤 나라도 먼저 군축을 하겠다고 선뜻 나서지 않았다. 특히 프랑스가 자기네의 군축과 함께, 비무장화된 독일이 프랑스와 같은 수준으로 재무장하는 것을 거부했으므로 합의가 이루어질 수 없었다. 이에 독일이 1933년 10월에 군축회의에서 철수함으로써 국제적 군축 시도는 종막을 고했다. 이처럼 전간기에 평화 체제를 구축하려는 시도가 여러 차례 있기는 했으나 각 나라의 이해관계를 잘 조정할 수 없었으므로 별 성과를 거두지 못했다.

공화 시대의 개막과 대중 정치의 발전

1919년은 세계의 정치 발전에서 매우 중요한 해였다. 그것은 전쟁이 끝나며 대부분의 유럽 국가들이 왕정을 폐지하고 헌법과 의회라는 민주적인 제도를 가진 공화제도를 채택했기 때문이다. 이는 유럽의 중요한 왕조 국가들에서 왕정이 무너진 것과 관계가 깊다.

전쟁 도중에 러시아에서는 로마노프 왕가가 무너지고 프롤레타리아 독재가 수립되었다. 독일에서도 1차 대전에서의 패배로 호엔촐레른 왕가가 무너지고 새로이 바이마르 공화국이 수립되었다. 오스트리아도 베르사유 조약에 의해 완전히 해체되어 합스부르크 왕조의 왕정이 사라지고 그 자리에 많은 작은 공화국들이 탄생했다. 튀르크도 이집트, 시리아, 이라크 등 그 구성 지역들로 분리되었고, 아나톨리아 반도만을 남긴 튀르크에서는 술탄의 왕정이 무너지고 케말 파샤의 공화국이 수립되었다.

이제 왕정은 너무나 낡은 정치체제로 생각되었으므로 새로 복구된 폴란드를 포함하여 거의 모든 신생국들은 민주주의와 공화 체제를 선택했다. 결과적으로 세계사에서 본격적인 민주주의의 시대가 열렸다. 그러나 민주주의는 제도만으로 유지될 수는 없었기 때문에 그 후 많은 위기를 겪어야 했다.

이와 함께 많은 나라에서 신분제도가 철폐되었다. 귀족들은 더 이상 19세기에서와 같은 사회적 · 정치적 영향력을 행사할 수 없게 되었다. 또 나라에 따라 차이는 있으나 보통선거 제도를 받아들임으로써 대중들의 정치적 권리도 크게 신장되었다. 보통선거권은 러시아에서는

미국의 여성참정권 운동(1912년 5월 뉴욕)

1917년의 볼셰비키 혁명을 통해 보통선거권이 도입되었고, 독일에서는 1919년, 미국은 1920년, 영국에서는 1927년에 도입되었다.

특히 여성참정권은 1차 대전의 산물이다. 남자들이 전장으로 나가자 부족한 노동력을 메우기 위해 많은 여성 노동력이 농장, 일반 공장은 물론 군수산업에까지 동원되지 않을 수 없었다. 여성들이 전쟁에 적극적으로 참여하여 큰 기여를 했으므로 이들의 정치적 해방은 필연적이었던 것이다. 그러나 영국에서는 다른 나라보다 여성에 대한 선거권 부여가 상당히 늦었다.

보통선거권을 통해 대중의 정치 참여가 크게 증대함으로써 이제 여론이 정치에서 점차 중요성을 갖게 되었다. 19세기의 정치가, 유력한 정치가들이 밀실에서 행한 거래로 특징지어진다면 이제 그런 행위는 불가능해졌다. 정치에서 공적인 면이 큰 부분을 차지하게 된 것이다.

대중적인 정치 조직의 성장은 이미 1880년대부터 나타났다. 일부 나라에서는 대중정당화 경향이 나타났다. 각 나라에서 식민지협회나 제국협회 같은 대중 조직들이 많이 만들어지면서 이들이 정부의 정책에 직접 압력을 행사하기 시작한 것이다. 20세기에 들어서면서 대중은 보통선거권을 통해 정당에 직접 참여하게 되었고 정당들도 소수 엘리트의 정당이 아니라 대중정당화되기 시작했다.

여기에는 마이크, 스피커, 라디오, 자동차, 비행기 같은 새로운 발명품들도 중요한 역할을 했다. 이런 것들을 통해 정치적 메시지가 대중들에게 쉽게 전달될 수 있었던 것이다. 그 결과 1920~1930년대의 정치 집회는 이미 수십만 명에서 크게는 백만 명에 이르는 거대한 규모로 성장하게 되었다.

그러나 대중 정치는 아직 민주주의 질서가 고착되지 않고 대중들의 정치의식이 성숙하지 않은 상황에서 선전, 선동에 휘둘릴 가능성이 많았다. 사회주의 세력이나 파시스트 세력이나 모두 정치적 영향력의 확대를 위해 이런 요소들을 이용했다. 그리하여 이 시기의 정치는 매우 혼란스러운 면을 보여 준다.

노동계급의 지위 상승과 좌파 세력의 집권

1차 대전은 노동계급의 지위에도 큰 영향을 미쳤다. 전쟁이 시작되자 사회주의자들의 국제적 조직인 제2사회주의인터내셔널은 각국의 노동계급에게 전쟁에 협조하지 말도록 호소했다. 모든 나라의 노동자들이 단결하여 제국주의 전쟁을 중지시키자는 것이었다. 그러나 각 나라의 노동계급은 모두 자국의 전쟁 노력에 협조를 아끼지 않았다. 이것은 민족적인 감정이 노동계급의 국제적 연대감보다 더 컸기 때문이다.

그리하여 전쟁이 끝나자 산업화된 서유럽의 각국 정부는 이제 노동계급의 사회적 지위를 인정해 주지 않을 수 없었다. 오랫동안 핍박을 받아 오던 노동계급이 국가로부터 동반자로서의 역할을 인정받게 된

독일의 극좌파인 스파르타쿠스단의
무장봉기를 진압하는 제대 군인 출신 우익 자유군단(1919년 1월)

것이다.

노동조합은 이제 사회의 본질적인 요소로 인정받게 되었고, 노조 조직권이나 파업권도 보장받게 되었다. 이에 따라 노조 가입률도 상당히 올라갔다. 결과적으로 노동조합들은 각 나라에서 이제 큰 영향력을 가진 압력 집단이 되었다.

1917년의 볼셰비키 혁명은 전 세계의 사회주의자들에게 큰 영향을 주었다. 그들은 이에 고무되어 각 나라에서 사회주의 혁명을 위해 열심히 노력했다. 그 결과, 전후에 사회주의 세력이 급성장했다. 소련을 본받아 많은 나라에 공산당이 생겼다. 많은 식민 지역에도 공산당들이 생겨났다. 그 가운데 사회주의 세력은 공산주의와 사회민주주의의 양대 세력으로 갈라져서 경쟁했다.

공산주의는 소련을 모델로 프롤레타리아 혁명이라는 급격한 방법을 통한 사회주의의 실현을 추구했다. 반면 사회민주주의는 보다 온건하고 점진적인 방식을 추구했다. 이것은 특히 전후 유럽 각 나라에서 1919년부터 1920년대 초 사이에 벌어졌던 좌파의 봉기나 총파업들이 실패한 후 사회민주주의자들이 의회주의로 돌아섰기 때문이다. 그러므로 전간기의 사회민주당들은 프롤레타리아 혁명이라는 목표를 완전히 포기한 것은 아니나 실제 정치에서 그것에 별 의미를 두지 않았다.

사회주의 세력이 이렇게 급성장하자 세계적으로 좌 · 우파 사이의 대립과 갈등은 매우 커졌다. 좌파 세력이 신장되자 우파도 이에 맞서 자파 세력의 결집력을 높였기 때문이다. 그럼에도 우파는 1920년대 전반에는 대체로 수세를 지켰다. 볼셰비키 혁명의 여파를 두려워했기 때문이다.

전간기 동안 사회주의 세력은 여러 나라에서 연립 정권의 형태로 집권을 하기도 했다. 영국의 경우 1922년 하원 선거에서 사회주의 정당인 노동당은 142석을 얻어 111석의 자유당 의석수를 능가했는데, 이는 영국 국민들이 자유당의 자유방임주의 대신 경제에 대한 국가의 개입을 주장하는 노동당의 주장을 받아들였기 때문이다.

그리하여 노동당은 1924년과 1929년 두 차례에 걸쳐 자유당과 손을 잡고 연립 정권을 수립할 수 있었다. 그러나 이 제휴는 두 정당의 이견 때문에 두 번 다 단지 몇 개월만 유지될 수 있었다.

독일에서 사회민주당은 1차 대전 이전인 1912년에 397석 가운데 110석으로 이미 원내 제1당이었다. 따라서 독일제국이 붕괴하자 자연히 국가를 책임지게 되었다. 1919년의 총선에서 사회민주당은 165석을 얻어 다시 최대 정당이 되기는 했으나, 의석은 과반수에 미치지 못했다. 따라서 중도파 정당들과 연립 정권을 수립해야만 했다. 그러나 1923년 이후에는 스스로 정권에서 물러났다. 1929년에 다시 중도파 정당들과 연립 정권을 형성했으나 이 정권은 경제공황으로 인해 1930년 3월에 붕괴했다.

프랑스에서는 전간기 초기에 우파가 집권했었으나, 1924년 5월 선거에서 사회당이 자유주의 정당인 급진사회당과 손을 잡고 좌파 카르텔이라는 이름으로 연립 정권을 구성했다. 그러나 이는 이념적 차이와 정책 실패 때문에 1926년 7월에 붕괴했다. 경제공황이 진행 중이던 1932년에 다시 좌파 카르텔이 만들어졌으나 이도 다음 해에 무너졌다.

1936년에는 파시즘의 위협에 대항하기 위해 사회주의, 자유주의, 가톨릭 세력까지 포함하는 인민전선 정부가 수립되었다. 그러나 이 정부도 1937년에 붕괴되었다. 좌파와 중도파를 아우르는 인민전선 정부는 1936년 7월에 스페인에서도 수립되었으나, 곧 파시스트인 프란시스코 프랑코F. Franco 장군이 반란을 일으킴으로써 무너졌다.

이탈리아에서는 사정이 달랐다. 전쟁이 끝나고 경제난이 심각했던 1919~1920년 시기에는 노동 투쟁이 매우 고조되어 사회주의 혁명이 임박한 것 같이 보이기도 했다. 그리하여 이 시기에 자본가들은 노동자에 대한 통제권을 잃었다. 그러나 노동계급은 도시의 전통적인 산업 노동자들과 전시의 인력 부족으로 새로 충원된 농촌 출신 신참 노동자들 사이에 정치적 태도나 계급의식에서 여러 간극이 있었기 때문에 하나로 단결하지 못했다.

1921년의 경제 위기는 이들의 분열을 가속화했다. 결국 자본가들의 지지를 받은 파시스트들이 1922년에 정권을 잡고 사회주의 노동운동을 무력화시킴으로써 노동계급은 그 후 정치에서 별 역할을 할 수 없었다.

안정된 정부들을 유지하지는 못했으나 사회주의 세력이 전간기에 여러 나라에서 집권을 하기에 이르렀다는 사실은 이들이 이제 이들 나라의 정치에서 본질적인 부분이 되었다는 것을 의미했다. 또 좌파 세력의 신장에 따라 전간기에는 각 나라에서 여러 사회입법들이 행해지며 2차 대전 이후 본격화된 복지국가의 기틀을 만들게 된다.

현대 자본주의의 발전

전간기는 현대 자본주의가 본격적으로 발전한 시기이다. 이미 19

세기 말부터 미국이나 독일에서는 자본주의가 급격히 발전하며 대기업들이 등장하고 있었으나 그것이 본격화된 것은 20세기에 들어와서이다.

그러면서 대량생산 체제가 갖추어지기 시작했는데 여기에 특히 중요한 영향을 끼친 것이 테일러리즘과 포디즘이다. 테일러리즘은 미국인인 프레더릭 테일러F. W. Taylor가 고안한 새로운 노동 통제 시스템이다. 그는 노동자의 노동과정을 세밀히 분석한 '시간과 동작' 연구를 통해 노동자에게서 가능한 한 낭비적인 요인을 없애고, 최대의 노동 효율을 올릴 수 있는 방안을 찾아냈다.

기본적인 동작들에 필요한 시간을 정해 놓았고, 노동자들에게 계획된 과업을 알려주는 지침 카드를 만들었으며, 공장의 계획 부서 창설을 권장했다. 그는 노동자로부터 생각할 수 있는 모든 여지를 없애고, 그것을 경영자에게 집중시켰다.

또 각 노동자들의 노동 성과에 따라 임금을 산정하는 성과급 제도를 도입했다. 따라서 생산적인 노동자는 보다 높은 임금을 받을 수 있었고, 평균 능력에 미치지 못하는 노동자는 퇴출되었다. 테일러의 고안은 노동 효율을 높이는 매우 혁신적인 노동 통제 방식이었으므로 1910년대에 동부의 많은 대기업들이 이를 받아들였다.

포드 자동차 회사를 세운 미국의 헨리 포드는 1908년에 T형 모델의 값싼 자동차를 대량생산하는 매우 효율적인 체계를 만들었다. 그는 표준 부품을 채택했고, 작업대를 레일 위에 놓는 일관 생산 공정을 만들어 노동자들이 그 흐름에 맞추어 단순 작업을 반복하게 했다. 복잡한 작업을 단순한 작업들로 나누어 미숙련 노동자도 쉽게 일을 배울 수 있었으므로 노동 효율이 올라갔다.

포드 자동차 공장의 일관 생산 조립라인(1913)

그러나 노동자들은 이제 자신의 노동을 기계의 흐름에 맞추지 않으면 안 되었다. 한 공정에서 일을 제대로 마치지 못하면 그것이 다른 공정들에 영향을 주어 공장이 제대로 돌아갈 수 없기 때문이었다. 따라서 잡담이나 담배 피우는 것은 물론 화장실에 가는 시간마저도 규제받지 않으면 안 되었다.

노동 강도가 크게 높아지자 생산성도 급격히 향상되었다. 포드사는 과거에는 다른 공장들과 마찬가지로 자동차를 하루에 고작 몇십 대밖에 생산하지 못했다. 그러나 이제 대량생산 방식에 힘입어 1925년에는 T형 자동차를 하루에 9,000대를 만들 수 있을 정도로 발전했다. 포드 자동차가 단기간 내에 미국 최대의 자동차 회사가 된 이유이다.

물론 이런 식으로 노동자를 착취만 할 수는 없었다. 강도 높은 노동을 견디지 못하고 회사를 그만두는 사람들이 많았기 때문이다. 그래서 포드는 노동자들에게 일당 5달러라는 그 당시로서는 생각하기 어려운 파격적인 고임금을 지급함으로써 불만을 달랬다. 이는 당시 노동자가 받는 세계 최고의 임금이었다.

이렇게 만들어진 대량생산 체제를 포디즘이라고 부른다. 그리고 그 비인간성 때문에 비난을 받기는 했으나, 생산 효율을 높였으므로 1910년대에는 미국 동부의 많은 대기업들이 이를 받아들이기 시작했다.

대량생산이 된다 해도 대량소비가 따르지 않으면 그것의 지속은 불가능했다. 그러므로 대기업의 발전과 함께 마케팅도 중요해졌다. 최초의 광고 회사가 1870년대에 생겼고 퀘이커 오츠나 켈로그 같은 브랜드 이름이 생겨났다. 대중의 소비 확대에 있어서 미국은 상당히 좋은 여건을 갖고 있었다. 인구가 많을 뿐 아니라 소득수준도 높았기 때문이다.

그리하여 값비싼 내구 소비재를 위한 할부제가 채용되기 시작했다. 또 방문판매와 통신판매 같은 새로운 판매 방식도 도입되었다. 통신판매는 도시에서 먼 농촌 지역에 사는 사람들을 위한 것으로 상품 카탈로그를 보고 우편으로 주문하고 우편으로 배송하는 형태였다. 이는 믿을 만한 통신·교통 체제 위에 선 것이었다.

또 뉴욕의 마시나 필라델피아의 워너메이커 같은 백화점, 에이 앤 그로서리나 파이브 앤 다임스 같은 연쇄점 등 새로운 상점 형태도 등장했다. 백화점은 갖가지 싼 상품을 한꺼번에 진열하여 판매하기 위해 만들어진 것이었다.

이 바탕 위에서 많은 인구, 풍부한 자원, 높은 소득수준을 가진 미국은 1920년대에 현대 자본주의를 본격적으로 발전시키게 되었다. 이렇게 미국에서 발전하기 시작한 현대 자본주의는 곧 유럽으로도 확산되었다. 유럽인들은 미국 문명의 독특한 특징인 과학적 경영 —원래의 테일러리즘을 노동생산성의 모든 영역으로 확대시킨 것, 기술적 효율성, 기업 조직— 을 받아들이고 모방했다. 그러나 미국에서는 기술적 효율성과 생산성이 사회의 거의 전체적인 문화로 확산된 반면 유럽에서는 그것을 보다 선별적으로 받아들였다. 또 유럽 국가들의 국내 소비 시장이 좁았으므로 대량생산 체제는 미국에서만큼 성공적이지 못했다.

신분사회에서 계급사회로

1차 세계 대전은 사회의 모습도 크게 바꿔 놓았다. 19세기까지의 유럽은 기본적으로 귀족이 지배하는 사회였다. 19세기에 산업혁명과 자본주의의 발전, 또 자유주의의 확산으로 부르주아 계급이 크게 성장했다. 그래서 부르주아의 영향력이 사회적으로 매우 커졌다. 그럼에도 아직 정치를 지배하는 것은 대체적으로 귀족들이었고, 사회의 지배적인 가치관도 귀족주의적인 것이었다.

그것은 아직도 유럽의 많은 나라들이 왕정을 유지하고 있었고 유럽에서 민주주의 제도가 가장 발전한 영국이나 프랑스에서도 귀족의 정치·사회적 힘이 매우 강했으므로 당연했다고 할 수 있다.

그러나 전쟁으로 인해 이런 사정이 급변했다. 더 이상 귀족이 특권적인 지위를 유지할 수 없게 되었고 부르주아 계급이 사회의 중핵으로 떠올랐다. 정치에서도 과거의 귀족들은 영국을 제외하고는 거의 영향력을 상실했다. 이렇게 해서 신분사회는 무너지고 계급사회로의 재편이 이루어지게 되었다.

1920년대에 유럽 각국의 경제 사정은 매우 나빴고, 노동계급의 목소리가 커졌으므로 정치적 혼란을 피하기 위해서는 노동계급의 이익을 어느 정도 보호해 주는 일이 중요했다. 그리하여 일부 국가에서는 코퍼러티즘Corporatism이 하나의 대안으로 등장했다.

이는 노동자 대표, 기업가 대표, 정부 대표가 하나의 회의체를 구성하여 생산과 소비, 물가와 임금 수준을 결정함으로써 계급 사이의 이해관계를 조정하려는 시도였다. 이는 국가가 경제활동에 직접 개입함으로써 전통적인 자유방임주의 경제로부터 일탈하게 됨을 의미하는 것이었다.

1920년대에 처음 만들어져서 1930년대에 완성된 이탈리아의 코퍼러티즘 체제는 그런 좋은 예의 하나이다. 그것은 각 산업 부문별로 자본가와 노동자의 대표들이 회의체를 구성하고 여기에서 당면 경제 문제를 해결하려 한 것으로 계급적 적대감과 대립을 피하기 위해 고안된 것이었다. 독일도 그런 방향으로 약간 나아갔으나 두 나라에서 모두 큰 성공을 거두지는 못했다. 그러나 이는 2차 대전 이후 주로 북유럽 국가들에서 채택되었고, 지금도 유럽 여러 나라의 의사 결정에서 중요한 기능을 담당하는 노사정위원회의 형성에 큰 영향을 미쳤다고 할 수 있다.

대중문화의 발전과 지적 패러다임의 변화

전간기에는 현대적인 문화 형태들도 대거 등장했다. 그리고 그것은 과학과 기술의 발전, 사회의 대중화에 힘입어 점점 대중문화의 형태를 취했다. 가장 대중적인 오락 형태는 새롭게 등장한 라디오와 영화였다. 특히 영화는 연극이나 음악회보다 매우 저렴했고 다양한 소재를 다룰 수 있었으므로 그 관람 인구는 각국에서 폭발적으로 증가했다.

미국의 경우 1929년에 1주일 동안에 영화를 관람하는 인구는 평균 9,000만 명에 이르렀다. 전 국민이 일주일에 거의 한 번은 영화를 본 셈이다. 다른 나라들도 이와 크게 다르지 않았다. 그 외에 '보는 스포츠'가 발전하기 시작했고, 댄스홀, 비어홀 같은 대중적인 오락 장소들도 크게 증가했다.

전반적으로 교육 수준이 향상되었다. 중등교육과 대학 교육이 크게 확장되었고, 여성 교육도 마찬가지였다. 이에 따라 대중의 문화적 욕구가 높아짐으로써 많은 도시에 공공 도서관, 미술관, 박물관, 음악당 같은 시설들이 들어섰다. 특히 여성들의 대중문화 참여가 활발해졌고, 이들은 특히 미국과 남미 지역에 분 댄스 열풍의 주역이 되었다.

예술의 흐름도 달라졌다. 세기말부터 발전한 모더니즘(근대주의)이 1920년대에 광범하게 받아들여지며 전간기 서유럽과 북미 지역에서 주된 문화적 힘이 되었다. 이는 일련의 전위적인 예술가들이 낭만주의, 현실주의, 자연주의 같은 전 시대의 문화 형태에서 벗어나 기존의 미학적 형태와 부르주아 사회의 가치, 천박한 대중문화의 확산에 반항하여 일으킨 것이었다.

그들은 기존 예술의 영역을 크게 확대하고, 그 형태를 바꾸고, 이전에는 터부시되었던 주제까지도 포함시켰다. 그리하여 상징주의, 입체파, 양식주의, 미래주의, 다다이즘, 표현주의, 초현실주의 등 수많은 새로운 예술 양식이나 사조가 등장했다.

바우하우스 운동 같은 것도 그 대표적인 예의 하나이다. 공예 운동에서 시작되어 나중에는 가구, 건축 등 다방면으로 확대된 예술 운동이다. 이것은 예술의 대상에서 장식성을 가능한 한 제거하고 기능성을 중시하며 기능이 만들어 내는 단순한 아름다움을 추구했다. 오늘날 세계의 모든 대도시에서 볼 수 있는 상자형의 단순한 고층 건물들은

독일 데사우의 바우하우스 조형학교 건물(1919)

강연하는 아인슈타인(파리, 1922)

거기에서 비롯한 것이다.

1930년대 소련에서는 부르주아 예술에 반대하는 사회주의 리얼리즘이 발전했다. 이에 따르면 예술 창작은 삶과 괴리된 현학적인 묘사나 객관적인 묘사가 아니라, 혁명 과정에서의 현실성을 표현해야 하므로 예술가는 인간의 삶을 진실되게 알 필요가 있었다. 따라서 예술적인 이미지의 진실성과 역사적인 정확성은 노동계급을 사회주의의 정신 속에서 이념적으로 변화시키고 교육시키는 과업과 연결되어야 한다고 주장했다. 이는 20세기 말까지 사회주의권에서 주된 예술 이론으로 받아들여졌다.

전간기는 지적 발전에 있어서도 중요한 시기였다. 이 시기에는 사상이나 과학에서도 큰 변화가 나타났다. 알베르트 아인슈타인A. Einstein이 1905년과 1915~1916년에 각각 발표한 특수상대성이론과 일반상대성이론은 전간기에 원자물리학이 급격히 발전하는 데 매우 중요한 기초를 제공했다. 특히 그가 $E=mc^2$이라는 공식을 통해 물질의 각 원자는 그 질량에 빛의 속도의 제곱을 곱한 것과 같은 에너지를 갖는다는 사실을 밝힘으로써 원자력 에너지 시대의 길이 열렸다.

지그문트 프로이트S. Freud는 1890년대에 발전시킨 정신분석학을 통해 인간의 행위에서 무의식이 차지하는 역할을 강조함으로써 인간에 대한 이해의 폭을 크게 넓혔다.

경제학에서는 존 케인스J. M. Keynes가 1936년에 『고용, 이자, 화폐의 일반이론』을 통해 그 이전의 고전적인 자유방임주의 경제학을 크게 수정했다. 그리하여 유효수요의 확대를 통해 대공황을 넘어서는 이론적 근거를 마련했고, 전후에 서유럽의 사회민주주의 체제가 발전하는 데도 도움을 주었다.

참고 문헌

에릭 홉스봄(이용우 역), 『극단의 시대 : 20세기 역사』 상권, 까치, 1997.

J. Golby 외, *Between Two Wars*, Buckingham, 1990.

M. Kitchen, *Europe between the Wars: A Political History*, London and New York, 1988.

C. S. Maier, Between Taylorism and Technology, *J. of Cont. History*, Vol. 5, No. 2, 1970, pp. 27~61.

E. Manela, *The Wilsonian Moment: Self-Determination and the International Origins of Anticolonial Nationalism*, Oxford, 2007.

D. Nelson, Taylorism Versus Welfare Work in American Industry, *The Business History Review*, Vol.46, No.1, 1972, pp. 1~16.

M. Pugh(ed.), *Modern European History 1871-1945*, Blackwell Publishers, 1997, 제4장.

S. Salter & J. Stevenson(ed.), *The Working Class and Politics in Europe and America 1929-1945*, New York, 1990.

06

세계 경제공황

경제공황의 배경

세계 경제공황이란 영어로 'Great Depression'이다. 디프레션depression은 보통 디플레이션deflation과 혼동되기 쉬우나 서로 다른 개념이다. 디플레이션은 인플레이션의 반대말로 통화 축소를 의미한다. 반면 디프레션은 높은 실업률, 임금 삭감, 물가 하락, 기업 활동의 위축을 동반하는 경기 침체를 의미한다.

경기 침체는 자본주의 체제에서는 당연한 일이다. 수요와 공급의 불일치 때문에 경제가 호황과 불황 국면을 순환하기 때문이다. 따라서 호황 뒤에는 불황이 오고 반대로 불황 뒤에는 호황이 오기 마련이다. 그것은 확장된 생산만큼 소비가 뒤따르지 못하기 때문이며, 과잉생산 국면이 지나면 다시 경기가 되살아난다.

그래서 약 50년을 단위로 하는 콘트라티에프 주기 등 경기 순환에는 여러 주기들이 있다. 그럼에도 1929년의 디프레션을 경제공황, 또는 대공황이라고 부르는 것은 그 정도가 너무 심각하고 장기적이며 전 세계 경제를 파국으로 몰고 갈 정도로 큰 영향을 남겼기 때문이다.

세계 경제는 1차 대전으로 인해 침체되었다가 1920년대 초부터 다시 살아나 1920년대 내내 번영을 누렸다. 특히 미국 경제가 그랬다. 미국은 1923년부터 1929년까지 전례 없는 호황을 누렸다. 이 사이에 산업 생산은 두 배로 늘었고, GDP는 40퍼센트가 증가할 정도였다. 미국은 전시의 피해를 입지 않았을 뿐만 아니라, 유럽 국가들에게 군수품이나 식량을 팔아 막대한 돈을 벌었기 때문이다.

그러나 모든 나라나 부문이 그랬던 것은 아니다. 특히 농업 부문은 1920년대를 통해 위기를 맞고 있었다. 전시의 증가된 수요에 힘입어 경작지가 크게 늘어났기 때문이다. 특히 미국, 캐나다, 아르헨티나, 오스트레일리아에서 그랬다. 그러나 전쟁이 끝나고 유럽의 농업 생산이 회복되자 과잉생산이 문제가 된 것이다.

게다가 1925년에서 1929년까지는 평균 작황이 유지되었으므로 그 심각성은 더했다. 그래서 1924~1929년 사이에 국제 밀 가격은 절반 이하로 떨어졌다. 빚을 지고 큰 농토를 장만한 농민들은 거의 파산 상태에 빠졌고, 일반 농민들의 구매력도 크게 떨어졌다. 광산물 시장도 마찬가지였다. 전시 수요로 광산에 대한 투자가 많이 이루어졌으나, 전쟁이 끝나자 광산물 가격도 폭락하게 된 것이다.

또 1920년대 후반 유럽을 포함한 세계 경제의 호황은 그렇게 건전한 것은 아니었다. 주로 미국 자본의 수출과 미국 수입 시장에 의존했기 때문이다. 특히 유럽은 미국 경제에 크게 의존하고 있었다. 1924년부터 미국 자본이 독일로 유입되어 독일 경제를 크게 회복시켰고, 그것이 다시 유럽 전체의 경기 상승을 이끌었다.

1929년 이전에도 유럽 경제는 미국 투자자들이 미국 주식시장의 호황에 편승하기 위해 자금을 빼가기 시작하자 점차 나빠지는 조짐을 보

주식시장이 붕괴한 후 월스트리트 증권가에 몰려나온 주식 투자자들(1929. 10. 29.)

였었다. 더구나 미국의 주식 투자 붐은 오래가지 못했다. 호황기의 통화 팽창으로 1928년부터 달아오른 주식시장이 1929년 10월 24일 돌연 붕괴했기 때문이다. '마의 목요일'이라고 불린 이날 천장까지 올랐던 주식의 거품이 꺼지며 호황 국면이 끝났음을 알렸다.

이는 미국의 주식 투자자들에게 엄청난 타격을 주었으며, 점차 실물경제 부문으로 파급되었다. 또 미국 경제가 전 세계 경제에서 차지하고 있는 큰 비중 때문에 이는 세계적인 경기 침체로 발전했다. 대공황이 시작된 것이다. 그러나 대공황은 생각보다는 천천히 진행되었으므로 처음에는 그것이 세계 경제의 대파국을 가져오리라고는 어느 누구도 거의 예상하지 못했다.

미국 경제공황의 직접적 원인

이는 여러 요인의 결과였다. 중요한 원인 가운데 하나는 1920년대 미국의 분배가 매우 불평등했다는 것이다. 1920년대에 1인당 평균 가처분 소득은 10퍼센트가 올랐으나, 가장 부유한 사람들의 소득은 75퍼센트가 올랐다. 가장 부유한 국민 1퍼센트가 국부의 60퍼센트를 점유하고 있었다.

최상층 6만 가족의 예금액은 가장 가난한 2,500만 가족의 예금액보다 많았다. 국민소득의 더 많은 부분이 점점 상층에게 집중되면서 경제는 이들의 소비에 점점 더 의존하게 되었다. 상층 계급 소득의 많은 부분은 각종 투자, 사치품 구입, 주식 투기에 흘러들어 갔다.

경제가 호황을 보이고 기업 이익이 임금보다 빨리 늘었으므로 기업가들은 여분의 이익을 설비 확장에 투자했다. 그 결과, 소비자들이 소비할 수 있는 것보다 더 많은 생산을 했다. 생산과 소비의 간극이 가장 커진 부문은 1920년대의 소비경제를 이끈 자동차 산업과 건설업이었다. 다른 산업 부문은 이에 많이 의존했다.

자동차, 철강, 건설 등에서 과잉투자가 이루어졌지만, 1928년과 1929년에 판매가 이를 따르지 못했다. 농민, 노동자, 중산층 가정들은 1928~1929년의 높은 경제성장을 지속시킬 만한 경제 여력이 없었기 때문이다. 소비를 늘릴 수 없었던 것이다. 결과적으로 재고가 늘고, 생산이 줄어들며, 고용도 감소했다.

농민들은 호황기의 이득에 참여하지 못했다. 농산물 가격이 1차 대전 이후의 하락에서 회복하지 못하고, 1921년 이래 계속 낮아지고 있었기 때문이다. 농민들의 소득은 1919년에는 전체 국민소득의 16퍼센트를 차지했으나, 1929년에는 9퍼센트로 줄어들었다. 그뿐 아니라 농업 부문의 과잉생산은 1920년대 내내 만성적인 문제였다. 이렇게 소득이 크게 줄어들었기 때문에 농민들의 구매력은 1920년대 내내 낮은 수준에 있었다.

노동자들의 임금도 1920년대에 걸쳐 10퍼센트 정도 올라갔으나, 그것이 전체 국민소득에서 차지하는 비율은 1920년대 초보다 떨어졌다. 실업률은 1920년대 내내 비교적 높은 7퍼센트를 유지했다. 노동 절약적인 새 기계들이 도입되어 기술적 실업이 생긴 것이 그 부분적 이유였다.

그러나 대부분의 실업자는 직물, 석탄, 목재, 철도 산업 등 사양 산업에서 나타났다. 이 산업들은 모두 과잉투자, 수요 감소, 비효율적인 경영으로 고통을 겪었다. 실업보험 등 연방 정부의 복지 계획이 아직 없었으므로 지속적인 실업은 빈곤과 구매력의 저하를 가져왔다.

미국 경제의 다른 내재적인 취약성은 국제 경제정책의 영역에도 있었다. 1차 대전 동안에 유럽 국가들이 미국의 은행이나 국고로부터 수십억 달러를 빌렸기 때문에 미국은 세계의 지도적인 채권 국가가 되었던 것이다.

그럼에도 미국은 이러한 상황에서 무역정책을 변화시키지 않았다. 채무 국가는 외채를 물기 위한 외환을 위해 수입보다 많은 액수를 수출해야 한다. 그러나 미국은 1920년대 내내 주된 유럽 국가나 라틴아메리카 국가들에 대해 높은 관세 장벽을 쌓고 무역 흑자를 보았다. 자국 산업이나 농업을 보호하기 위해서였다. 그리고 다른 나라의 기업가나 정부가 부채를 물고 미국 상품을 사도록 더 많은 돈을 대출해 주었다.

공황이 시작되자 손실을 보게 된 미국의 채권자들은 새로운 차관 공여를 거부했을 뿐 아니라 만기가 된 차관들을 더 이상 연장해 주지 않았다. 더 이상 돈을 얻지 못하게 된 외국의 채무자들은 파산할 수밖에 없게 되었다.

당연히 미국 상품의 수입이 줄어들었다. 이에 따라 미국의 수출량도 급감했다. 많은 곡물을 수출하고 있던 농민들이 가장 큰 타격을 받았다. 이렇게 증권시장의 붕괴와 함께 급격하게 축소된 국제무역이 대공황의 주된 원인의 하나였다.

공황의 전개

1929년 11월 말까지 주가는 40퍼센트나 하락했다. 그 후에도 주가 하락은 계속되어 1929년에서 1933년 사이에 다우존스 공업지수는 381에서 41로 떨어졌다. 1929년에서 1933년 사이에 약 11만 개의 기업이 파산했고, 투자는 70억 달러에서 20억 달러로 감소했다. 기업들의 총이익은 100억 달러에서 10억 달러 미만으로 떨어졌다.

경제 규모는 이전의 절반 정도로 줄어들었다. GNP는 800억 달러에서 420억 달러로 떨어졌다. 도매 물가는 40퍼센트 떨어졌고, 근 6,000개의 은행이 파산했으며 이와 함께 수백만 명이 저축한 250억 달러의 예금도 사라졌다.

공황이 시작되었을 때 실업자 수는 300만 명이었으나, 그 후 매주

대공황기에 급식소에서 줄을 서 있는 뉴욕 시민들

10만 명이 일자리를 잃어 1933년 3월에는 전체 노동력의 4분의 1인 1,300만 명에 이르렀다. 그리고 그보다 더 많은 사람들이 파트타임으로 고용되거나 임금 삭감을 당했다. 그리하여 미국 노동력의 절반가량이 실업 상태에 있거나 불완전 고용 상태에 빠졌다. 노동임금은 이 4년 동안에 40퍼센트가 떨어졌다.

미국의 허버트 후버H. C. Hoover 대통령은 경기 침체를 해결하기 위해 여러 가지 정책을 폈다. 그는 증권시장의 파국이 전체 경제로 확산되는 것을 막기 위해 기업가, 농민, 노동계 지도자들과 생산 수준 및 임

자신의 최신형 자동차를 100달러에 팔겠다고 광고하는 젊은이(뉴욕, 1929)

금 수준을 유지하도록 합의했다.

또 소비를 늘리기 위해 의회의 도움으로 소득세를 인하했으며, 연방준비제도이사회가 이자율을 낮추도록 했다. 또 불경기가 심한 지역에서는 연방 정부의 공공사업을 확대했다. 이는 큰 재정 적자를 가져왔다. 1931~1933년 사이에 그 규모는 65억 달러에 이르렀고, 국채도 160억 달러에서 225억 달러로 커졌다.

후버의 이런 시도는 실패했으나, 경제를 회복시키고 기업 활동의 쇠퇴를 막기 위해 세금을 인하하고, 이자율을 낮추고, 공공사업을 확대하는 그의 정책은 나중에 루스벨트 대통령이 취한 뉴딜 정책과 본질에서 같은 것이었다. 그 규모에서 뉴딜 정책이 훨씬 커졌을 뿐이다.

공황의 진전에 따라 미국의 상품 시장도 축소되기 시작했다. 전 세계가 미국에 대한 수출에 크게 의존하고 있었으므로 이는 세계 경제에도 타격을 가했다. 게다가 미국이 수입을 줄이기 위해 1930년에 스무트-홀리법을 통해 관세를 인상하자 사태는 악화되었다. 세계가 온통 경제공황에 휩쓸리게 되었다.

다른 나라에서의 진전

경제 사정이 나빠지자 미국 투자자들은 해외에 투자된 자금을 회수하기 시작했다. 이에 따라 미국 자본에 가장 크게 의존하던 독일이 고통을 겪게 되었다. 독일 경제가 좌초하자 독일 경제와 전체적으로 밀접하게 연결되어 있던 유럽 다른 나라들의 경제도 침체되기 시작했다.

독일 지역에서는 1929년 말에서 1930년 초 사이에 미국이 단기자본을 회수함에 따라 본격적으로 어려움이 시작되었다. 1931년에는 금융시장이 심각한 상태에 빠졌다.

5월 11일에 오스트리아 신용기금이 도산했고, 6월에는 다름슈타트 국민은행이 지불 정지 상태에 들어갔다. 두려움에 가득 찬 수많은 투자가들은 은행에서 예금을 인출하려 했다. 많은 은행들이 충분한 준비금을 보유하고 있지 못했으므로 파산했고, 세계의 금융 제도가 위기에 몰렸다. 금융 공황으로 돈이 돌지 않자 이는 산업 공황으로 확산되었다.

독일의 실업자 수는 1929년 여름에 80만 명이었으나, 1930년 12월에는 300만 명으로 급증했다. 이는 1931년 7월에는 550만으로, 1932년 초에는 전체 노동력의 35퍼센트인 600만 명에 달하며 엄청난 사회불안을 야기시켰다. 산업 생산도 50퍼센트 수준으로 떨어졌다.

1930년 3월에 헤르만 뮐러H. Müller의 사회민주당 중심의 연립 정권이 실업수당 삭감 문제로 붕괴한 후, 중앙당의 하인리히 브뤼닝H. Brüning이 다시 연립 내각을 구성했다. 브뤼닝은 고전 경제학의 가르침에 따라 국가 지출을 줄이고, 임금을 삭감하고, 실업수당을 줄임으로써 재정 균형을 이루려고 노력했다. 그러나 이런 정책은 독일인의 경제적 고통을 가중시키고 상황을 악화시켰다.

영국에서는 많은 투자가들이 파운드화에 대해 금 태환을 요구하자 영국 중앙은행도 버티지 못하고 1931년 9월에 태환을 거부했다. 영국이 금본위제를 포기하자 수십 개 나라들이 그 뒤를 따랐다. 이렇게 해서 1차 대전이 끝난 후 국제 금융 제도를 다시 금본위 위에 세우려던 영국의 시도는 실패로 돌아갔다.

프랑스, 스위스, 네덜란드 등 몇 나라가 금 블록에 남았지만, 이들 나라도 금의 유출을 견디지 못하고 1936년에 금본위제를 폐기했다. 독일 등 금본위제를 포기하지 않은 나라들의 경우에도 외환에 대한 통제와 제한이 심했으므로 그것은 의미를 잃어버렸다.

이는 국제무역에 극심한 혼란을 가져왔고, 디프레션을 더 악화시켰다. 모든 나라가 수출을 늘리기 위해 환율전쟁에 나섰기 때문이다. 1930년대의 정점인 1937년에도 국제무역액은 1929년의 46퍼센트 수준에 불과했다.

재로(Jarrow) 시에서 런던으로 시위행진하는 영국 실업자들(1936)

영국과 프랑스 경제는 독일이나 오스트리아보다는 좀 덜한 편이었지만, 그럼에도 적지 않은 타격을 받았다. 1929년 영국의 실업자 수는 120만 명이었으나, 1932년에는 노동력의 22퍼센트인 270만 명에 이르렀다. 그리고 1936년까지도 200만 명 이하로 떨어지지 않았다.

1929년에 정권을 잡은 맥도널드의 연립 정권이 공황의 여파로 무너지고, 1931년에 보수당이 중심이 된 연립 정권이 수립되었다. 그러나 이 스탠리 볼드윈S. Baldwin의 정부는 디플레이션 정책을 시행했다. 정부 지출이 축소되고, 복지 수당도 감소했으며, 보호관세가 도입되었다. 기업가들은 스스로 어려움을 헤쳐 가도록 방치되었다. 그 결과는 실망스러운 것이었다.

프랑스는 다른 나라보다는 공황에 뒤늦게 휘말렸다. 그러나 불황이 한번 닥치자 다른 어느 나라보다도 오랫동안 지속되었다. 1938년까지도 회복의 조짐은 없었고, 산업 생산은 1930년, 1931년 수준을 밑돌았다. 영국과 마찬가지로 프랑스 정부도 경기 침체를 막으려고 디플레이션 정책을 시행했다.

경기 침체는 선진국에만 해당되는 일은 아니었다. 후진국들은 선진국으로의 수출이 줄자 마찬가지로 고통을 겪게 되었다. 1932년에 상황은 가장 악화되었다. 1929~1932년 사이에 세계의 생산고는 38퍼센트, 무역은 66퍼센트가 감소했다. 전 세계의 실업자 수는 3,000만 명을 헤아렸다. 그 외 반실업자의 수는 말할 수도 없이 많았다. 높은 실업률은 수요를 크게 하락시켰고, 결과적으로 경제의 하향 악순환이 계속되었다.

공황에 대한 대안들

공황이 가져온 대규모의 실업과 전반적인 경기 침체는 각국 정부에게 즉각적으로 행동할 것을 요구했다. 엄청난 실업자 대군과 생계를 유지하기도 어려운 빈곤선 이하의 사람들이 각 나라 정부를 압박했던 것이다. 과격 정당들이 생겨났고, 이들은 무능한 정부의 퇴진을 요구했다.

그러나 대부분의 정부들은 과격한 정책을 취하기를 거부했고, 온건한 구호 정책에만 머물렀다. 그것은 그들이 고전 자유주의 경제학을 따랐기 때문이다. 고전 경제학에서 경제는 순환적인 것이었다. 경기가 활황을 유지한 다음에는 불황기가 오고, 그다음에는 다시 호황기가 온다고 생각했다.

따라서 불황이 오면 정부의 적극적인 역할은 없었다. 단지 호경기가 올 때까지 기다리는 것뿐이었다. 그러나 대공황의 파국적 성격은 그것을 불가능하게 했다. 국민들의 고통이 너무 컸으므로 다른 대안이 필요했다. 일부 사람들은 사회주의적 방법을 원했다. 스탈린의 소련이 그 모델이었다. 그러나 계획경제는 자본주의 사회에서 받아들여지기에는 너무 과격한 방법이었다.

코퍼러티즘적 방법을 추구한 사람들도 있었다. 파시스트들이 그랬다. 이 개념은 공황 이전에 이미 이탈리아에서 나타났던 것으로, 경제의 각 부문에 조합(코퍼레이션)을 조직하고 이를 기업가 대표, 정부 대표, 노동자 대표의 협의에 의해 운영되는 것을 뜻한다. 이러한 조합 단위에서 상품 가격과 임금을 통제하고 생산과 분배를 결정하게 되어 있었다. 이것은 자유 시장경제에서 어느 정도 벗어나 있는 해법이었으나, 이탈리아나 독일의 경우 완전히는 아니더라도 어느 정도 그 방향으로 나아갔다.

다른 방법은 케인스가 제시한 유효수요 이론이었다. 케인스는 공황의 근본적인 원인이 과도한 공급이라기보다는 불충분한 수요에 있다고 생각했다. 그래서 그는 각 나라의 정부들이 경제에 직접 개입하여 화폐 공급을 늘리고, 공공사업을 시행하고, 조세정책을 통해 소득을 재분배함으로써 경기를 부양하도록 충고했다. 이를 위해서는 적자 재정도 감수해야 했다. 그러나 케인스의 처방은 미국을 제외한 대부분의 나라에서 받아들여지지 않았다.

미국의 뉴딜 정책

미국에서도 경제가 나빠지자 사회적 혼란이 더 커지기 시작했다. 은색셔츠단은 유럽의 파시즘을 본받아 강력한 파시스트 정권을 세우자고 대중을 선동했다. 공산주의자, 사회주의자들의 영향력도 커졌다. 이런 사회적 혼란을 막기 위해서는 빨리 경제가 안정되어야 했다.

1933년에 대통령에 당선된 프랭클린 루스벨트F. D. Roosevelt는 공황을 해결하기 위해 뉴딜 정책을 시행했다. 이는 케인스의 경제이론을 받아들인 것으로, 경제에 대한 국가의 강력한 간섭 정책을 의미했다. 혼합 경제를 추구하는 이런 방식은 경제의 자유를 중시해 온 미국적 전통에는 배치되는 것이었으나, 당시 상황에서는 다른 방법이 없었다.

1933년 3월부터 라디오를 이용한 '노변담화'를 통해
경제난 속의 국민과 대화를 한 루스벨트 대통령

구호Relief, 경기회복Recovery, 개혁Reform의 3R 정책을 목표로 정부는 우선 대통령 취임과 함께 전국적으로 4일간의 은행 휴업을 단행하고, 5억 달러를 출자하여 연방비상구호청을 설립하는 등 긴급조치를 취했다. 그리고 차차 경제 회복을 위한 다각적인 정책 시행에 나섰다.

1933년에 농업조정법이 만들어졌는데, 이는 과잉생산에 의한 농산물 가격 하락을 막기 위한 것이었다. 생산량을 축소하고 과잉생산된 농산물이나 축산물은 정부가 보상을 해주고 폐기처분했다. 그리고 그 보상금은 제분업자, 농산물 가공업자에 대한 세금 인상으로 충당했다. 채무를 진 농민들에게는 토지를 담보로 정부가 장기 저리 융자를 해주었다.

또 실업자 구제를 위해 대대적인 공공사업을 실시했다. 공공사업추진청을 만들어, 학교, 도로, 수로, 공원 등을 만들었다. 민간자원보존단은 사방 사업, 조림 등의 자연보호 사업을 벌여, 수백만 명의 실업자를 구제했다.

가장 규모가 컸던 것은 1933년에 시작된 테네시 강 유역 개발 사업이다. T. V. A.로 알려진 이 사업은 남부의 테네시 강과 그 지류에 여

민간자원보존단이 수로를 파고 있다(1937).

러 개의 댐과 발전소들을 건설하는 일이었다. 경기 부양을 위한 이 사업으로 부근의 7개 주가 혜택을 보게 되었다.

전국산업부흥법NIRA은 노사 합의에 의해 경제를 안정시키려는 정책이었다. 산업별로 임금과 노동시간(특히 최저임금, 최고 노동시간)을 결정하도록 했다. 이를 위해 노조의 조직권과 단체교섭권을 인정했다. 이는 노동계급에 적대적이었던 1920년대의 공화당 정부와는 전연 다른 태도였다. 이렇게 정부가 노사 간의 협력을 주도함으로써 점차 자유방임적 자본주의를 수정하는 데 성공했다.

그 밖에 와그너법에 의해 노동자들의 단체교섭권을 강화했다. 사회보장법에 의해서는 고소득과 상속 재산에 대한 중과세를 했고 누진법인세도 도입했다. 또 노령과 실업에 대비하여 고용인과 고용주가 공동 부담하는 노동자 보험 제도를 도입함으로써 사회적 형평을 강화하려고 노력했다.

이런 혁신적인 정책이 반발을 불러오는 것은 당연했다. 우익에서는 이것을 사회주의라고 비난했고, 좌익에서는 사회구조의 변화를 가져오지 못하는 미온적인 정책이라고 비판했다. 뿐만 아니라 대법원은 1935년에 전국산업부흥법이 헌법에 위배된다고 판시했다.

1937년 대선에서 승리한 루스벨트는 우선 대법원의 개편에 착수했다. 대법원이 보수 세력의 아성으로서 많은 뉴딜 입법을 위헌으로 판결했기 때문이었다. 그리고 이에 성공함으로써 보수 세력의 저항을 극복할 수 있었다.

이 시기에는 노조 조직의 변화도 나타났다. 전통적인 직능별 노조AFL의 행동 통일이 불가능했으므로 산업별 노조CIO의 필요성이 대두되었다. 그리하여 기업주들과의 격렬한 투쟁 끝에 CIO가 조직되었고,

이는 1930년대 말에 크게 확대되었다. 노조원 900만 명 중 AFL이 400만 명, CIO가 350만 명으로, 두 거대 노조는 거의 대등한 세력이 되었다. 나머지는 독립 노조 소속원들이었다. 이리하여 노동계급의 힘이 과거보다 크게 강화될 수 있었다.

그러나 뉴딜 정책으로 대공황이 완전히 치유된 것은 아니었다. 1938년에 다시 심한 불경기가 오며 실업 사태가 야기된 것이다. 장기간의 경기 침체는 결과적으로 1939년에 2차 대전이 터지고 군수 경기가 살아남으로써 서서히 회복되었다. 어쨌든 미국은 뉴딜 정책을 통해 혼합 경제 체제로 나아갈 수 있었고, 그리하여 파시즘, 볼셰비즘 같은 극단적인 체제를 피할 수 있었다.

히틀러의 집권과 독일의 재무장 정책

독일에서 아돌프 히틀러A. Hitler가 정권을 잡게 된 것도 경제공황 탓이었다. 1929년 이전에만 해도 고작 원내 12석을 차지하고 있던 소수파 정당인 나치당이 경제공황으로 인한 사회적 혼란으로 급격하게 세를 불린 것이다. 그것은 중앙당 등 연립 정권의 정당들이 공황에 기민하게 대처하지 못했기 때문이었다.

따라서 1930년 9월 선거에서 과격한 구호를 내걸고 있던 공산당과 나치당의 세력이 크게 신장했다. 나치당은 107석을 얻어 일약 원내 제2당이 되었고, 곧 제1당이 될 수 있었다. 나치당은 1933년 1월에 집권하여 독재 체제를 수립한 후, 국제연맹에서 탈퇴하는 등 도전적인 외교정책을 폈다. 또 광범한 재무장 정책을 시작했다. 재무장 정책은 아우토반의 건설, 주택 건설 등의 건설 사업과 함께 독일의 유효수요를 증대시키는 데 크게 기여했다.

유효수요를 증대시키기 위해서는 거액의 자본이 필요했으므로 중앙은행이 지급을 보증하는 5년 만기의 메포MEFO 어음을 발행하도록 했다. 그러나 인플레이션을 가져오지 않도록 조심스럽게 운용되었다. 자본과 노동에 대한 정부의 강력한 통제와 경제적 자급자족을 이루려는 정책 기조도 이에 큰 도움이 되었다.

그리하여 독일의 경제정책도 미국의 뉴딜 정책과 거의 비슷한 효과를 냈다. 1936년부터 실업은 눈에 띄게 줄어들기 시작했고 경제 회복도 가시화되었다. 1938년에 가면 독일 경제는 크게 호전되어 거의 완전고용 수준에 이르렀고, 구매력도 1929년 수준을 회복할 수 있게 되었다. 그러나 독일의 재무장은 결과적으로 2차 세계대전의 발발로 이어졌다. 히틀러가 영토 확장을 통한 대제국의 꿈을 실현시키려고 했기 때문이다.

경제공황의 결과

세계 각국의 정치 지도자들은 대공황이 야기한 광범한 위기에 대처할 정치적이거나 지적인 준비가 되어 있지 않았다. 그래서 처음에는 적극적인 대처를 하지 못했다. 그러나 공황이 심각한 경제 · 사회적, 나아가 정치적 문제를 야기하고 국제 공조 체제를 무너뜨리자 이제 정상적인 방법으로 사태를 수습하는 것은 불가능해졌다. 이에 따라 각 나라 정부들은 과격한 정책들에 의존하지 않으면 안 되었다.

경제는 민족주의적 방향으로 나아갔다. 금본위제도가 포기됨으로써 환율을 정할 국제적 기준이 사라졌다. 각 나라들 사이에서는 수입을 줄이고 수출을 늘리기 위해 환율을 낮추려는 환율전쟁이 벌어졌고 너도나도 관세 장벽을 설치하여 수입을 줄이려고 애썼다. 이는 그때까지의 자유무역 흐름을 역전시키는 것이었다.

민주주의 체제가 사회 · 정치적 혼란을 감당하기 어려웠으므로 1차 대전 이후 만들어진 많은 민주 체제들이 무너지고, 독재 정권이나 군사정권이 들어섰다. 독일이나 이탈리아, 스페인만이 아니라 동유럽 대부분의 국가들이 그런 상태에 빠졌다. 영국이나 프랑스, 미국처럼 민주제도가 그 나름으로 정착된 나라들은 그것을 보전할 수 있었으나, 이런 나라들에서도 파시즘이나 공산주의 같은 극단주의 운동들이 맹위를 떨쳤다.

대공황은 실업과 빈곤을 양산함으로써 개인들에게 엄청난 고통을 안겨 주었을 뿐 아니라 계급적 · 인종적 갈등을 야기시켰다. 인종주의와 반유대주의의 급격한 확산은 그 결과였다. 또 국제 체제가 무너짐에 따라 국가 이기주의가 팽배하게 되었다. 특히 파시스트 국가들이 공격적인 태도를 보였다. 이는 결국 2차 세계대전이라는 또 하나의 비극을 향해 나아가게 하는 원인이 되었다. 공황이 전쟁을 야기시켰으나, 다른 한편에서는 전쟁이라는 대파국을 통해서만 극복될 수 있었다는 사실은 역설적이다.

참고 문헌

민주노조운동연구소, 『경제대공황과 IMF 신탁통치』, 한울, 1998.

박복영, 『대공황기 유럽의 국제통화체제의 혼란과 그 원인』, 대외경제정책연구원, 2003.

J. K. 갤브레이스(최광열 역), 『대공황 1929』(원저 1955), 양영각, 1981.

R. J. 오버리(이헌대 역), 『대공황과 나치의 경제 회복』, 해남, 1998.

H. 제임스(이헌대 외 역), 『세계화의 종말』(원저 2001), 한울, 2002.

C. P. 킨들버거, 『대공황의 세계』(원저 1973), 부키, 1998.

C. H. 페인스틴 외(양동휴 외 역), 『대공황 전후 유럽경제』(원저 1997), 동서문화사, 2000.

M. 프리드먼(양동휴 역), 『대공황 1929-1933』, 미지북스, 2010.

B. S. Bernanke, *Essays on the Great Depression*, Princeton, 2000.

M. A. Bernstein, *The Great Depression*, Cambridge, 1987.

R. B. Duhoff, *Accumulation and Power*, New York, 1989, pp. 84~92

T. Kemp, *The Climax of Capitalism: The U. S. Economy in the Twentieth Century*, New York, 1990.

W. A. Stoneman, *A History of the Economic Analysis of the Great Depression in America*, New York, 1979.

07

파시즘

파시즘이란

파쇼fascio(단체, 묶음)라는 단어는 로마 시대 집정관의 의장물인 파스케스fasces에서 나왔다. 이는 나무 막대기 묶음 가운데 도끼를 끼워 넣은 모양으로 단결을 상징했다. 프랑스혁명 때에 널리 사용했으며, 이탈리아 통일운동에서도 통일과 자유의 상징으로 사용했다. 이것이 파시즘 운동과 결합한 것은 1919년 3월에 이탈리아의 베니토 무솔리니B. Mussolini가 전투단fasci di combattimento을 창설하면서부터이다.

파시즘은 엄밀하게는 1922~1945년의 무솔리니 정권의 이념이나 체제를 말하나, 보다 일반적으로는 1919~1945년 사이의 권위주의적이고 반민주주의, 반사회주의적인 극단적 민족주의 정치 이념이나 체제를 의미한다.

이탈리아의 파시즘과 독일의 나치즘이 대표적이나 그것들은 사실 예외적인 현상이었다. 그와 비슷한 것들이 전간기에 많은 나라들에서 다양한 형태로 나타났다. 그리고 그 이념이나 행동 양식들은 크게 보면 비슷해 보이나 자세히 보면 모두 약간씩은 달랐다.

파시즘의 원형을 만든 베니토 무솔리니

영국 파시스트연맹은 평화주의적이고 어느 정도는 여성주의적이었으며, 1934년 이후에야 폭력적이 되었으나 그것도 방어적이었다. 벨기에 파시스트들은 의회주의를 통한 권력 장악을 추구했다. 헝가리의 화살십자가단은 반유대주의를 주장했고 토지 개혁을 요구했다. 루마니아의 철근위대는 신비주의적 파시즘을 발전시켰다. 라트비아의 천둥십자가단은 군사주의적인 반공산주의를 지향했다. 나라마다 자국의 문맥에서 파시즘을 전개시켰다.

이런 각국 파시스트 정당이나 단체들 대부분은 실제로 큰 정치적 영향력을 갖고 있지는 않았고 독일 나치즘의 성공 이후에야 주목을 받게 되었다. 그럼에도 그것들이 나름의 혁명을 추구하고 새로운 인간상을 만들어 내려고 노력했던 것은 사실이다.

파시즘 운동은 이탈리아, 독일, 루마니아, 스페인에서는 독자적으로 성공했다. 그러나 영국, 프랑스, 벨기에 같이 민주적 전통이 상대적으로 강한 곳에서는 실패했다. 그 외 많은 남동유럽 국가들과 노르웨이에서는 2차 대전 중에 독일에 의해 파시스트 체제가 수립되었다.

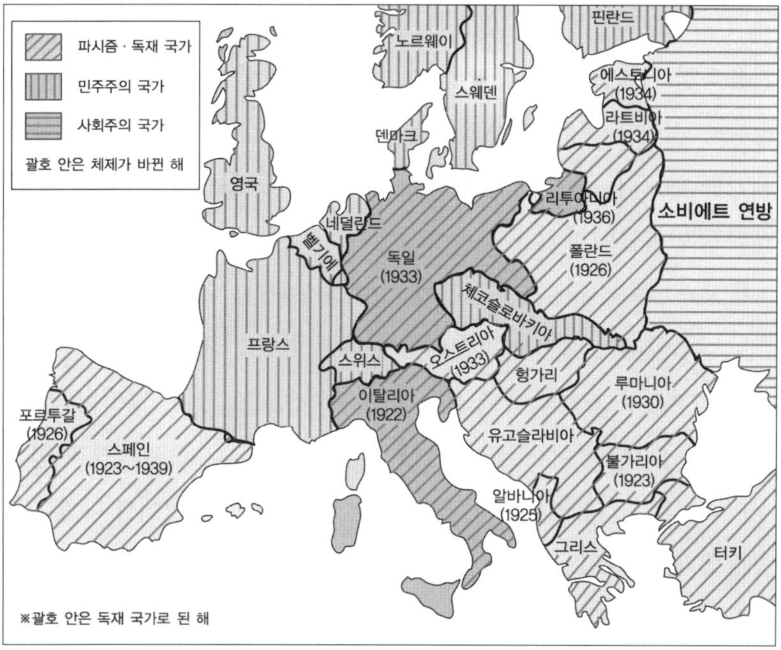

유럽 파시즘과 독재 정권의 확산(1922~1939)

파시즘의 해석

파시즘을 이해하기 위한 이론적 틀을 처음 만든 것은 맑시스트들이다. 1920~1930년대의 많은 맑스주의자들은 파시즘을 자본주의의 대리인으로 보았다. 1935년에 나온 코민테른 7차대회 보고서는 파시즘을 '금융자본의 가장 반동적이고 가장 쇼비니스틱하고 가장 제국주의적인 요소의 공공연한 테러적 독재'로 규정했다.

파시즘은 자본주의 붕괴의 마지막 단계에서 부르주아지가 세심하게 만든 국가 형태이나, 그것은 인위적인 운동으로 진정으로 대중의 자율적인 지지를 받고 있지 않고, 이야기할 만한 사상도 가지고 있지 않다는 것이다. 이 정의는 공산권이 붕괴할 때까지 공식적으로 유지되기는 했으나, 그 단순성 때문에 1945년 이후에는 맑스주의자들 가운데도 받아들이지 않는 사람이 많았다.

1930~1940년대에는 심리적 해석이 등장했다. 오르테가 이 가세트J. Ortega y Gasset는 대중사회 속에서 뿌리 뽑힌 개인들이 느끼는 사회심리적인 혼란을 파시즘이 흥기하게 된 동력으로 보았다. 그것이 '대중의 반란'을 가져왔다는 것이다. 에리히 프롬E. Fromm은 파시즘적 인간성이 성적 억압과 권위주의적인 가족 구조가 붕괴한 데에서 나왔다고 주장했다. 갑자기 주어진 자유 속에서 혼란을 느낀 대중들이 권위주의로의 도피를 감행했다는 것이다. 이런 해석은 경험적 증거보다 개인적 통찰에 의거하고 있다는 약점이 있다.

냉전 초기인 1940~1960년대에는 전체주의적 해석이 나왔다. 한나 아렌트나 즈비그뉴 브레진스키 같은 사람들이 주도한 이 해석은 당시의 냉전 상황을 반영한 것이었다. 그래서 20세기의 가장 중요한 이념적 · 정치적 분열은 좌익과 우익의 분열이 아니라 서방의 다원주의와 모든 형태의 전체주의라고 주장했다.

따라서 그들은 카리스마적 지도자, 일당 체제, 강제력, 미디어의 공적 독점, 관리 경제 등 파시스트 권력 체계의 특징에만 관심을 보였고, 그 이념이나 운동, 20세기에 그것이 등장하게 된 문맥에는 관심이 없었다. 역사 연구 방식으로는 매우 결함이 있다.

1950~1970년대에 사회과학에서 근대화론이 유행함에 따라 파시즘 연구도 이런 경향을 반영했다. 시무어 립셋S. M. Lipset은 파시즘이 이론,

구성, 실천에서 반근대적이라고 보았다. 파시즘은 대자본과 조직 노동 사이에 끼어 잃어버린 과거의 지위를 되찾고, 과거의 확실성을 회복하려는 중산층의 급진적 운동이라는 것이다. 독일인인 에른스트 놀테 E. Nolte는 그것을 근대화, 진보, 개인적 자유에 대한 저항으로 보았다.

그러나 연구가 진행되면서 파시즘 운동이 여러 계급의 지지를 받았을 뿐 아니라, 반드시 근대성에 반대하지도 않았다는 사실이 드러났다. 반여성주의, 농촌 중시, 인구정책 등에서 반동적인 요소가 있는 것은 사실이나, 전통적인 사회관계를 분쇄하고, 교통 · 통신을 개선하고, 산업 발전과 집중을 고무했다는 점에서는 근대적인 측면도 분명히 있다.

최근 가장 영향력 있는 해석은 우익 혁명론이다. 이는 1980년대 말에 공산권이 붕괴한 후에 나타난 연구 방향으로, 파시즘을 자유주의, 보수주의, 맑스주의와 마찬가지로 그 자체를 혁명적인 힘으로 간주하는 것이다. 그리하여 과거에는 과소평가하거나 무시했던 파시즘의 이데올로기와 그 혁명적인 성격을 1990년대 이후에는 보다 진지하게 다루고 있다. 또 지나치게 도덕적인 평가를 해 왔던 관성에서 벗어나 보다 객관적으로 보려는 경향이 강해지고 있다.

파시즘 흥기의 원인

파시즘이 흥기하게 된 원인은 여러 가지에서 찾을 수 있다. 첫째는 1차 대전 이후의 정치 · 사회적 조건이다. 1차 대전 후에 전쟁과 경기 침체로 노동시장에 편입되지 못한 수많은 젊은 실업자들이 생겨났다. 대학을 중심으로 한 많은 지식인들도 갈 자리를 잃었다. 이들은 자국의 패배 또는 공허한 승리에 대해 깊은 환멸을 느꼈고, 기존 체제를 불신하게 되었다. 또 전후에 좌·우익 대립이 매우 심했으므로 이를 극복할 수 있다고 여겨진 과격한 민족주의에서 그 출구를 찾으려고 했다. 이들 젊은 세대가 파시즘 운동의 원동력이었다. 또 전쟁 자체도 많은 영향을 주었다. 전간기 유럽 파시스트 간부의 약 19퍼센트가 참전자였으므로 이들의 전쟁 경험이 파시즘 이데올로기에 녹아든 것이다.

둘째는 20세기에 들어와 현대 자본주의가 가져온 급격한 사회·경

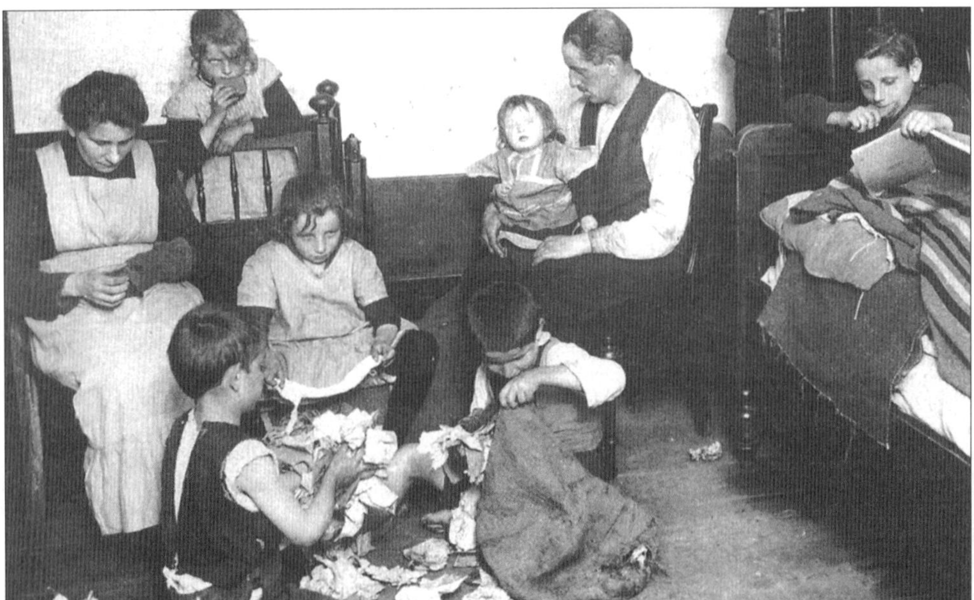

패전과 인플레이션으로 붕괴된 독일 중산층 가정.
8인 가족이 방 하나에서 살고 있다.

제적 변화와 관련되어 있다. 이 변화는 전쟁 직후부터 나타나서 1929년 이후에 첨예화되었다. 가장 타격을 입은 사람들은 중산층과 하층 중산계급 출신이었다.

대량생산을 하는 대기업들이 등장하여 많은 중소기업과 전통적인 수공업, 상업이 몰락했기 때문이다. 이들에게 덮친 경제적 · 심리적 위기가 파시즘을 가져온 원인 중 하나였다. 처음에 파시즘 운동은 자본주의와 사회주의에 대한 양면 전쟁의 성격이 있었다. 대자본의 권력을 약화시키는 한편, 사유재산을 부인하는 사회주의도 거부하려 한 것이다. 그러나 현실 정치에서 양쪽 모두에 대한 적대는 불가능했다. 그래서 나중에는 보수 세력과 동맹을 맺었다. 무솔리니와 히틀러 모두 정권 장악 과정에서 공산주의에 대한 부르주아 계급의 두려움을 이용했고, 반자본주의적 요소는 감소시켰다.

세 번째 원인은 전간기에 나타난 의회제도의 약화 과정과 관련이 있다. 1차 대전 후 많은 나라에서 민주화 과정이 촉진되었다. 유럽 대부분의 나라들이 의회제도 위에 공화국을 건설했다. 그러나 의회민주주의가 정착하는 데에는 시간이 걸렸고, 전간기와 같은 혼란기에는 효율적으로 운영하기가 어려웠다. 특히 경제공황이 가져온 사회 · 경제적 혼란을 의회제도를 통해 극복하기는 쉽지 않았다. 그러므로 민주주의적 전통과 제도가 강하게 뿌리박히지 않은 나라에서 이는 큰 저항에 직면했다. 의회제도 자체가 거부되었고, 무능한 의회제도보다 독재를 선호하는 사람들도 많았다. 사람들이 독재에 의한 즉각적인 해결을 원했던 것이다.

넷째, 파시즘은 급격한 사회 변동 속에서 전통적인 지위를 상실하고 미래에 대한 불확실성으로 고통받던 수많은 대중들에게 방향을 제시할 수 있는 탁월한 능력을 갖고 있었기 때문이다. 파시즘은 낭만주의, 다원주의 정치제도와 부르주아 사회에 대한 적의, 직접 민주주의, 독재, 지도자 숭배, 유기적 공동체주의, 전체주의, 코퍼러티즘, 천년지복설, 인종주의, 반유대주의, 반물질주의, 남성적인 미학, 젊음의 예찬, 사회적 진화론, 제국주의적 민족주의, 군사주의를 특유한 방식으로 결합했다. 그것을 통해 패배와 절망에 빠진 조국을 구원하고, 진부한 부르주아적 생활로부터의 해방을 약속하는 새로운 혁명적 이데올로기를 제시했다. 이것이 대중들에게 큰 호소력을 갖게 된 이유이다.

파시즘 체제의 특징

파시즘은 각 나라에서 조금씩 다른 형태로 나타났으나 무솔리니의 파시즘 체제가 전형이라고 할 수 있다. 자부심이 컸던 히틀러도 말년까지 무솔리니에게는 계속 경의를 표했다. 반공산주의, 전체주의, 자급자족, 계급의 극복, 국가의 우위를 주장한다는 점에서 파시즘과 나치즘은 유사하다. 그러나 파시즘은 나치즘만큼 철저하지 못했고 대중들에게 깊이 뿌리내리지도 못했다. 또 파시즘에는 나치즘과 달리 반유대주의적 요소가 결여되어 있었다. 이탈리아에는 군주제가 명목상으로나마 남아 있었다.

파시즘 체제의 일반적인 특징은 다음과 같은 것들이다. 첫째, 지도자 원리이다. 이는 지도자의 무제한적 권위와 추종자의 무조건적 복종을 요구한다. 이는 지도자의 독재 권력만을 위한 것이 아니라 사회의 모든 구성 요소들을 하나로 결집시키기 위한 것이다. 따라서 의회 제도의 대의제 원칙 대신에 지도자와 대중의 직접적 연결이 강조되었다. 또 선거는 사라지고 모든 공직자는 위로부터 임명받게 된다. 그러나 이런 정치제도는 결국 정치 선전, 정보 차단, 탄압 기구에 의존할 수밖에 없는 것이었다.

둘째, 전체주의적 일당 독재국가이다. 전체주의라는 말은 무솔리니가 처음 사용했다. 이는 개인과 모든 사회 집단을 하나로 통합하는 독재국가 체제를 의미한다. 이러한 체제는 독재자가 일방적으로 부과한 것이 아니라 민주주의 체제의 무능률과 혼란에 싫증을 낸 대중이 선택한 것이다. 무솔리니나 히틀러 모두 의회제도 안에서 정권을 장악했다. 그러나 곧 이를 일당 독재 체제로 개편하고 파시스트 정당 외의 다른 모든 정당들을 해산시켰다. 하지만 당이 국가를 완전히 장악한 나라는 어느 곳에도 없었다.

셋째, 코퍼러티즘 체제이다. 이는 계급 구조나 계급투쟁이 없는 새로운 사회, 경제구조의 창설을 목적으로 한 것이다. 사회주의가 지향하는 바와 같은 계급투쟁이 아니라 계급의 극복을 목표로 했다. 그래서 중세의 길드와 같이 직업단체corporation별로 모인 생산자들의 조화된 협력에 기초를 둔 체제가 구상되었다. 이 코퍼러티즘론은 논의는 많이 되었으나 어디까지나 이론으로 머물렀다. 실제로는 어느 곳에서도 사기업에 기반을 둔 자본주의 체제를 크게 수정하지는 못했다. 이탈리아, 독일에서도 전통적인 자본주의 체제에 국가 자본주의적 요소가 약간 가미된 정도였다.

넷째, 테러리즘이다. 이는 독재 권력을 유지하기 위해서는 필연적이었다. 폭력에 의한 정적의 말살이나 억압, 배제가 일상화되었다. 또 유대인이나 집시 같은 소수 종족에 대한 박해와 학살이 나타났다. 독재 정치는 비밀경찰 같은 폭력 기구에 의한 일상적인 테러리즘 없이는 존립하기가 어려웠다. 독일의 비밀경찰Gestafo나 친위대SS 같은 조직이 대표적이다.

이탈리아 파시즘의 성립

전후의 이탈리아 상황은 매우 어려웠다. 전쟁으로 경제가 매우 침체되었다. 많은 제대 군인들은 일자리를 찾지 못했고, 새롭게 실업자가 된 사람도 많았다. 빈부 차가 커짐에 따라 사회적 불만이 팽배하여 정치적 혼란이 극에 달했다. 그러나 의회는 이런 위기를 극복하기에는 역부족이었다. 따라서 무능한 의회제도에 대한 비판이 점점 커졌다. 국가의 권위가 무너졌고 법과 질서가 실종된 상태였다. 관리들도 정부의 지시를 잘 따르지 않았을 정도였다.

1919년 이탈리아에서는 프롤레타리아 혁명의 가능성이 매우 높은 상황이었다. 농민들은 토지 개혁을 요구했고, 노동자들은 일상적으로 파업했다. 좌파 정당인 사회당은 점점 전투적으로 되어 갔다. 1920년 여름에 혁명적 물결이 최고조에 달했다. 그러나 사회주의자들은 혁명 운동을 적극적으로 밀고 나가지는 않았다. 자본주의가 스스로 붕괴하기만을 기다렸던 것이다.

1920년 초 자본가들은 산업동맹Confindustria을 결성하여 이에 저항했다. 노동자들의 파업이나 공장 점거에 분개한 그들은 사회주의에 직접 맞서서, 임박해 보이는 볼셰비키 혁명을 막으려 한 것이다. 그들은 무솔리니와 동맹을 맺었다.

원래 사회주의자였던 무솔리니는 1919년 3월에 파시스트 단체를 결성했다. 탁월한 선동가로서 민족주의, 반의회주의, 반사회주의, 반교회주의를 내건 그는 파시즘 운동을 대중운동으로 발전시키는 데 성공했다. 또 위대한 민족에 대한 환상을 심어 주었다. 국민들에게 로마의 영광과 중세 시대의 지중해 지배를 기억하게 함으로써 열광적인 지지를 얻었다.

또 의회의 무능에 대해 '즉각적 행동'이라는 환상을 심어 주었을 뿐 아니라 반대파 정치 세력에 대해 길거리에서 정치적 폭력을 행사하는 것도 불사했다. 특히 사회주의자들이 그 대상이 되었다. 지주, 자본가를 비롯하여 법과 질서를 바라는 중산계급 등 다양한 세력들이 무솔리니를 중심으로 모여들기 시작했다.

파시스트당은 1921년 선거에서 500여 석 중 35석을 차지하여 정당으로서의 기반을 확보했다. 이 무렵이면 이미 국가는 내전 직전의 상태에 있는 것 같이 보였다. 그러나 다른 정당들은 파시스트당의 위험성을 과소평가했다. 최대 정당인 사회당은 타당과의 협력을 거부했다. 자유주의적인 부르주아 정당들도 파시즘의 위협을 충분히 인식하지 못했다.

경제 상황이 더 악화되어 실업이 증가하고 인플레이션이 심화됨에 따라 파시스트 동조자들은 더 늘어났다. 군대와 경찰에도 파시스트 동조자가 다수였다. 그 결과, 1922년 늦여름이 되자 북이탈리아는 파시스트가 완전히 장악하다시피 했다. 이에 놀란 수상이 계엄령 발동을 요구했으나 국왕은 이를 거부했다.

대세를 확인한 무솔리니는 1922년 10월 27일에 전국의 파시스트들에게 '로마 진격'을 명령했다. 이들은 모든 교통수단을 이용하여 로마로 모여들었는데 경찰이나 군대는 이를 막지 않았다. 결국 그다음 날 무솔리니는 국왕으로부터 조각을 위임받았고, 의회로부터 질서 회복과 개혁을 위한다는 명목으로 1년간의 비상대권을 얻어 냈다.

무솔리니의 정권 장악은 다른 나라의 파시스트 운동에 자극을 주었

'로마 진격'에 나선 무솔리니와 당 수뇌부(1922. 10. 28.)

다. 독일의 나치당도 마찬가지였다. 히틀러가 1923년 11월에 뮌헨에서 폭동을 일으킨 것은 무솔리니의 로마 진격을 본뜬 것이었다.

무솔리니 체제

무솔리니는 1923년에 아체르보Acerbo법을 만들어 최다 득표 정당이 의석의 3분의 2를 차지하도록 했다. 그 결과, 파시스트당이 다수당이 되었다. 1925년에는 언론과 출판의 자유를 박탈했고, 1926년 12월에는 모든 반대파 의원을 의회에서 축출하여 일당 독재 체제를 확립했다.

1926년에는 산업 부문을 6개로 나누어 자본가와 노동자들이 각각의 조합을 구성하도록 했고, 지식인 조합을 포함시킨 13개 조합으로 파시스트노동연맹을 구성했다. 1934년에는 이를 22개 조합으로 확대했다. 그리고 이 조합의 대표들과 정부 대표들이 협의체를 구성하여 계급 간의 갈등을 해소하고 조합 사이의 이해관계를 조정하도록 했다.

1928년에는 의회에서 지역 대표를 배제하고 정부와 조합들, 각 사회기관 대표들 가운데서 의원을 뽑았다. 그것은 사익을 추구하는 것으로 여겨진 직업 정치인들을 정치에서 배제시키기 위해서였다. 그래서 이탈리아의 파시스트 국가를 코퍼러티즘 국가라고 부르기도 하나, 이 기구를 통해 계급 간의 이해관계가 잘 조정된 것은 아니었다. 국가의 전체주의적 목적에 종속되지 않으면 안 되었기 때문이다.

정권을 잡은 무솔리니가 가장 먼저 해야 할 일은 경제 재건이었다. 경제공황이 시작되자 그것은 더 긴급해졌다. 그리하여 파시스트 체제는 국가의 모든 힘을 동원하여 경제적 자급자족 체제를 구축했다. 그리고 초기에는 그 목표를 성공적으로 달성했다.

전략적 부문에 정부가 집중적으로 재정을 투입함으로써 중요 산업

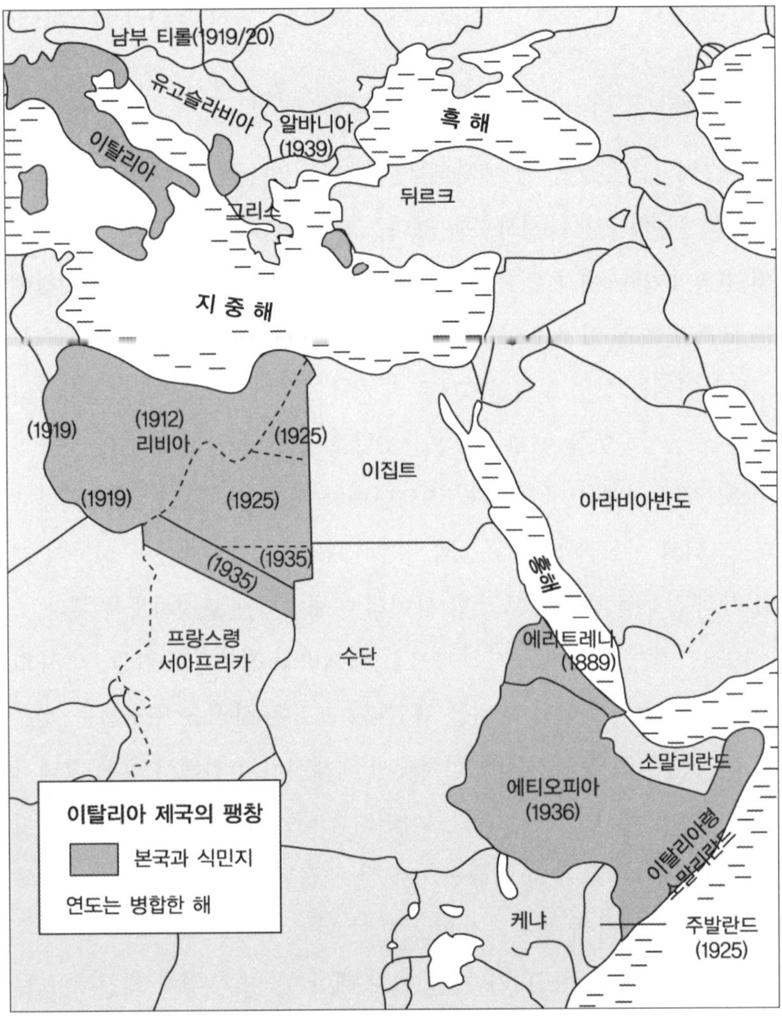

이탈리아 제국의 팽창(1922~1939)

이 급성장했다. 철강 생산은 1930년까지 두 배로 증가했고 인견사 생산은 열 배가 늘었다. 1937년까지 수력발전도 열 배가 증가했다. 밀과의 전쟁을 선포하여 밀 생산을 늘리도록 농민들을 독려했다. 그 결과, 1935년까지 밀 수입을 75퍼센트 감소시킴으로써 만성적인 식량 부족에서 어느 정도 벗어날 수 있었다. 이를 위해 습지 개간과 관개가 광범하게 이루어졌다.

또 헐벗은 산지에 삼림을 조성했다. 공공사업 계획을 강력히 밀고 나가서 자동차 도로, 교량, 아파트, 철도역, 스포츠 스타디움, 학교, 신도시 등을 건설했다. 철도의 전기화 사업도 시작했다. 이것들은 공황에서 벗어나기 위해 유효수요를 증대시키기 위한 시도로서 독일보다는 못하나 그래도 상당한 성과를 거두었다.

무솔리니는 정권을 잡고 나서 군국주의와 팽창주의를 추구했다. 파시스트 이탈리아는 위대한 국가가 되어야 한다고 믿었기 때문이다. 그래서 군사력을 대폭 확충하고 공격적인 외교정책을 추구했다.

처음에는 영국, 프랑스와 가까웠으나, 1934년 이후 독일과 가까워졌고, 일본, 독일과 함께 세 나라가 추축국을 형성했다. 1935년에 에티오피아를 침공하여 식민지로 만들었고, 1936년에는 스페인 내전의 파시스트 세력인 프랑코 장군에게 많은 지원을 했다. 1939년 4월에는 알바니아를 침공하여 보호국으로 만들었다. 그러나 2차 대전 참여는 결정적인 실수였다. 전쟁에서 추축국이 패배하면서 무솔리니 체제도 붕괴하고 말았다.

독일 바이마르 공화국의 붕괴와 나치즘의 대두

미국에서 시작된 경제공황은 유럽에서는 독일에게 가장 부정적인 영향을 주었다. 독일은 미국 자본에 가장 크게 의존하고 있었는데, 미국 은행가들이 자본을 회수함에 따라 급격한 경기 침체에 빠지게 되었다. 바이마르 공화국의 붕괴는 1930년 3월에 사회민주당의 헤르만 뮐러 내각이 붕괴하면서 시작했다. 공황이 시작되자 사민당과 연립 정권을 형성했던 부르주아 정당(인민당, 민주당, 중앙당)들은 재정 축소, 실업수당 삭감을 요구한 반면 사민당이 이에 반대하자 내각이 무너진 것이다.

그 이후의 연립 정권들이 모두 원내에서 다수파 지지를 얻지 못하자 정치 위기가 시작되었다. 결국 법령은 대통령 긴급권에 따라 대통령령으로 공포되는 수밖에 없었고, 대통령 주변의 음모꾼들의 힘이 커졌다. 공황이 본격화되면서 1930년 9월 선거에서는 나치당, 공산당 같은 과격파 세력의 힘이 강화되었고, 중도파 세력은 약화되었다. 나치당은 1928년 선거에서는 겨우 12석을 확보했으나, 이번에는 107석을 확보하며 졸지에 사민당에 이은 원내 제2정당으로 부상했다.

1931년이 되자 경제 사정은 더 나빠졌고, 연말이 되자 실업자 수가 450만에 달하며 정치는 완전히 혼란에 빠졌다. 정치의 중심이 가두로 옮겨지며 각 정당원이나 준군사단체들의 정치 집회, 시위, 폭력 행위들이 난무했기 때문이다. 그러나 정치권은 이것을 수습할 능력이 전혀 없었다.

그해 7월 총선거에서 나치당은 총 608석 가운데 230석을 얻어 원내 제 1당이 되었다. 따라서 내각에 참여할 것이 기대되었으나, 히틀러는 전권을 요구하며 이를 거부했다. 11월에 다시 총선거가 실시되었는데 이때 나치당은 약간 줄어든 196석을 차지했다. 그럼에도 원내 제1당 자리는 그대로 유지했다. 결국 별다른 대안이 없었던 힌덴부르크P. Hindenburg 대통령이 1933년 1월 30일에 히틀러를 수상에 임명함으로써 히틀러는 권력을 장악하게 되었다. 그리고 3월 5일의 선거로 288석을 얻어 52석의 우익 정당인 독일국가인민당과 연립하여 과반수 의석을 차지하게 되었다.

1919년에 조직된 민족사회주의독일노동자당NSDAP(약칭 나치당)은 반공화국, 반사회주의, 반공산주의, 반 베르사유 조약, 반유대주의, 반자본주의를 주장하는 과격 정치 세력이었다. 나치당의 주장은 1923년에 히틀러가 쓴 『나의 투쟁』을 통해 잘 알 수 있다. 과대 망상적이고 비현실적인 주장으로 가득 찬 이 책은 베르사유 조약과 바이마르 공화국을 부정하고, 독일을 다시 강대국으로 만들어야 한다는 민족주의적 주장 위에 서 있다.

정치적 혼란과 사회적 분열을 치유하고 민족 공동체를 이루는 것도 나치당의 중요한 목표의 하나였다. 또 유대인의 배제 등 인종주의적 색채를 강하게 보였고, 아리아족의 세계 지배와 그 생활권Lebensraum 확보를 강력하게 주장했다. 당시 외국의 관찰자들은 그 내용을 경시했으나, 집권 후 히틀러의 정책들은 기본적으로 그것을 그대로 따르는 것이었다.

나치당의 사회적 기반은 매우 넓었다. 1970년대까지만 해도 대부분의 연구자들은 나치당을 중산계급적 현상으로 보았다. 구중산계급과 신중산계급의 지지를 받았다는 것이다. 그러나 실제로는 그렇지 않았다. 선거 득표 결과의 분석을 보면 나치당은 사회 상층부로부터 노동자까지 전 사회계층에서 고른 지지를 얻었다. 따라서 '국민정당'이라고 할 수 있다.

나치당의 독재 체제와 정책들

수상이 된 히틀러는 2월에 국회의사당 방화 사건을 일으키고, 그것을 빌미로 3월 23일에는 의회에서 수권법(授權法)을 441 대 94로 통과시켰는데, 이것은 법령 포고를 포함하여 어떤 행동이라도 취할 수 있는 권한을 정부에 주는 것이었다. 이 법에 의해 히틀러의 독재 정권이

뉘른베르크의 노동전선 집회

공식적으로 수립되었다.

히틀러는 공산당, 사회민주당 같은 좌파 정당들을 강제로 해산시켰다. 이에 중앙당 같은 중산층 정당을 비롯하여 다른 정당들은 스스로 해산했다. 그리하여 나치당의 일당독재가 가능하게 되었다. 또 모든 사회조직들을 해체하고, 그것을 새로운 조직으로 대체했다. 모든 노동조합들을 해체하고, 그것을 관변단체인 독일노동전선Arbeitsfront으로 개편했다. 이에 따른 불만을 줄이기 위해 정부는 노동자들의 후생이나 복지를 개선하고 임금을 약간 인상했다.

군부는 정권 장악 과정에서 타협을 통해 어느 정도 자율성을 보장받기로 했으나 그것은 지켜지지 않았다. 신교파 세력은 나치 정권과의 타협을 모색했다. 모든 사회단체, 직업단체들은 해체된 후 나치당의 방계 조직으로 재편되었다.

또 정적들을 제거함으로써 히틀러의 일인 권력을 더 강화했다. '장도(長刀)의 밤'으로 불린 1934년 6월 밤의 숙청을 통해 당 내외의 정적들과 군부의 일부 지도자 등 수백 명이 무단 살해되었다. 정권 초기부터 유대인에 대한 박해를 시작했다. 1935년의 뉘른베르크법에 의해 유대인의 시민권이 박탈되었고, 유대인과 비유대인 사이의 결혼이 금지되었다. 시간이 갈수록 박해의 강도는 점점 심해졌다.

또 국민들의 일상생활을 엄격한 통제 밑에 놓았다. 비밀경찰이나 친위대 같은 권력 기구들이 급성장하여 그 역할을 담당했다. 이와 함께 신문, 라디오, 영화 등 대중매체를 효과적으로 이용하여 국민들에게 민족사회주의 이데올로기를 선전했다.

정권을 잡은 나치당의 가장 중요한 과제는 경제를 회복시키고 실업자를 줄이는 일이었다. 특히 실업 문제가 가장 중요했다. 나치당은 공공사업 계획을 크게 확대했다. 수십만 명의 청년들이 조림, 하천 관리뿐만 아니라, 주택, 병영, 자동차 전용 도로에 이르는 대규모 건설 사업에 동원되었다. 또 징병제를 통해 수십만 명의 청년들을 군대에 수용했다.

재무장 정책도 중요했다. 이는 탱크, 야포, 비행기, 군함 같은 무기를 대량으로 생산하여 군수 산업을 발전시킴으로써 유효수요를 확대하고 실업자를 감소시켰다. 1936년에 시작된 4개년 계획은 경제를 전시 체제로 개편하려는 목적을 갖고 있었다. 그리하여 군수 생산은 더 확대되었다.

이런 노력들에 힘입어 집권 시에 근 600만 명에 달하던 실업자 수는 1936년 1월에는 250만 명으로 줄어들었고, 1937년 여름에는 거의 완전고용 수준이 되었다. 이 점에서 독일이 취한 공황 대책은 미국의 것과 거의 유사하다.

히틀러의 독재와 엄격한 통제 정책에도 불구하고 나치 정권은 초기에 국민들의 높은 지지를 받았다. 주된 이유는 국민들에게 경제적 어려움을 극복할 수 있다는 큰 기대를 주었을 뿐 아니라, 거듭된 외교적 승리를 통해 독일인들의 상처 난 자존심을 회복시켰기 때문이다. 그러나 독재 체제의 위험을 깨달았을 때에는 이미 그것에서 벗어날 수 없게 되었다. 또 2차 세계대전으로 끌려 들어가는 수밖에 없었다. 그런 면에서 독일인들은 매우 잘못된 선택을 한 셈이다.

파시즘 체제가 남긴 것

유럽의 파시즘 체제는 나치 독일이 연합군에 패배하여 1945년 4월에 히틀러가 자살하고, 무솔리니가 반파시스트 게릴라들에게 붙잡혀 처형을 당함으로써 갑자기 무너졌다. 파시즘 체제는 무솔리니와 히틀러라는 개인들의 강한 개성과 관련되어 있기는 하나, 이탈리아나 독일에만 한정된 것이 아닌 전 유럽적 현상이었다. 그러나 스페인, 헝가리, 루마니아 같은 다른 파시스트 국가들에서 그 영향은 제한적이었고, 점차 전통적인 군사독재화가 되었다.

파시즘의 부정적 측면은 비밀경찰에 의한 독재 체제와 전례 없는 비

바르샤바 게토의 폭동이 진압된 후 끌려 나오는 유대인들(1943년). 이때 5만 6,000명 이상이 학살당했다.

인간화의 공포였다. 또 그 팽창주의적 욕망은 2차 대전으로 발전하며 엄청난 물질적 파괴와 수천만 명의 인명 희생을 가져왔다. 특히 나치 정권이 저지른 홀로코스트는 전대미문의 비인간적인 행위로서, 그 후 전 세계인의 지탄을 받게 되었다.

그러나 그 체제가 모두 부정적인 면만 있었던 것은 아니다. 독재를 하기는 했으나 정치적 혼란과 계급적 분열을 약화시킴으로써 사회를 안정시켰다. 경제적으로는 공황을 극복했다. 또 이탈리아나 독일의 경우 전통적인 봉건적 사회관계를 무너뜨림으로써 보다 평등하고 근대적인 사회를 만드는 데 상당한 공헌을 했다.

요사이에도 많은 정치 집단들이 적대 세력들을 파시스트라고 부르는 경향이 있는데 과거 이탈리아나 독일과 같은 정도의 파시즘은 다시 재현될 수 있는 현상일까? 아주 불가능하다고 하기는 어려우나 쉽지는 않다. 그것이 가능하려면 그와 같이 과도한 인종주의가 받아들여질 수 있는 정신적 분위기, 과격한 이데올로기, 카리스마적 지도자가 이끄는 대중정당, 극심한 사회경제적 스트레스를 받는 사회, 가차 없는 독재자라도 받아들일 수밖에 없었던 양자택일의 극단적인 상황이 필요하다. 이런 조건들의 조합은 특수한 역사적 상황의 결과로, 쉽게 재현될 수 있는 일은 아니다.

참고 문헌

W. 라이히(황선길 역), 『파시즘의 대중심리』, 그린비, 2006.
T. 메이슨(김학이 역), 『나치스 민족공동체와 노동계급』, 한울, 2000.
F. 타키(이경일 역), 『파시즘 : 사진으로 읽은 세계사』 제3권, 플래닛, 2009.

K. 패스모어(강유원 역), 『파시즘』, 뿌리와 이파리, 2007(원저 2002).
R. O. 팩스턴(손명희, 최희영 역), 『파시즘 : 열정과 광기의 정치혁명』, 교양인, 2005.
M. Blinkhorn, *Fascism and the Right in Europe 1919-1945*, Edinburgh, 2000.
M. Dobkowski 외(ed.), *Radical Perspectives on the Risk of Fascism in Germany 1919-1945*, New York, 1989.
G. Finaldi, *Mussolini and Italian Fascism*, Edinburgh, 2008.
J. Golby 외, *Between Two Wars*, Open University Press, 1990.
A. J. Gregor, *Interpretations of Fascism*, New Brunswick, 1997(초판은 1974).
R. Griffin(ed.), *Fascism*, Routledge, 2004.
I. Kershaw, *The Nazi Dictatorship*, Edward Arnold, 1985.
M. Kitchen, *Europe between the Wars*, New York, 1988.

08

제2차 세계대전

히틀러의 집권과 공세적 외교정책

1933년 1월 히틀러가 정권을 잡았을 즈음에 독일에게 외교적으로 큰 문제가 남아 있지는 않았다. 1차 대전의 패전으로 잃은 국제정치적 위상을 이미 많이 회복한 상태였다. 단지 주데텐란트와 폴란드 회랑 정도의 영토 문제가 큰 불만 사항으로 남아 있을 뿐이었다. 그럼에도 그는 집권하자마자 공격적인 외교정책을 시작했다. 독일이 유럽의 강대국으로서 1차 대전 이전의 위상을 회복해야 한다고 믿었기 때문이다.

먼저 그는 1933년 10월에 군축회의가 불평등하다고 주장하며 거기서 탈퇴했다. 사실 군축회의는 강대국 사이의 서열을 정하는 형태로 진행되었으므로 문제가 없는 것은 아니었다. 그러나 복귀도 시사함으로써 유화적인 제스처도 보였다. 같은 해에 국제연맹에서도 탈퇴했고 1차 대전 때의 전쟁 배상금 지불도 거부했다.

1934년 1월에는 폴란드와 불가침 조약을 맺었는데 이는 프랑스의 방위 체제를 무너뜨리기 위한 것이었다. 1935년 3월에는 징병제를 선언하고 공군 보유를 선언하는 등 재무장을 본격화했다. 프랑스 정부나 군부는 당시에 유화적인 입장이었으므로 이를 막지 못했다. 다만 프랑스 병사들의 복무 기간을 12개월에서 18개월로 확대했을 뿐이다. 독일의 재무장은 급속도로 진행되어 1938년까지는 육군 51개 사단, 병력 80만 명, 전함 21척, 전투기 2,000대의 큰 군사력으로 확충되었다.

집권 후 베를린의 한 청년 집회에 도착한 히틀러(1933)

1936년 3월에는 1925년에 체결되어 그동안 프랑스와 벨기에의 국경선을 보증해 주던 로카르노 조약을 폐기했다. 또 그해 5월에는 그동안 비무장 상태였던 라인란트에 군대를 진주시켰다. 1937년에는 독일, 일본, 이탈리아의 세 나라가 반공협정을 맺고 이른바 추축국을 형성했다.

그다음에는 오스트리아 병합에 나섰다. 베르사유 조약의 결과, 인구 600만 명의 중유럽 소국가로 전락한 오스트리아는 생존 자체의 어려움에 직면하고 있었다. 따라서 많은 사람들이 독일과의 병합을 원했다. 오스트리아 내 나치당의 병합 운동을 정부가 억누르려고 하자 히틀러는 그것을 빌미로 1938년 3월에 군대를 진주시켰다. 독일군은 오스트리아인들의 열렬한 환영을 받았고 그달에 합병이 이루어졌다. 히틀러는 이를 '꽃다발 전쟁'이라고 불렀다.

주데텐란트 문제와 뮌헨 회담

히틀러의 다음 목표는 주데텐란트였다. 이 지역에는 약 300만 명의 독일인이 거주했으나 베르사유 조약에 의해 오스트리아에서 분리되어 새로 독립하는 체코슬로바키아에 편입되었다. 체코슬로바키아가 공업 지역을 요구함에 따른 것이었다. 독일인들은 독일인 거주 지역이 이렇게 체코슬로바키아 영토에 편입된 것에 불만이 많았다.

이 지역 독일인들의 요구에 따라 히틀러는 1938년 4월에 주데텐란트의 병합을 기도했다. 독일의 개입이 임박해 보이자 위기 국면을 해

뮌헨 회담에서의 체임벌린(왼쪽)과 히틀러(가운데)

소하기 위해 1938년 9월 29일에 뮌헨에서 영국의 체임벌린, 프랑스의 달라디에E. Daladier, 이탈리아의 무솔리니, 독일의 히틀러가 참석한 4자 정상회담이 열렸다.

이 뮌헨 회담에서 영국과 프랑스는 독일에게 유화적인 태도를 취했다. 그래서 독일의 주데텐란트의 합병을 인정하는 대신 그 이상의 영토적 야심은 품지 않겠다는 다짐을 받았다. 영국과 프랑스가 이렇게 유화적인 태도를 취한 것은 지구적 제국들로서의 전략적 고려와 국내에서의 반전 분위기 때문이었다.

특히 미국이 고립주의를 취하고 있는 마당에서는 더 그랬다. 더욱이 프랑스는 국내적으로 분열되어 있었으므로 전쟁은 고려의 대상이 아니었다. 또 이들 나라는 독일과 이탈리아의 불만을 어느 정도는 이해했다. 따라서 그들의 요구를 들어주면 공격적 태도를 버릴 것이라고 생각했다.

다음 해인 1939년 봄에 체코슬로바키아에서 체코인과 슬로바키아인이 불화를 일으켜 나라가 분리되며 각각 독일에 도움을 요청했다. 독일은 이를 계기로 분리된 두 나라를 합병했다. 다음 차례는 폴란드 회랑 문제였다. 독일이 이 지역을 내놓으라고 요구했으나 폴란드가 거부함으로써 전운이 깊어졌다.

이에 영국과 프랑스는 부랴부랴 1939년 5월과 8월에 각각 폴란드에게 군사적 보증을 함으로써 히틀러를 견제하려 했다. 그러나 이는 아무 소용도 없었다. 1939년 8월에 히틀러는 소련의 스탈린과 비밀리에 독소불가침조약을 체결하고, 18세기 말에 그랬던 것과 같이 폴란드를 다시 분할할 것을 약속했다. 그리고 곧이어 1939년 9월 1일 폴란드 침공을 감행했다. 영국과 프랑스는 폴란드의 안전을 보장하고 있었으므로 어쩔 수 없이 독일에 선전포고를 해야 했다. 2차 대전이 시작된 것이다. 소련도 독일을 뒤따라 폴란드의 동부 지역을 점령했다.

전쟁의 원인

사실 1938년이면 독일의 불만은 거의 해소된 상태였다. 배상 문제가 끝났고, 재무장도 이루어졌다. 라인란트 군사화, 오스트리아 병합, 주데텐란트 회복과 함께, 상실한 식민지에 대해 영국으로부터 일부 보상을 받음으로써 독일은 이미 과거의 상처를 씻어 냄과 함께 중유럽의 강대국이 되어 있었다.

그럼에도 이제 독일은 폴란드 회랑 지역의 회복을 넘어서서 다시 한 번 폴란드를 붕괴시키고 과거와 같이 그 영토를 분할하려 획책했다.

그러나 독일만이 아니었다. 파시스트 국가들은 1930년대에 들어와 침략 전쟁을 본격화했다. 이탈리아는 1935년에 에티오피아를 침공했다. 일본은 1931년에 만주사변을 일으켜 괴뢰 국가인 만주국을 건립했고, 1937년에는 본격적으로 중일전쟁을 일으켜 영토적 야욕을 보였다.

그러면 유럽에서의 전쟁은 왜 일어났을까? 그것은 여러 요인이 결합한 결과이다. 먼저 베르사유 조약의 문제점을 들 수 있다. 미국의 윌슨 대통령이 민족자결주의 원리를 주장했으나 베르사유 조약에서 그것은 받아들여지지 않았다. 또 국경선의 재조정 결과에 대해 많은 나라 사람들이 불만을 갖게 되었다. 특히 독일과 이탈리아가 그랬다.

전간기 국제정치의 불안정성도 들 수 있다. 우선 미국이 전후에 고립주의로 복귀한 것이 문제였다. 세계 최대의 공업 국가가 국제적인 책임을 회피함으로써 국제 질서가 잘 유지되기 힘들어진 것이다. 윌슨의 제안으로 국제연맹이 만들어졌음에도 불구하고 미국 의회가 그 가입의 비준을 거부함으로써 국제연맹이 무력화된 것은 고립주의 때문이었다.

최초의 사회주의 국가인 소련은 자본주의 국가들의 따돌림으로 전후의 국제정치에서 완전히 배제되었다. 소련이 다른 나라와 외교 관계를 수립하게 된 것은 1922년 독일과 맺은 우호조약인 라팔로 조약이 처음이었다. 그래서 유럽의 국제정치를 영국과 프랑스가 이끌어야 했으나 두 나라는 전쟁으로 지쳐 있었고, 경제력도 약화되어 이미 그럴 힘이 없었다.

또 경제공황으로 인한 급진 세력의 강화를 들 수 있다. 파시즘 세력이 각 나라에서 힘을 강화하거나 집권함으로써 이들의 과격한 민족주의가 팽창주의로 방향을 튼 것이다. 독일, 이탈리아, 일본 모두 마찬가지였다.

영국과 프랑스의 유화정책도 전쟁의 발발에 한몫을 했다. 주데텐란트 문제에 있어 두 나라가 독일에게 보다 강력한 대응을 했더라면 사태가 달라졌을 가능성도 있다. 독일도 당시에는 전쟁 준비가 충분히 이루어진 상태는 아니었기 때문이다.

전쟁 책임 문제

전통적으로는 추축국들에게, 특히 독일에게 책임을 돌리는 것이 일반적이다. 히틀러가 처음부터 팽창주의적 생각 속에서 전쟁을 계획했다고 보는 것이다. 그가 쓴 『나의 투쟁』에 이미 독일의 생활권 확보에 관한 이야기가 나오고, 정권을 잡고 나서 측근이나 장군들에게 여러 번 전쟁 이야기를 한 적도 있기 때문이다.

1933년 이후 독일은 공격적인 외교정책을 펼쳤을 뿐 아니라 오스트리아와 체코, 슬로바키아를 병합했고, 폴란드를 공격했다. 이탈리아는 1935년에 에티오피아를 점령했고, 일본도 중일전쟁을 일으킨 후 대동아공영권을 주장하며 대제국 건설로 나아가고 있었다. 따라서 언뜻 보기에는 추축국 측에게 책임을 묻는 것이 옳을 것 같다. 그러나 이는 추축국 측을 악으로, 연합국 측을 선으로 보는 영·미적인 시각에서 비롯된 것이다.

1939년 9월에 독일이 폴란드를 침공했으나, 이때 독일이 반드시 대전쟁을 계획했다는 증거는 없다. 단지 영국과 프랑스가 폴란드를 군사적으로 원조하지 않을 것으로 판단했으므로 기회가 있을 때 단기간의 전쟁으로 폴란드를 복속시키려 한 것이다. 따라서 폴란드 정부가 저항하지 않았다면 독일 세력권에 묶는 것으로 그쳤을 가능성이 높다.

영국과 프랑스는 당시에 광대한 식민지를 가진 제국으로서 전 세계적 이해관계를 가지고 있었다. 유럽 내부에만 이해관계를 가진 독일과는 사정이 달랐다. 그래서 두 나라의 주된 외교 목적은 제국을 보전하는 것이었다.

영국은 1939년까지도 프랑스나 동유럽 어느 나라에게도 외교적으로 구속되지 않으려 했다. 영국 외교정책의 핵심적 요소가 '위험의 균형'으로 영국은 무슨 일이 있든지 간에 유럽, 지중해, 인도에서 동시에 문제가 생기는 것은 막아야 했기 때문이다. 지구의 한쪽에서 너무 깊게 얽혀들면 다른 쪽에서 문제가 생긴다고 믿었던 것이다.

그래서 독일뿐 아니라 일본이나 이탈리아에 대해서도 어느 정도 양보할 자세가 되어 있었다. 또 프랑스에 대해서는 중동 지역에 대한 그 야심과 관련해 불신이 있었다. 결국 영국은 자신들이 보기에 현실주의적이고 합리적인 정책에 의해 잠재적인 적을 누르려는 시도를 간헐적으로만 했을 뿐이다.

프랑스는 그래도 유럽 내의 집단 방위 체제를 추구하려 했으나 영국이 응하지 않았으므로 이른바 소협상Little Entente 체제를 구축했다. 이는 1921년 폴란드, 1924년 체코슬로바키아, 1926년 루마니아, 1927년 유고슬라비아와 맺은 동맹으로 일부는 군사동맹이었다. 그러나 그 군사적 원조 약속은 불분명했고 실제로는 유명무실했다. 이렇게 전간기에 영국과 프랑스 두 나라는 유럽 내의 국제 관계에서 적극적이지 않았다.

그러므로 이런 상황에서 뮌헨 회담에서의 유화정책이 부자연스러운 것은 아니었다. 두 나라는 독일의 불만을 어느 정도 이해하고 있었으므로 주데텐란트를 양보함으로써 평화를 구하려 한 것이다. 사실 1938년까지도 히틀러는 어느 한계 안에서 행동했지 영국이 주지 않으려고 하는 것을 요구한 적은 없었다. 또 당시의 영국은 작은 나라의 이익이 짓밟히더라도 자기네 제국의 이익만 건드리지 않으면 괜찮다고 생각했다.

러시아는 독일과의 불가침조약으로 비판을 받았다. 소련은 처음부터 영국이나 프랑스 편에 서야 했고, 폴란드를 도와야 했다는 것이다. 그랬으면 독일이 움직이지 못했을 것이라는 것이다. 그러나 소련은 서유럽의 자본주의 국가들을 불신해 왔고, 여기에는 서유럽 국가들의 책임도 있었다. 그러므로 양측의 협력도 쉽지는 않았다. 한편 소련 역사가들은 그 조약이 소련에게 방어 준비를 할 시간을 벌어 주었다고 긍정적으로 평가한다.

미국의 외교정책은, 루스벨트의 외무장관인 코델 헐C. Hull에 따르면 '전쟁을 피하는 것'이었다. 그들은 1차 대전에 참전했으나 유럽인들이 고마워하지 않았다고 생각했다. 또 베르사유 조약에서 영국과 프랑스가 독일 식민지를 빼앗는 것을 보고 두 나라를 불신하게 되었다. 따라서 전간기에 전쟁에 끌려 들어갈 가능성이 있는 언질을 가능한 피했다. 경제공황으로 루스벨트가 뉴딜 정책을 수행하는 상황에서는 더욱 그랬다.

결국 전쟁은 폴란드를 빌미로 영국과 프랑스가 대전쟁을 감행하지 않으리라고 믿었던 히틀러의 판단 착오와 관련이 있다. 그러나 영국과 프랑스 쪽에서 보면 이는 단순히 폴란드만이 아니라, 발칸반도와 지중해, 나아가 동아시아에 이르기까지 두 나라의 힘과 권위와 관련된 문제였다. 따라서 가만히 있을 수 없었던 것이다.

여기에는 영국과 프랑스의 군비 증강도 영향을 미쳤다. 히틀러 집권

표 8-1 주된 국가들의 군비 지출(1932~1939)

	프랑스		영국		독일		소련	
	A	B	A	B	A	B	A	B
	10억 프랑	%	100만 파운드	%	10억 마르크	%	10억 루브르	%
1932	13.8	5.0	103.3	2.5	0.76	0.8	4.03	2.97
1933	13.4	5.2	107.6	3.0	1.2	1.9	4.30	3.04
1934	11.6	4.9	113.9	3.0	3.6	4.1	5.40	3.48
1935	12.8	5.8	137.0	2.0	5.4	6.0	8.20	5.52
1936	15.1	6.3	185.9	5.0	10.2	10.8	14.80	7.80
1937	21.5	7.1	256.3	7.0	10.9	11.7	17.48	8.23
1938	29.1	8.6	397.4	8.0	17.2	17.2	27.04	12.51
1939	93.6	23.0	719.0	22.0	38.0	30.0	40.88	17.46

A : 전체 군비 지출액
B : 전체 국민소득에 대한 비율

표 8-2 주된 국가들의 전투기 생산(1933~1940)

	프랑스	영국	독일	소련
1933	–	633	368	2,595
1934	–	740	1,968	2,595
1935	785	1,140	3,183	2,529
1936	890	1,877	5,112	3,770
1937	743	2,153	5,606	4,435
1938	1,382	2,827	5,235	5,467
1939	3,163	7,940	8,295	10,382
1940	2,113	15,049	10,247	10,565

출처 : R. Overy, *Origins of the Second World War*, 2008, p. 53.

후에 독일이 1936년부터 급격히 재무장을 했으나, 다른 나라들이라고 가만히 있었던 것은 아니다. 영국과 프랑스는 1938년 이후에 군비 예산을 상당한 정도로 늘렸다. 그래서 뮌헨 회담 때와는 달리 1939년 여름이면 두 나라는 독일에 대한 군사적 우위를 자신하고 있었다. 이것이 전쟁의 결정에도 영향을 미쳤다. 결국 이런 사정을 보면 전쟁 책임을 독일에게만 묻기는 어렵다. 영국과 프랑스에게도 똑같이 책임이 있다고 할 수 있다.

초기에 승세를 보인 추축국

전쟁은 1939년 9월 1일 독일군이 폴란드를 침공함으로써 시작되었다. 영국과 프랑스가 독일에게 선전포고를 했으나 실제로는 거의 도움이 되지 않았다. 독일이 속전속결을 원칙으로 하는 '전격 전쟁'을 벌였기 때문이다. 군사력이 취약했던 폴란드는 폭격기의 선제 공격 후에 이루어지는 대규모 기갑부대(탱크 부대와 기계화 보병 부대)를 이용한 전선 돌파를 막을 방법이 없었다. 그래서 두 달 만에 굴복했다.

그해 겨울은 조용했다. 추축국과 연합국 양측 모두 전쟁 준비를 하며 앞으로의 대전쟁에 대비했다. 1940년 봄에 들어서며 독일 측이 먼저 움직이기 시작했다. 독일은 영국을 견제하기 위해 먼저 노르웨이와 덴마크를 점령했다. 이들 지역의 비행장을 점령함으로써 영국의 하늘을 위협하려 한 것이다.

서부 전선에서의 공격은 1940년 5월 10일 시작되었다. 이 과정에서 또다시 벨기에의 중립이 짓밟혔다. 독일군이 프랑스와의 국경선에 설치된 강력한 마지노 요새선을 피해 수비가 허술한 벨기에 국경을 넘으려 했기 때문이다. 벨기에인들은 이번에도 중립을 통해 전쟁을 피할 수 있으리라는 희망으로 프랑스 군부의 협력 요구를 거부했다. 그 결과, 벨기에 국경을 넘은 독일 기갑부대의 전격 작전에 프랑스군은 순식간에 전선을 돌파당하고 남 · 북으로 양분되었다. 그리하여 영불해협 쪽으로 밀려난 33만 5,000명의 영국 · 프랑스 연합군은 6월 3일 됭케르크 항에서 간신히 탈출에 성공했다. 그 가운데 20만 명은 영국군이었다. 이에 프랑스군은 급격히 와해되었고 6월 14일 파리 시는 저항 없이 함락되었다. 레이노P. Reynau 정부는 6월 21일 항복을 선언했다. 프랑스가 침공 6주 만에 무릎을 꿇고 만 것이다. 독일과의 국경에 막대한 예산을 들여 건설한 마지노 요새선은 무용지물이 되었다.

그리하여 프랑스의 북반부와 대서양 연안 지역은 독일군의 직접 관할 아래 들어갔고, 다른 지역에는 페탱H. P. Petain 원수를 수반으로 독일의 괴뢰 정부인 비시 정부가 수립되었다. 프랑스군은 무장해제 되었고 해군 함정들은 항구에 묶이게 되었다. 육군 대령이었다가 전쟁 중에 장군이 되어 급히 국방차관으로 발탁된 샤를 드골C. de Gaulle 장군은 런던으로 도피하여 '자유 프랑스'라는 망명정권을 수립하였으나 이름만 망명정부였지 처음에는 별 의미가 없었다.

프랑스를 정복한 독일은 영국 정복까지 기도했다. 그러나 막강한 영국 해군이 버티고 있는 영불해협을 건널 수 없었으므로, 공격은 8월 12일~9월 30일에 주로 공군에 의해 이루어졌다. 이를 '영국전쟁'이라고 부른다. 그러나 바로 이 시기에 영국에서 레이더가 개발되어 독일 공군이 영국에 비해 매우 불리한 상황에 처하게 되었으므로 결국

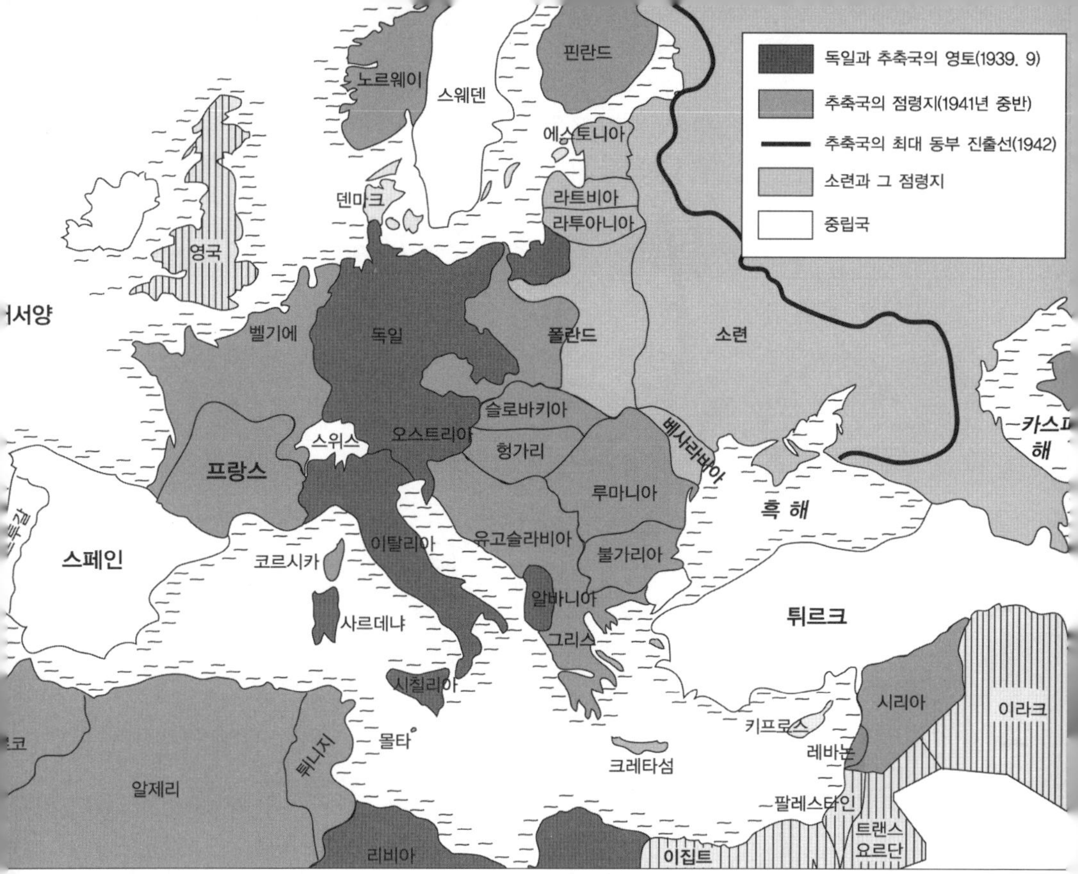

제2차 세계대전

영국 침공을 포기하지 않을 수 없었다.

독일군은 여세를 몰아 1941년 4월 유고슬라비아와 그리스를 점령했고, 1941년 6월 22일에는 바르바로사 작전이라는 이름으로 마침내 소련 공격에 나섰다. 사실 소련의 정복이야말로 히틀러 생각에는 '천년 왕국'인 독일의 제3제국을 건설하기 위해서 반드시 필요한 일이었다. 동쪽으로 우랄 산맥에 이르는 대제국을 건설하려 했던 것이다. 또 소련을 정복함으로써 양면 전쟁의 가능성을 없애는 것도 중요했다.

독일군은 탱크 3,550대, 비행기 5,000대라는 엄청난 수의 무기와 140개 사단, 총 350만 명의 대병력을 동원하여 3개 방면에서 동부 전선에 대한 전면 공격을 개시했다. 북부의 레닌그라드와 모스크바, 그

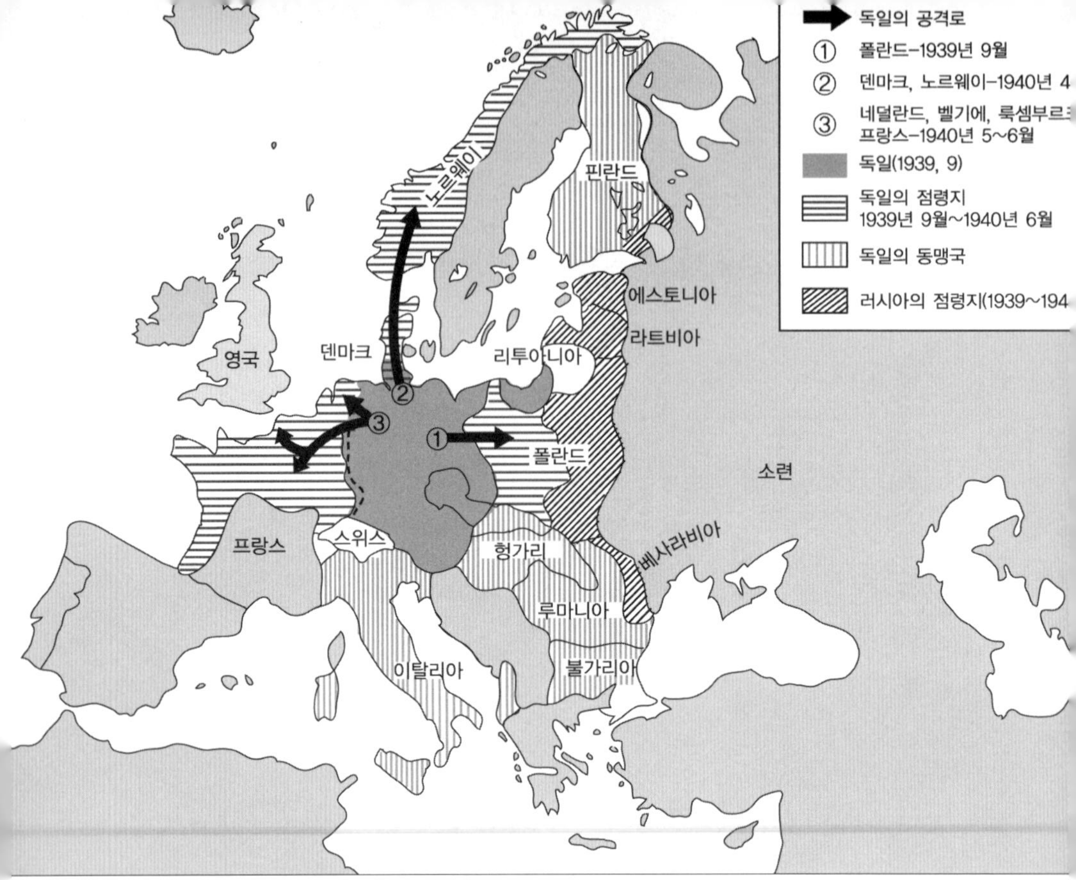

제2차 세계대전 초기

리고 남부의 우크라이나 곡창 지역을 포함한 카스피 해 유전 지역 장악이 그 목표였다.

그러나 예상보다 소련군의 방어가 완강했으므로 전쟁을 빨리 끝낼 수 없었고, 겨울 전쟁 준비가 제대로 갖추어지지 못한 채 장기 전쟁에 끌려 들어갔다. 또 목표를 크게 남과 북의 두 지역으로 나눈 탓에 전력이 분산됨으로써 독일군은 어디에서도 압도적인 우위를 누릴 수 없었다. 그리하여 레닌그라드와 모스크바를 점령하는 데 실패했을 뿐 아니라 카스피 해 지역을 장악하는 데도 실패했다.

1942년 초부터 독일군은 잠수함 작전을 통해 대서양에서 연합군의 보급을 끊으려 했으나 이도 성공할 수 없었다. 비행기 레이더로 잠수함을 탐지할 수 있었기 때문이다. 이로 인해 공군의 중요성은 더 크게 부각되었다.

전쟁의 역전과 추축국의 패배

1942년 11월 이후의 스탈린그라드 전투가 러시아 전쟁의 고비였다. 돈 강이 카스피 해로 흘러들어 가는 중간에 있는 이 도시는 흑해와 카스피 해 사이의 바쿠를 중심으로 한 유전 지역을 장악하는 데 있어 불가결한 요충지였다. 이 도시를 둘러싸고 양쪽 군대는 석 달에 걸친 치열한 시가전을 벌였다.

그러나 결국 1943년 2월에 소련군의 승리로 끝남으로써 이미 카스피 해 지역으로 남하한 독일 제7군 30만 명은 독안에 든 쥐가 되어 그대로 포로가 되지 않을 수 없었다. 이리하여 독일군 불패의 신화가 깨졌다. 그 후 독일군은 천천히 서쪽으로 밀려나며 점차 수세를 보이게 되었다. 1943년 7월 쿠르스크에서의 대규모 탱크전은 독일군의 패배를 분명히 해주었다. 독일군과 소련군 탱크 약 1,500대씩이 맞붙은 이 전투에서 여러 면에서 보다 우월한 소련군이 승리를 거둔 것이다. 그 후 히틀러의 목표는 승리가 아니라 소련군 진격을 지연시키는 것이 되었다.

연합군은 1942년 북아프리카에 상륙하여 롬멜E. J. E. Rommel 장군의 독일군을 쫓아냈다. 특히 영국군의 버나드 몽고메리B. L. Montgomery 장군은 1942년 10월에 이집트의 엘 알라메인 전투에서 대승함으로써 아프리카에서의 전세를 결정지었다. 1943년 5월에는 튀니지에서 독일군과 이탈리아군 27만 5,000명의 항복을 받았다. 그렇게 해서 연합군은 수에즈 운하의 교통로를 보전할 수 있었다.

1943년 7월에 영국군과 미군은 시칠리아에 상륙했고, 1944년 6월에는 로마를 점령했다. 그 결과, 7월 25일에 파시스트 정권이 무너지고 무솔리니는 실각했다. 그러자 독일군이 북이탈리아로 진주하여 연합군과 대치하게 되었다. 감옥에 수감되어 있던 무솔리니는 독일군에게 구출되어 9월 18일, 독일 점령 지역인 북이탈리아에 만든 괴뢰 정권인 이탈리아 사회공화국의 수반이 되었다.

연합국들은 1944년 6월 6일에 프랑스의 노르망디 해안에 상륙하며 본격적인 서부 전선을 만들었다. 이 작전에는 약 20만 명이 참여했고

진주만 폭격 후에 미 공군에 입대하기 위해 모여 있는 미국 청년들(뉴욕)

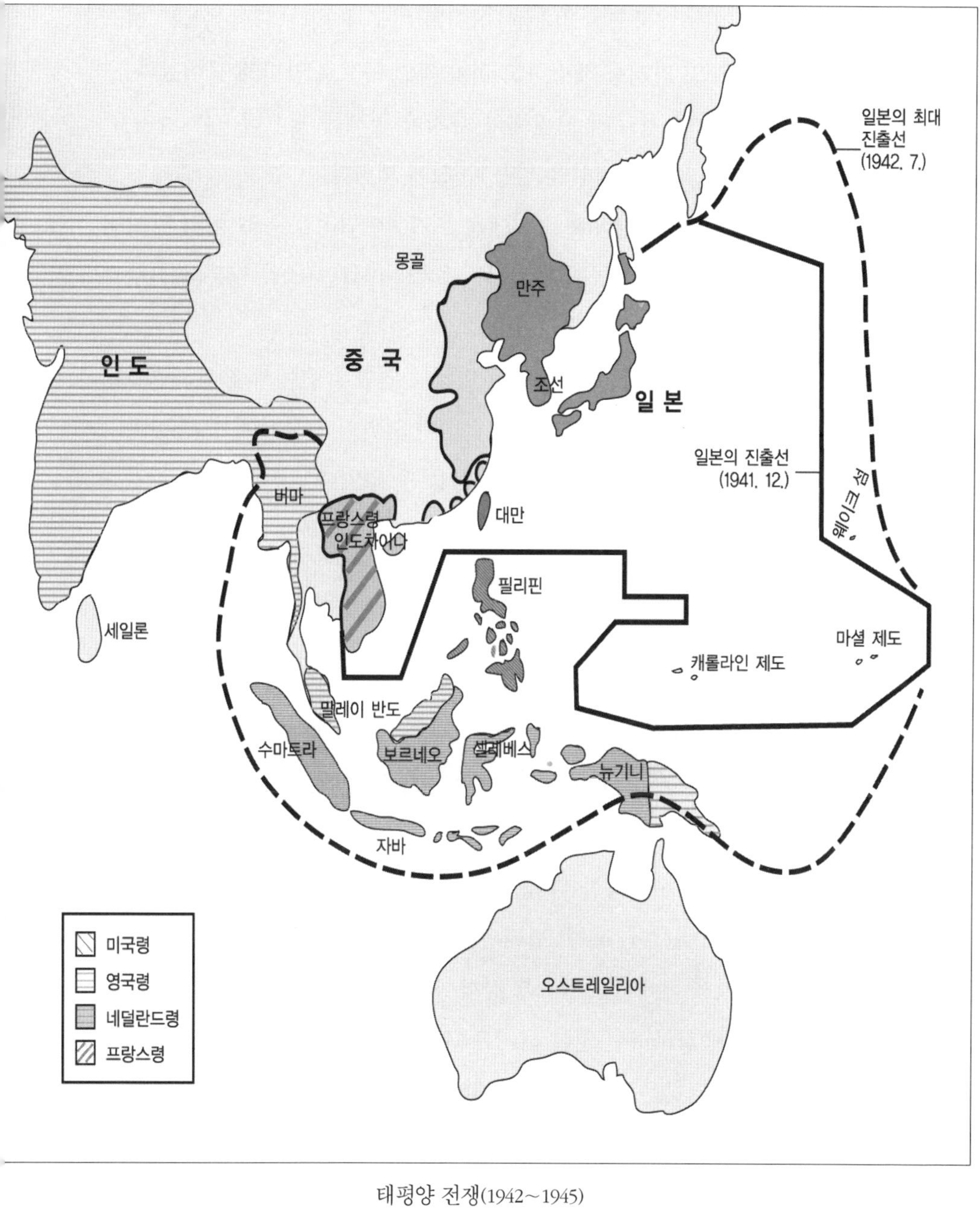

태평양 전쟁(1942~1945)

그중 3분의 2는 영국군이었다. 나머지는 미군과 캐나다군이었다. 연합군은 8월 25일 파리를 해방하고 점차 독일 쪽으로 압박해 들어갔다. 12월에 독일군이 아르덴 고원에서 마지막 공세를 폈으나 실패하자, 이제 연합군은 독일 국경선을 넘을 수 있게 되었다.

미국은 개전 후에 영국과 소련에게 무기대여협정을 통해 이미 막대한 양의 군수물자를 제공해 왔었다. 그리고 1941년 12월 일본의 진주만 기습을 계기로 참전을 결정했다.

이렇게 세계 최대의 공업 국가인 미국이 연합국 편에서 참전하면서 대세는 결정지어졌다. 장기전에 시달리며 인력이나 물자에서 큰 결핍 상태에 있던 독일은 결국 패배하지 않을 수 없었다. 1945년 4월 29일 히틀러가 자살하고, 5월 7일에 독일군이 무조건 항복을 선언함으로써 유럽에서의 전쟁은 끝났다. 반파시스트 게릴라에 붙잡힌 무솔리니도 4월 29일에 처형되었다.

아시아에서의 전쟁은 1941년 12월 7일에 일본이 미국의 하와이 해군기지를 공격함으로써 시작되었다. 항공모함에 탑재한 353대의 비행기가 기습적으로 진주만을 공격하여 미 해군의 주력 전함 5척을 파괴했다. 이를 계기로 독일은 미국에 선전포고를 했다. 일본군은 태평양의 미 해군을 무력화한 다음 1942년 7월까지 말레이 반도, 싱가포르, 버마, 인도네시아, 홍콩, 필리핀, 그리고 태평양의 괌과 웨이크 섬을 점령했고, 중국에서도 공세를 강화했다.

그러나 승승장구하던 일본 해군은 1942년 6월의 미드웨이 해전에서 다시 기력을 되찾은 미 해군에게 패배했다. 이 전쟁은 태평양 전쟁에서의 결정적인 전환점이 되었다. 그 후 미군은 더글러스 맥아더D. MacArthur 장군의 지휘 아래 필리핀을 수복하고, 오키나와 등 태평양 섬들을 차례차례 탈환하면서 일본 본토에 접근하기 시작했다.

아시아에서의 전쟁은 독일의 항복 후에도 계속되었으나, 1945년 8월 6일과 9일에 미국이 일본의 나가사키와 히로시마에 원자폭탄을 떨어뜨림으로써 끝났다. 더 이상 싸울 능력이 없음을 깨달은 일본 천황이 8월 15일에 무조건 항복을 선언한 것이다. 원폭을 투하한 것은 소련의 대일전 참여로 인해 아시아에서의 소련 세력의 강화를 우려했기 때문이었다. 가능하면 전쟁을 빨리 끝내려 한 것이다.

추축국 패배의 원인

첫째, 장기전과 전선의 확대가 가장 큰 원인이다. 독일이나 다른 추축국들은 인력이나 물자에서 제한되어 있었으므로 가능한 한 전쟁을 빨리 끝내야 했다. 그러나 러시아를 침공하고 나중에 미국이 개입함으로써 전쟁 규모가 너무 커졌고, 추축국들은 이에 대응할 수 없었다. 1945년 당시 소련은 독일보다 네 배의 탱크와 두 배의 병력을 가지고 있었다. 미국은 한 해에 탱크를 최대 7만 대, 비행기 12만 대를 생산하여 압도적인 생산력을 과시했다.

둘째, 독일이 주된 전쟁 당사자인 소련의 잠재력을 과소평가했다. 소련은 1930년대 말이면 이미 공업 생산에서 독일을 능가하고 있었다. 독일인들은 소련군을 아무리 패배시켜도 계속 새로운 장비를 갖춘 군대가 전선에 나타나는 것을 이해할 수 없었다.

셋째, 연합국 측이 독일 전격 작전 대응 방법을 차츰 알게 되었다.

연합군의 우세한 공군력은 독일 기갑 전력에 의한 전격 작전을 견제하는 데 큰 도움이 되었다.

넷째, 전술적인 실패이다. 일본은 해군력 건설에서 항공모함보다 전함에 치중하여 미군의 항공모함에 근거한 항공기 공격에 대처하기 어려웠다. 독일은 소련과의 겨울 전쟁에 대비할 준비가 안 되어 있었다. 또 히틀러는 소련 전쟁에서 후퇴하지 말라는 엄명을 내려 불필요하게 많은 병력을 소모시켰다. 히틀러는 제트 전투기를 만들 수 있을 때 V-1로켓에 치중했다. 영국을 공격한 V-1로켓은 약 2만 5,000채의 집을 파괴하고, 6,000여 명의 인명을 빼앗았으나 큰 효과는 없었다. 오히려 제트기는 공중전에서의 우위를 지켜주었을 가능성이 크다.

전쟁의 결과

첫째, 이 전쟁은 인류 사상 최대의 전쟁으로 가장 참혹한 전쟁이기도 했다. 전쟁을 통해 약 4,000만 명이 희생되었다. 소련이 가장 많은 2,000만 명, 독일이 400만 명, 일본이 200만 명, 중국이 200만 명이며, 그 외에도 유대인 학살 600만 명을 포함하여 많은 나라 사람들이 희생되었다.

둘째, 핵무기라는 가공할 무기가 등장하여 세계는 이전과는 전연 다른 곳이 되었다. 누구나가 핵전쟁의 공포에서 벗어날 수 없게 되었다.

셋째, 유럽의 세계 지배가 끝났다. 약 100년간 세계를 지배하던 영국, 프랑스, 독일 같은 유럽 국가들의 힘이 이제 고갈됨으로써 주도권은 다른 곳으로 넘어갔다.

넷째, 미국과 소련이라는 슈퍼파워의 등장이다. 이 두 나라는 이제 어느 나라도 도전할 수 없는 초강대국이 되어 냉전 시기에 서로 견제하며 갈등하게 된다.

다섯째, 전통적인 식민 국가들인 유럽 국가들의 퇴조로 식민지 해방이 본격화되어 수많은 신생국가들이 생겨났다.

여섯째, 유엔의 창설로 국제 관계를 안정화시키려는 시도가 이루어졌다. 이후 미국은 고립주의로 돌아가지 않고 국제정치에서 가장 중요한 책임을 맡았다.

참고 문헌

R. S. 위스트리치(송충기 역), 『히틀러와 홀로코스트』, 을유문화사, 2004.

A. J. P. 테일러(육영수 역), 『제2차 세계대전의 기원』, 지식의 풍경, 2003(원저는 1961년).

R. Boyce & J. A. Mailo(eds), *The Origins of the Second World War: The Debate Continues*, Palgrave, 2003.

D. J. Goldhagen, *Hitler's Willing Executioners: Ordinary Germans and the Holocaust*, London, 1996.

L. Gruchmann, *Totaler Krieg*, München, 1991.

A. Hillgruber, *Der 2. Welt-Krieg*, Kohlhammer, 1983.

G. Martel(ed.), *The Origins of the Second World War Reconsidered: A. J. P. Taylor and the Historians*, Routledge, 1999.

R. Overy, *The Origins of the Second World War*, Edinburgh Gate, 2008.

A. J. P. Taylor, *The Second World War: An Illustrated History*, Penguin Books, 1976.

09

냉전 체제

냉전의 뿌리

1945년 2차 대전이 끝날 즈음부터 1989년에 미국과 소련이 대립 관계를 끝내기로 약속한 몰타 선언까지의 시기를 냉전 시대라고 부른다. 이 시기에 세계가 미국과 소련을 중심으로 자본주의 세력과 사회주의 세력으로 나뉘어 치열한 경쟁과 함께 갈등을 벌였기 때문이다. 서로가 상대방을 비난하며 매우 적대적인 태도를 취했다. 그래서 두 세력에 끼지 않은 비동맹 국가들이라고 할지라도 독자적인 행보를 하는 것은 쉽지 않았다.

그러나 두 세력이 직접 대규모 전쟁을 벌이지는 않았는데 그것은 핵전쟁이 가져올 공멸의 위협 때문이었다. 그리하여 여기저기에서 국지적인 전쟁만이 벌어졌을 뿐 불안한 평화가 지속되었다. 그럼에도 국제적인 긴장의 강도는 매우 높았다. 그래서 이것을 '차가운' 전쟁이라고 부르는 것이다.

냉전은 처음에는 비판적 용어였으나 1950년대의 미국에서는 소련에 대한 전쟁을 의미했다. 즉, 전쟁 상태 없이 소련을 봉쇄하는 것을

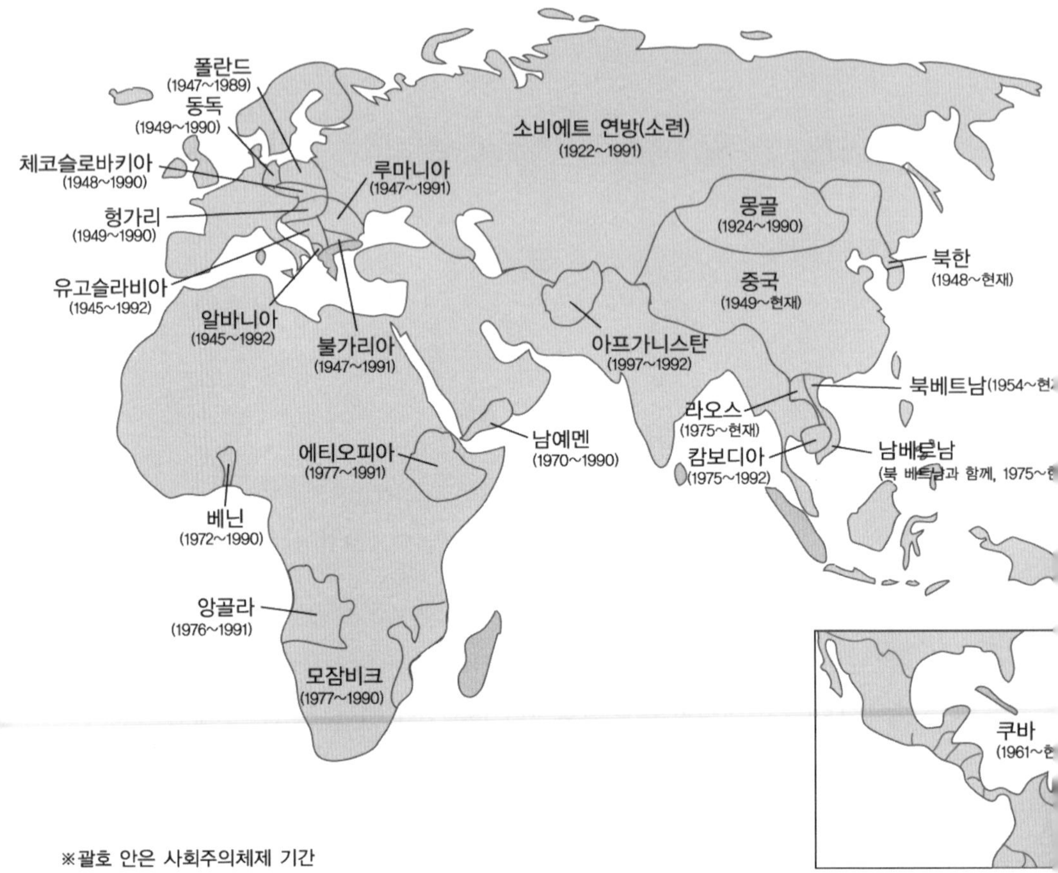

사회주의의 확산

뜻했다. 소련은 이 용어를 미하일 고르바초프M. S. Gorbachev 때 와서야 공식적으로 사용하기 시작했다. 소련 자신은 '평화적'이며 제국주의만이 공격적이라고 믿었기 때문이다.

냉전의 뿌리는 사실상 오래되었다. 1917년의 러시아혁명으로 최초의 사회주의 국가가 건설되면서 그 바탕이 마련되었다. 볼셰비키는 1917년 12월부터 특히 독일 지역에서 사회주의 혁명을 위한 대대적인 선전 공세를 벌였다. 이는 세계 혁명을 위한 활동의 일환이었다. 반면 자본주의 국가들은 러시아에 자본주의를 부정하는 사회주의 체제가 출현한 것을 불안하게 생각했다. 그래서 사회주의 체제가 자리 잡는 것을 가능한 한 막으려 했다. 여러 자본주의 국가들이 러시아 내전에 관여하여 출병한 것은 그 때문이었다.

또 러시아는 1차 세계대전의 중요한 참전국임에도 불구하고 베르사유 조약에 초청받지 못했을 뿐 아니라, 그 후에도 전간기 동안 국제 관계에서 계속 고립을 면치 못했다. 1920년대에 들어와 세계 많은 나라에 공산당이 만들어지자, 이에 두려움을 느낀 자본주의 국가들이 공산주의의 국제적인 확산을 차단하려 했기 때문이다.

소련은 자본주의 국가들의 이러한 간섭과 고립화 전략에 큰 불만을 느꼈다. 1941년에는 독일이 소련을 침공했는데 소련의 입장에서 이것은 단순한 외침이 아니라 또 다른 자본주의 국가의 침략으로 생각되었다.

그러다 나치 독일이 미국 안보의 주된 위험으로 판단되자 미국은 1933년에 소련을 외교적으로 승인했으며, 소련과 협력 관계를 맺었다. 2차 세계대전 동안 자본주의 국가들과 소련은 서로 협력했다. 미국은 무기대여협정을 통해 소련에게 막대한 군수품을 제공했다. 또 갈등이 아주 없었던 것은 아니나, 공동 전선을 만들어 독일에게 대항했다. 추축국이라는 강력한 적들과 맞싸우기 위한 어쩔 수 없는 선택이었다.

그러나 1945년에 독일과의 전쟁에서 승리가 확실시되자 두 나라의 태도는 달라질 수밖에 없었다. 공동의 적이 사라졌기 때문이다. 그래서 전후의 세계를 어떻게 재편할 것인가를 놓고 미국과 소련은 서로 충돌했다. 이렇게 이념이 정반대이고 국익이 서로 달랐던 두 나라 사이의 갈등은 어느 정도 필연적인 것이었다.

냉전의 원인

그러면 냉전의 원인은 무엇이었을까? 1950년대의 서방 학자들은 공산주의를 유럽뿐 아니라 아시아로도 확산시키기 위해 공격적인 정책을 취한 스탈린에게 냉전의 책임이 있다고 주장했다. 그리고 그의 동기가 매우 사악하다고 믿었다. 이것이 미국의 고위 관리들이 대변한 전통적인 해석이다.

그러나 소련 학자들이나 1960~1970년대의 수정주의적 견해를 갖는 서방 학자들은 소련의 태도가 방어적이라고 주장했다. 소련은 2차 대전 동안에 너무 큰 피해를 보았으므로 인접해 있는 국가들과 우호적이기를 바랐다는 것이다. 소련과 자본주의 국가들 사이에 완충 지역을 필요로 했다는 것이다. 그러므로 미국이 소련을 더 이해해야 했고, 동유럽에 대한 소련의 영향력을 인정해야 했다고 말한다. 그들은 특히 미국의 해리 트루먼H. S. Truman 대통령이 소련을 불필요하게 자극했다고 비판한다. 수정주의적 해석을 대표하는 미국 학자에는 W. A. 윌리엄스, G. 콜코, D. 호로비츠 같은 사람들이 있다.

1980년대 이후에는 탈수정주의적 해석이 등장했다. 새로운 사료들을 발굴한 미국 학자들이 전후의 상황은 앞의 주장들보다 훨씬 복잡했으며, 양쪽에 다 책임이 있었다고 주장하고 나선 것이다. 미국의 마셜 플랜은 분명히 유럽에서 미국의 정치적 영향력을 강화시키려는 목적이 있었다. 소련도 공산화를 위한 장기적인 계획이 있지는 않았으나, 기회주의자로서 최대한 자신의 영향권을 확대하려 했다. 그리고 두 나라 사이에 불신감이 매우 컸으므로 어떤 국제적인 행위도 서로 공격적으로 생각하고 대응할 수밖에 없었다는 것이다. 탈수정주의의 입장에 선 사람들로는 M. 매클리, W. 로트, D. 여진 같은 사람들이 있다. 그러나 냉전 해체 후 많은 문서들이 새로 발굴되고 있으므로 아직도 새로운 해석의 길은 더 남아 있다고 할 수 있다.

양측의 불신과 갈등의 증폭

사실 2차 대전이 끝날 무렵부터 같은 연합국이었던 미국 · 영국과 소련 사이에는 불신이 커지고 있었다. 미국 · 영국은 2차 대전 중 독일과 싸우기 위해 소련과 일시적으로 동맹을 맺기는 했으나, 체제의 차이를 극복할 수는 없었던 것이다.

먼저 제2전선 형성의 지연 문제가 있었다. 대독일전에서 주된 부담을 지고 있던 소련은 서방 국가들이 가능하면 빨리 유럽에 제2전선을 만들어 부담을 덜어 주기를 바랐다. 그러나 두 나라는 계속 미적거리다가 1944년 6월에야 노르망디 상륙을 통해 제2전선을 만들었다. 소련 측에서 이것을 자신을 약화시키기 위한 의도로 본 것은 자연스럽다.

1945년 2월에 얄타 회담이 열렸는데, 그것은 미국, 소련, 영국이 동맹 체제를 과시하고, 임박해 보이는 전후의 체제를 논의하기 위한 것이었다. 이 회담에서 세 나라는 나치 치하에서 해방되는 나라들이 민주적인 자유선거에 의해 정권을 세우도록 도와준다는 원칙적인 선언을 했다.

또 미국과 영국은 폴란드의 영토를 서쪽으로 넓혀 주는 대신, 동쪽에서는 쿠르존 강을 경계로 하는 소련 · 폴란드 국경 안을 인정했다. 소련 영토가 서쪽으로 더 확대되도록 허용한 것이다. 그리고 소련이 사할린 전체와 만주의 일부를 할양받는 대신, 대일전에 참전해 줄 것을 요청했다. 프랑스에게는 독일과 오스트리아를 공동 점령할 때 동등한 권리를 주기로 약속했다.

그러나 회담 후에 폴란드 문제에서 갈등이 생겼다. 폴란드를 점령한 소련이 런던에 망명 임시정부가 있었는데도 불구하고 루블린에 새 정부를 세웠기 때문이다. 전쟁이 끝난 1945년 7월에 전후 문제 처리를 위해 열린 포츠담 회담에서는 이미 소련과 서방국가들 사이의 관계가 상당히 냉각되었다.

이 회담에 참석한 스탈린, 클레멘트 애틀리C. R. Attlee, 트루먼 세 사람

1945년 2월의 얄타 회담. 맨 왼쪽에 스탈린,
가운데에 루스벨트, 맨 오른쪽에 처칠이 앉아 있다.

은 독일의 무장 해제, 나치당 해체, 지도자들에 대한 전범 재판, 독일의 배상금 지불(대부분은 소련에게), 공업 시설의 소련 반출을 결정했으나 독일의 장기적 미래를 결정하지는 못했다.

폴란드 문제에서 이견이 있었는데 이는 그사이에 오데르-나이세 강 동쪽의 독일 지역을 친공산주의적 폴란드 정부가 차지하며 이 지역에 살던 약 500만 명의 독일인을 추방시켰기 때문이다. 이는 얄타 회담에서 결정된 사항이 아니었다.

그러자 트루먼 미국 대통령은 회담 중에 원자탄 개발 소식을 들었음에도 영국에게는 알려 주었으나, 소련에게는 비밀을 지켰다. 또 소련이 사할린 섬의 절반을 점령했으나 일본 점령은 허락하지 않았다.

포츠담 회담 후에 소련은 점령지인 동유럽에 대한 공산화를 급속히 진행했다. 폴란드, 헝가리, 불가리아, 알바니아, 루마니아에서 반대 세력을 억압하며 공산주의자들이 정권을 수립하도록 도왔다. 헝가리에서는 자유투표를 통해 공산당이 겨우 20퍼센트를 득표했으나, 내각의 과반수를 공산주의자로 선출하도록 했다.

그리하여 1947년 말까지 체코슬로바키아를 제외한 모든 동유럽 국가들이 공산화되었다. 러시아 군대의 주둔 아래 비밀경찰에 의해 다른 정당들은 해산되었고, 정적들은 체포, 구금, 살해되었다. 소련은 독일 점령 지역에도 공산당만을 허용했고 모든 공장 설비들을 소련으로 반출했다. 유고슬라비아는 예외였는데, 이는 공산주의자인 요시프 티토J. B. Tito가 게릴라 전쟁을 통해 자력으로 해방을 달성했기 때문이다. 그는 스탈린의 개입을 싫어했다.

냉전의 시작

스탈린은 1946년 2월에 공산주의와 자본주의는 평화롭게 공존할 수 없다는 연설을 했다. 그러나 냉전이 처음 공식화된 것은 1946년 3월에 영국 수상 윈스턴 처칠W. L. S. Churchill이 미국 미주리 주의 풀턴 고등학교에서 '발트 해의 스테틴에서 아드리아 해의 트리에스테까지 철의 장막이 드리워져 있다'는 유명한 '철의 장막' 연설을 한 이후이다.

이미 당시에 폴란드, 헝가리, 루마니아, 불가리아, 알바니아에 친공산주의 연립 정권들이 들어서 있었기 때문이다. 그는 당시 유럽에서 사회주의권의 팽창에 어느 나라 정치가보다 민감했다. 따라서 그것을 소련의 무제한적인 팽창욕으로 보고 서방 세계의 결속을 호소한 것이다.

1947년 3월에 가면 그리스에서도 알바니아 등의 인접한 공산주의 국가들의 도움을 받아 왕정의 전복 활동이 벌어지고 있었다. 이에 미국은 영국의 요청으로(이 지역은 영국의 영향권이었다) '미국은 무장 소수 세력이나 외부 압력에 저항하는 자유민들을 지원할 것'이라는 선언을 했다. 미국이 다시 1차 대전 후처럼 고립주의로 돌아가지 않겠다는 의지를 나타낸 것이다. 이것이 유명한 트루먼 선언이다. 이로부터 유럽뿐 아니라 전 세계의 공산주의 국가들에 대한 봉쇄 전략이 시작되었다.

미국이 트루먼 전략을 더 실효성 있게 하기 위해 1947년 6월에 만든 것이 마셜 플랜이다. 그것은 국무장관 조지 마셜G. C. Marshall이 제안한 유럽 재건 계획으로, 유럽의 경제를 회복시킴으로써 미국의 시장을 확보하고, 공산주의의 근거를 없애려는 목적을 갖고 있었다.

냉전 시기의 중부와 동부 유럽

그리하여 4년 동안 모두 130억 달러의 자금이 서유럽의 16개국에게 제공되었다. 이는 전쟁으로 황폐화된 농업과 공업의 재건에 사용되었다. 하지만 미국의 제의에도 불구하고 동유럽 국가들은 그 자금을 받기를 거부했다. 소련은 그것을 서유럽을 지배하려는 미국의 뻔뻔스러운 도구라고 비난했다.

이때 미국의 공산주의 봉쇄 전략을 만들어 낸 사람은 국무부의 정책기획국장이었던 조지 케넌G. F. Kennan이었다. 그는 1947년 7월에 『포린 어페어』지에 실은 「소련 행동의 근원」이라는 논문을 통해 소련의 행위를 역사철학 수준의 도전으로 규정하고, 공산주의에 대한 확고한 봉쇄가 필요함을 역설했다.

이에 맞서기 위해 소련은 1947년 9월에 코민포름을 창설했다. 여기에는 동유럽의 모든 위성국들뿐 아니라 프랑스와 이탈리아의 공산당도 참여했다. 이 기구의 목표는 이들 나라를 소련 스타일의 공산주의 국가로 만드는 것이었다. 따라서 공업화와 농업 집단화 정책을 고무했고, 공산권 국가 사이의 교역을 권장했다. 소련은 또한 이들 국가를 도우려는 몰로토프 계획을 만들었고, 코메콘(공산권 상호경제원조위원회)을 창립하여 경제정책들을 조율했다. 이를 거부한 유고슬라비아는 1948년에 코민포름에서 축출되었다.

1948년 2월에는 체코슬로바키아가 공산화되었다. 체코슬로바키아에서는 1946년의 자유선거로 연립 정권이 수립되었었다. 공산당은 의회에서 300석 가운데 114석을 차지했고 내각에서 제3의 지위였다. 그러나 1948년 5월에 치러질 선거에서 패배할 것이 분명하자 실질적인 쿠데타를 단행했다. 그리고 5월 선거에서 공산당만이 입후보자를 내도록 만듦으로써 권력을 장악했다.

1948년 7월에는 베를린 봉쇄 사건이 벌어졌다. 1948년 초에 미국 · 영국 · 프랑스 세 나라가 독일 내의 점령 지역을 하나의 경제단위로 합치고, 6월에 새 화폐를 도입하자 소련이 반발한 것이다. 당시 4개국 통치 아래 있던 베를린은 소련의 점령 지역 안에 위치해 있었는데, 소련은 베를린과 서방 측 점령 지역 간의 모든 육로와 수로를 봉쇄했다. 미국은 그 후 10개월 동안 생필품 200만 톤을 비행기로 공수하며 이에 저항했다. 베를린 봉쇄는 나중에 상호 간의 타협을 통해 풀렸다.

이 사건이 자본주의 국가들을 자극함으로써 1949년 4월 북대서양조약기구NATO가 설립되었다. 또 한반도에서는 1948년 8월에 미국 후견 아래 남한 정권이, 10월에는 소련 후견 아래 북한 정권이 수립되었다. 다음 해인 1949년 8월에는 독일 내의 미국 · 영국 · 프랑스의 점령 지역에 서독 정권이, 10월에는 소련 점령 지역에 동독 정권이 수립되었다.

1949년 소련은 원자탄을 개발하는 데 성공했다. 또 1949년 10월에는 중국에서 모택동이 장개석의 국민당 정부를 대만으로 몰아내고 공산 정권인 중화민주주의인민공화국을 수립했다. 그리하여 자본주의 세력과 공산주의 세력의 대립이 점점 심화되었다.

미국에서는 공산주의에 대한 공격적 전략이 국내 정치에도 반영되었다. 위스콘신 출신 공화당 상원의원인 조지프 매카시J. R. McCarthy가 중심이 된 소위 매카시 선풍이 1950~1954년까지 불었는데, 이는 미국의 공직 사회에서 좌익 세력을 척결하려는 운동이었다. 매카시 선풍은 중공의 성립과 6 · 25전쟁으로 인해 공산주의에 대한 두려움에 빠진 많은 미국인들의 지지를 받았다.

냉전의 본격화

냉전이 본격화된 것은 한국에서 벌어진 6 · 25전쟁 때문이다. 이에는 김일성의 오판도 있었지만, 그것을 가능하게 한 미국 외교의 미숙함도 하나의 원인이었다. 1950년 1월에 당시 국무장관 딘 애치슨D. G. Acheson이 이른바 '애치슨 선언'으로 한반도와 대만을 미국의 태평양 방위선에서 제외한다고 발표했기 때문이다. 1949년 3월에 태평양 지역 군사령관인 맥아더 장군도 비슷한 이야기를 한 바 있었다. 그리하여 이제 알류산 열도, 일본, 오키나와, 필리핀의 섬들을 잇는 선이 미국의 방위선이 되었다.

6 · 25전쟁. 미군 병력이 불타는 시골 마을을 지나 행군하고 있다(1951).

이는 북한이나 중국에게 남한을 침공해도 괜찮겠다는 오판을 하게 했다. 결국 북한은 1950년 6월 25일 남침을 개시하였고, 한반도는 3년여의 대규모 전쟁으로 초토화되었다. 미국의 무책임한 정책으로 한국이 전쟁터가 된 것이다. 이 전쟁에서 미국을 중심으로 한 자본주의 국가들이 남한을, 중공과 소련은 북한을 지원했다.

한국에서의 전쟁에 이어 미국은 베트남에 본격적으로 개입했다. 인도차이나 반도 전체가 공산화되는 것을 막으려 한 것이다. 당시 베트남은 1954년의 제네바 평화협정에 따라 북위 17도 선에서 분단되어 있었고, 남쪽은 프랑스의 후견 아래 고 딘 디엠Ngo Dinh Diem 정권이 들어서 있었다.

그런데 1960년 북베트남의 지원 아래, 남베트남 민족해방전선이 결성되어 전복 활동이 시작되자, 미국의 케네디 대통령은 1961년 군사고문단을 파견하여 남베트남에 대한 군사 지원을 본격화했다. 파병 인원은 1963년에 1만 6,000명에 이르렀다. 후임자인 존슨 대통령은 대규모 군대를 파병하고, 1968년에는 북베트남의 하노이 시를 폭격하는 등 확전을 했다. 1969년에는 미군 50만 명과 한국군 5만 명이 파병될 정도였다.

그럼에도 북베트남과 중공의 지원을 받는 반정부 세력의 게릴라 전쟁을 진압하는 데 실패하고 미국 내에서도 반전운동이 격화되자 전쟁을 계속할 수 없었다. 결국 존슨의 뒤를 이은 리처드 닉슨R. M. Nixon 대통령은 평화를 모색했다. 그리하여 미국은 1975년에 베트남을 포기하고 철수했는데 이는 미국인들의 자존심에 큰 상처를 남겼다.

1962년에는 쿠바 미사일 위기가 벌어졌다. 소련이 미국의 코앞에 있는 쿠바에 핵미사일을 배치하려 했기 때문이다. 미국이 쿠바의 카스트로 정권을 전복시키려 하자 소련이 그것을 막으려 한 것이다. 이는 또한 미국이 소련과 국경을 맞대고 있는 터키에 핵미사일을 배치한 것에 대한 대응이기도 했다. 미국이 쿠바 수역을 해상 봉쇄하고 강경한 대응을 하여 군사적 충돌이 벌어질 뻔했으나, 결국 타협으로 해결되었다. 소련군이 쿠바에서 철수하는 대신 미국은 차후 터키에서 핵미사일을 철수시키기로 이면 합의를 한 것이다. 그러나 여하튼 소련의 체면이 깎였다.

이 위기는 핵전쟁의 위험성을 사람들에게 다시 한 번 인식시키는 결과가 되었다. 그리하여 그 후 두 나라 사이의 군사적 경쟁은 치열해졌으나 실제로 양국 관계는 더 안정되었다. 결과적으로 어느 쪽도 다시는 상대방의 세력권에 직접 도전하지 않았다.

1950~1960년대를 걸쳐 미국과 소련은 자신의 세력권 안에서 어떠한 반대 움직임도 용납하지 않았다. 미국은 자신의 텃밭으로 여긴 중남미 지역에 공산주의가 파고드는 것을 결코 방치하지 않았다. 이는 1954년 3월 미 중앙정보부장인 앨런 덜레스A. W. Dulles가 '국제공산주의 운동이 미주 국가의 어느 정치기구라도 지배하거나 통제한다면 ―이는 미주 대륙이 아닌 곳에도 마찬가지로 적용된다― 그것은 미주 국가들의 주권과 정치적 독립에 대한 위협으로 간주한다'는 선언에서 잘 드러난다. 그럼에도 그것이 쉬운 일이 아니었기 때문에 끊임없이 군사 개입을 하지 않을 수 없었다.

1954년에는 좌경화하는 과테말라의 페론주의 정권을 CIA의 직접적 개입으로 전복시켰다. 그러나 쿠바에서는 미국의 지원을 받는 바티스타 정권을 1959년 민중봉기로부터 지키는 데 실패했다. 그리하여 카스트로의 민족주의 정권이 들어섰다. 1961년에 케네디 대통령은 이를 전복하려는 시도를 했으나 실패했고, 카스트로 정권은 그 후 점차 좌경화했다.

쿠바에서의 민족주의 정권의 성공은 중남미인들을 크게 고무시켰다. 각지에서 민족주의적이거나 좌파 성향의 게릴라 운동이 벌어졌다. 체 게바라가 쿠바 혁명에 참여한 후 새 활동 지역으로 선택한 볼리비아는 그 하나의 예이다.

1964년에는 브라질에서 민족주의 성향의 굴라르 정권이 토지 개혁, 외국 자본 통제, 쿠바 카스트로 정권의 승인 등 급진적 정책을 취하자,

쿠바 혁명. 아바나 시에 진입하는 카스트로의 혁명군(1959)

미국은 우익 군부를 사주하여 그해에 쿠데타를 일으켰다. 브라질 사람들은 그 후 1985년 민주정부가 수립될 때까지 극악한 군사독재에

헝가리 봉기 때 스탈린의 초상화를 불태우는 부다페스트 시민들(1956)

시달렸다. 1970년에 칠레에서는 선거를 통해 자생적 공산주의 정권인 아옌데 정권이 들어섰다. 그리고 토지 분배, 산업의 국유화 등 과격한 개혁 정책을 펴자 역시 미국의 CIA는 우익 군부를 조종하여 1974년에 군사 쿠데타를 일으켰다. 이 외에도 미국은 기아나, 브라질, 도미니카, 니카라과, 엘살바도르, 그라나다, 파나마 등 여러 나라에 끊임없이 개입하며 간섭했다.

중남미 외 다른 지역에서도 마찬가지였다. 영국 석유회사의 국유화를 단행한 민족주의 정권인 이란의 모사데크 정권을 CIA의 공작을 통해 1953년에 축출하고, 대신 미국 석유 회사들이 그 이권의 상당 부분을 차지했다. 1965년에는 점점 공산주의자들의 영향 아래 들어간다는 의심을 받은 인도네시아의 수카르노 정권 역시 미국의 사주를 받은 수하르토 장군의 우익 군부 세력에 의해 전복되었다.

미국만이 아니었다. 소련도 사회주의권 안에서의 어떠한 이탈 움직임도 용납하지 않으려 했다. 1956년에는 헝가리에서의 반공산주의 봉기를 가혹하게 진압했다.

또 1968년에는 체코슬로바키아의 민주화운동인 이른바 '프라하의 봄'을 소련 군대를 동원해 짓밟았다. 그리고 브레즈네프 독트린을 발표하고 동유럽 어느 나라에서건 사회주의가 위협받는다고 간주될 때에는 소련이 그 내정에 간섭하겠다고 선언했다.

1979년에는 아프가니스탄의 공산 정권이 무너질 것처럼 보이자 소련군 10만 명을 출병시켰다. 1980년에 폴란드의 자유노조가 공산당 정권을 위협하자, 1981년에 참모총장인 야루젤스키가 군사 쿠데타를 일으키도록 함으로써 현상을 유지하게 했다.

해빙(détente)

1970년대 초부터 긴장 완화의 조짐이 보였다. 이는 핵전쟁의 두려움과 베트남 전쟁의 부담 때문이었다. 먼저 미국과 중국의 관계 개선이 이루어졌다. 두 나라의 동기는 각각 달랐다. 중국은 스탈린 격하 운동에 따른 수정주의 논쟁과 국경 분쟁으로 소련과의 관계가 악화되었으므로 국제적 고립을 피하기 위해 미국에 접근했다. 미국도 베트남 전쟁의 수렁에서 빠져나와 평화 공존을 바랐으므로 중국과의 관계 개선이 필요했다.

미국과 중국은 한국의 6 · 25 전쟁 이후 계속 적대적이었고, 미국이 대만을 지원하고 중국이 베트남을 지원하는 한 관계 개선의 여지가 없어 보였다. 그러나 중국이 1971년에 미국 탁구팀을 중국으로 초청하면서 관계가 개선되기 시작했다. 그해에 미국은 비토권을 포기함으로써 중국의 유엔 가입을 받아들였다. 그리하여 1971년 10월, 대만 대신 중국이 유엔의 회원국이자 상임이사국 자리를 차지하게 되었다.

관계가 개선됨에 따라 닉슨과 포드 대통령이 각각 1972년과 1975년에 중국을 방문했다. 1978년에는 카터 대통령이 대만과의 외교 관계를 단절함으로써 두 나라의 관계는 더 돈독해졌다. 1979년 1월에 미국이 중화인민공화국을 승인함으로써 미 · 중의 데탕트는 절정에 달했다.

미국과 중국의 관계가 개선되자 소련도 가만히 있을 수는 없었다. 사실 미국과 소련은 이미 정상 간 핫라인을 개설하고 있었고, 1963년에는 지하 핵실험만 하기로 협정을 맺고 있었다. 또 1969년에 전략무

기제한회담SALT이 시작되었다.

그러나 당시의 분위기가 썩 좋은 것은 아니었다. 소련이 브레즈네프 독트린을 내세우고 실제로 체코슬로바키아의 민주화운동을 짓밟았기 때문이다. 그럼에도 1972년에는 솔트SALT I이 체결되어 공격 무기의 수를 각자 제한하기로 했고, ICBM의 방어 체제도 제한하기로 했다. 실제로 그것이 핵무기를 감축시키지는 못했으나, 군비 경쟁의 속도를 늦추는 성과를 가져왔다. 닉슨은 1972년과 1974년에 두 차례나 모스크바를 방문했고, 소련의 당 서기장인 레오니트 브레즈네프L. I. Brezhnev도 1973년에 워싱턴을 방문했다.

가장 중요했던 것은 1975년의 헬싱키 협정이다. 여기에는 미국, 소

소련 서기장 브레즈네프와 미국 대통령 닉슨(1972년, 모스크바)

련, 캐나다와 유럽 대부분의 국가들을 포함한 35개 국가가 참여했고, 2차 대전 이후 그어진 유럽의 국경을 받아들이기로 약속했다. 현상을 유지하겠다는 것이었다. 이것은 독일의 영구 분단을 의미했다.

그러나 미소 간 데탕트는 오래가지 못했다. 소련이 1979년 12월에 아프가니스탄을 침공했고, 1980년에는 캄차카 반도에서 한국의 민항기인 KAL기를 격추시키는 사건이 일어났기 때문이다. 또 1981년에 폴란드에 야루젤스키 장군의 군정을 수립시킨 일도 영향을 미쳤다. 미국의 로널드 레이건R. Reagan 대통령은 소련을 '악의 제국'으로 선언했고 관계는 다시 악화되었다.

그리하여 1980년대에 미국과 소련은 다시 군비를 증강하기 시작했다. 소련이 신형 중거리 핵무기인 SS 20을 유럽에 배치하자, 미국도 퍼싱 미사일을 영국 등 유럽의 동맹국에 배치하여 이에 대항했다. 소련의 군비 증대가 나토에 위협이 되었기 때문이다. 또 1983년에 미국 상원은 1979년에 체결된 대륙 간 탄도미사일 수를 제한하는 솔트 II의 비준을 거부했다.

전환점이 온 것은 1985년에 소련의 지도자로 새로운 세대의 인물인 미하일 고르바초프가 등장하면서부터이다. 그는 소련의 새 서기장에 취임하자마자 즉시 유럽을 겨냥한 미사일 배치를 6개월간 유예시킬 정도로 관계 개선에 적극적이었다.

냉전의 종식

냉전은 의외의 사태로 인해 끝났다. 고르바초프가 소련이 당면한 경제적 난국을 돌파하기 위해 글라스노스트와 페레스트로이카 정책을 통해 소련을 개혁하려 했기 때문이다. 여기에는 두 가지 요인이 작용했다.

하나는 과도한 국방비 지출이다. 소련은 아프가니스탄에 10만 명의 병력을 출병시킴으로써 막대한 전비를 지출하지 않으면 안 되었다. 미국이 음성적으로 지원하는 무자헤딘 세력과의 전쟁이 장기간 지속되면서 소련은 큰 부담을 느끼게 되었다.

또 레이건 정부의 우주 전쟁 계획인 스타워즈 계획도 소련에게 너무 큰 군사비 부담을 지웠다. 소련은 이에 대항하기 위해 소비재 부분의 자원을 크게 전용할 수밖에 없었다. 이 시기에 소련은 GDP의 15퍼센트와 노동력의 2퍼센트를 군대에 할당했다. 반면 미국은 GDP의 7퍼센트와 노동력의 1퍼센트만을 사용했으므로 상대적으로 소련이 더 큰 부담을 느꼈다.

두 번째는 자본주의 국가 국민들이 상대적으로 풍요하게 산다는 인식이 커졌다는 것이다. 생필품 부족에 계속 시달린 사회주의 국가 국민들과, 특히 서독의 텔레비전 방송을 볼 수 있었던 동독인들에게 이는 시간이 갈수록 점점 분명해졌다. 1980년대에 들어와 전파 방해가 줄어들었으므로 그 영향력은 더 커졌다.

그렇다고 해도 소련 정부가 억압적인 정책을 고수했다면 그렇게 쉽게 체제 붕괴에까지 이르지는 않았을 것이다. 그러나 고르바초프는 생산과 분배의 비효율적인 체계와 과도한 군비에서 비롯된 경제의 정체, 그리고 국민들의 알 권리를 신장시키기를 바랐다. 그리하여 냉전은 1989년 부시 대통령과 고르바초프 서기장의 몰타 선언으로 종식됐다.

냉전의 결과

냉전은 근 40년 동안 국제정치를 규율한 가장 큰 틀이었다. 모든 나라들이 그 틀 안에서 생활하지 않으면 안 되었다. 미국과 소련이 양대 슈퍼파워로서, 이에 도전할 수 있는 나라들이 없었기 때문이다. 냉전은 여러 가지 결과를 가져왔다.

첫째, 비교적 안정된 국제정치를 가져왔다. 모든 나라가 다소간 미 · 소 양 대국 중 한쪽 편을 들어야 했으므로 개별 국가들의 이기주의가 제약되었다.

둘째, 냉전으로 인해 미국은 사회주의 세력을 막을 방벽으로서 서독과 일본의 재건에 큰 힘을 쏟았다. 두 나라가 패전국임에도 불구하고 빠른 시일 내에 전후 복구를 하고 고도성장을 할 수 있었던 이유이다. 만약 냉전이 없었더라면 미국은 서독과 일본의 재건에 그렇게 헌신하지 않았을 것이며 다시 이기적인 고립주의로 돌아갔을 가능성이 크다.

셋째, 핵무기로 인한 공포의 균형으로 큰 전쟁 없이 평화가 유지되었다. 이 시기에 여기저기에서 국지전은 있었으나 대규모 전쟁은 없었다. 핵무기로 인한 공포가 무장 평화를 가능하게 한 것이다. 냉전이 없었다면 미국과 소련은 우주 경쟁도 하지 않았을 가능성이 크다.

넷째, 냉전은 각 나라들의 자주적인 발전을 억압했다. 사회주의나 자본주의 외에 다른 길을 찾아 나갈 수 없었다. 따라서 각 나라의 민족주의적 열망은 억압되었다. 냉전이 끝난 후 많은 나라에서 민족주의가 봇물처럼 터져 나왔는데, 그것은 새로운 현상이 아니라 그동안 억눌려 왔던 것이 되살아난 것에 불과했다.

다섯째, 서유럽에 대한 미국의 영향력을 강화시켰고, 사회주의에 대한 위기감이 유럽의 통합을 촉진시켰다. 또 서유럽의 사회민주주의는 동유럽의 사회주의 체제에 대한 대응이었다. 국민들의 복지를 늘리지 않으면 사회주의 체제와 경쟁할 수 없었기 때문이다.

여섯째, 냉전 상황이 후진국들을 억압하기는 했으나 어느 정도 도움을 준 면도 있다. 미국과 소련이 자신의 영향력을 확대하기 위해 후진국들에게 약간의 원조를 해 주기도 했기 때문이다. 하지만 이것은 냉전이 끝나면서 거의 사라졌다.

참고 문헌

J. L. 개디스(박건영 역), 『새로 쓰는 냉전의 역사』, 사회평론, 2002.

B. 슈퇴버(최승완 역), 『냉전이란 무엇인가 : 극단의 시대 1945－1991』, 역사비평사, 2008.

N. 촘스키 외(정연복 역), 『냉전과 대학 : 냉전의 서막과 미국 지식인들』, 당대, 2001.

E. 홉스봄(이용우 역), 『극단의 시대 : 20세기 역사』, 까치글방, 1997.

J. L. Gaddis, *The Cold War: A New History*, Penguin Books, 2005.

R. Griffith and P. Baker, *Major Problems in American History Since 1945*, Houghton Mifflin Company, Third Edition, 2007.

H. Heller, *The Cold War and the New Imperialism: A Global History 1945–2005*, Monthly Review Press, 2006.

H. Kissinger, *Diplomacy*, Simon and Schuster, 1994.

M. McCauley, *Origins of the Cold War*, Longman, 1983.

O. A. Westad, *The Global Cold War*, Cambridge Univ. Press, 2007.

W. A. Williams, *The Tragedy of American Diplomacy*, New York, 1962.

10

식민지 해방과 제3세계

식민지 해방의 요인들

15세기 말에 아메리카로 진출한 이후 유럽은 계속 팽창하며 지구상의 광범한 지역을 차지하게 되었다. 팽창은 18세기 말에 들어와 주춤해졌으나, 1870년대 이후 다시 시작되어 수십 년 내에 지구의 대부분이 유럽의 식민지가 되었다.

이는 유럽 국가들이 19세기에 들어와 산업혁명을 달성함으로써 현격한 힘의 우위를 과시할 수 있게 되었기 때문이다. 그리하여 과거의 대제국들인 인도, 중국 같은 나라들까지 유럽 국가들의 식민지나 반식민지의 상태로 떨어졌다. 적절한 군사적 · 기술적 · 경제적 능력을 갖고 있지 못했던 비유럽인들이 이에 효과적인 저항을 할 수 없었기 때문이다.

1914년 이전에도 이미 각 식민지에서는 식민 국가들의 정치적 지배, 경제적 착취, 인종주의적 차별, 문화적 제국주의에 반발하여 저항운동이 시작되고 있었다. 인도에서는 이미 1885년부터 인도 국민회의당이 독립 투쟁을 시작했고, 제국주의의 침탈에 따라 다른 지역에서도 그런 움직임이 점차 나타났다.

1차 대전은 이런 과정을 촉진시켰다. 많은 식민지 병사들이 유럽의 식민 모국을 위해 싸웠고 그 대가로 독립은 아닐지라도 최소한 자치의 자격은 있다고 생각했기 때문이다. 미국의 윌슨 대통령이 발표한 '14개 조항'도 반제국주의적 감정을 고취시키려 한 것은 아니었지만 많은 식민지인들을 고무했다. 1919년의 한국의 3·1운동이나 중국의 5·4운동은 그 영향을 받은 것이다.

사회주의자들은 일찍부터 식민주의에 반대하는 태도를 취했다. 제2인터내셔널은 이미 1900년에 식민주의를 거부한다는 성명을 발표한 바 있다. 1917년의 러시아혁명은 더 중요했다. 정권을 장악한 공산주의자들이 식민지에서의 해방운동을 고취시켰기 때문이다.

레닌은 1920년의 코민테른 제2차 대회에서 '민족 및 식민지에 대한 테제'를 통과시켰는데, 이는 제국주의와 싸우는 소비에트 러시아 및 노동계급운동, 민족·식민지 해방운동의 반제국주의 동맹을 주창함으로써 식민지인들에게 큰 환영을 받았다. 식민주의 반대를 자신들의 적인 자본주의 국가들을 우회적으로 공격하는 수단으로 삼은 것이다. 그 결과, 식민 지역에서 조직된 많은 사회주의 정치 조직들도 민족해방운동에 열렬히 참여했다. 중국, 한국, 말레이시아, 인도네시아, 필리핀 같은 나라들이 대표적이었다.

전간기에 들어서서 제국주의 국가들의 힘이 점차 약화됨에 따라, 1918~1939년 사이에 페르시아, 튀르크, 중국은 그 간섭에서 벗어나게 되었다. 인도는 독립을 위한 기초를 다졌는데, 이는 비폭력 저항에 의존한 간디의 운동이 큰 성과를 거두었기 때문이다.

2차 대전은 이런 움직임을 가속화시켰다. 2차 대전 당시에도 식민지 인들은 실제 참전하거나 노동자로서, 또 원자재나 공산품을 제공함으로써 식민 모국을 도왔다. 따라서 이들 희생의 대가가 지불되어야 한다는 목소리가 커졌다.

이런 생각은 전쟁의 성격에 의해 더욱 강화되었다. 미국이나 영국이

인도 식민 정부의 소금세 인상에 반대해
소금 행진을 벌이는 마하트마 간디와 지지자들(1930. 4. 5.)

2차 대전을 선악 투쟁으로 선전했기 때문이다. 파시즘에 대한 연합군의 승리가 자유, 인류애, 평등, 민주적 철학의 승리를 의미한다면 식민 체제의 유지를 합리화하기는 어려웠다.

전쟁 중이었던 1941년 8월에 루스벨트와 처칠이 공동으로 발표한 '대서양 헌장'도 이와 관련이 있었다. 이 헌장에 '다른 민족의 땅을 병합해서는 안 되며, 모든 국민들은 자신의 정부 형태를 선택할 권리가 있다'는 내용이 들어갔기 때문이다. 물론 그것은 식민지인들이 독립에 대한 큰 기대를 품게 만들었으나, 그대로 믿을 수 있는 것은 아니었다. 나중에 처칠은 이 선언이 독일에게 희생된 지역에만 해당된다고 발뺌했다.

제2차 세계대전 후 식민지 해방의 시작

2차 대전이 끝난 후 식민지 해방이 본격적으로 시작되었다. 영국이나 프랑스 같은 식민 국가들은 처음에 식민지 해방에 적극적이지 않았다. 그러나 전쟁으로 쇠락하고 국제정치의 주도권을 잃은 영국의 경우 더 이상 식민 제국을 유지하는 것이 불가능하다는 것을 깨달았다.

영국은 그것을 영연방으로 대치한다 해도 식민 지역을 통제하는 데 큰 문제가 없다고 생각했다. 1945~1951년 사이에 집권한 노동당이 식민지의 독립에 그나마 긍정적이었던 것은 그 때문이었다. 그리하여 영국은 1940년대 후반부터 식민지 해방을 시작했다. 그러나 다른 식민 국가들은 대체로 끝까지 식민지를 유지하려고 애썼다.

미국의 입장은 영국과는 좀 달랐다. 미국은 빈곤한 아시아, 아프리카 식민지 지역에 공산주의가 확산될 가능성을 우려했다. 또 세계의 주도 국가로 부상한 상황에서 식민지로부터 해방된 독립국가들을 미국의 시장으로 만들려는 의도도 작용했다. 그래서 영국에게 식민지를 해방하도록 압력을 넣었다. 소련도 식민지 해방을 주장했고, 새로 조직된 국제연합UN도 점진적인 해방을 촉구했다.

가장 중요한 것은 식민지에서 해방운동이 격화된 것이었다. 우선 2차 대전 시기에 아시아 지역에서 일본이 서양의 식민지들을 점령한 것은 서양인들은 전쟁에서 지지 않는다는 신화에 종지부를 찍게 했다. 그러나 일본이 서양인들을 대신해 식민 통치를 시작하자 식민지인들은 이에 대항해 게릴라 부대들을 조직했다. 프랑스령 인도차이나의 호지명이나 네덜란드령 인도네시아의 아크멧 수카르노 같은 인물이 대표적이다. 이들이 지도한 독립운동은 대중적 지지 속에 강력한 세력을 형성했다.

호지명(1890~1969)

따라서 이제 식민 통치를 재건하려면 이러한 식민지 해방운동들과 싸우지 않으면 안 되었다. 그러나 전쟁 후의 경제난과 모국의 재건 때문에 식민지에서 또다시 전쟁을 벌인다는 것은 쉽지 않은 일이었다.

1947년에 인도가 영국으로부터 독립을 쟁취했다. 그러나 종교적인 분쟁으로 인도와 파키스탄으로 분열되었다. 1948년에는 세일론(스리랑카)과 버마(미얀마)가 독립을 얻었다. 오랜 해방 투쟁의 결과였다. 1947년에 에티오피아, 1951년에 리비아, 1960년에는 에리트레아가 각각 이탈리아로부터 해방되었다.

그러나 네덜란드, 벨기에, 프랑스 같은 나라는 끝까지 식민지에 집착함으로써 식민지인들과의 장기적인 전쟁에 말려들어 갔다. 그 결과는 물론 참담한 패배와 식민 지배의 종식이었다.

네덜란드는 1945~1949년까지 인도네시아에서 식민지 전쟁을 벌였다. 그러나 전쟁이 장기화되자 힘에 부친 데다, 미국과 오스트레일리아가 독립을 허용할 것을 요구함으로써 더 버티기가 어려워졌다. 결국 1949년에 수카르노가 이끄는 인도네시아 민족해방전선이 독립을 쟁취하는 데 성공했다.

벨기에령 콩고에서는 1959년에 소요 사태가 발생하며 루뭄바의 콩고민족해방전선이 결성되었다. 그렇게 되자 벨기에 정부는 게릴라 전쟁으로부터 10만 명의 벨기에 정착민들을 보호하기 위해 즉각적인 독립을 허용했다. 콩고는 1960년 6월에 독립했고, 역시 벨기에령인 루안다-우룬디도 1962년에 독립을 쟁취했다.

프랑스는 1946년부터 1954년까지 인도차이나 반도에서 8년여에 걸친 식민지 전쟁을 감수하며 식민지를 지키려 애썼다. 그러나 1954년 6월의 디엔비엔푸 전투에서 패전한 후, 제네바 협정에 의해 라오스, 캄

보디아의 독립을 허용하지 않을 수 없었다.

그러나 이 협정에서 베트남은 북위 17도선에서 분단되었다. 그리하여 북반부는 독립을 얻었으나, 남부 지역에는 프랑스의 후견 속에 고 딘 디엠 정부가 섰다. 남베트남은 점차 미국의 영향력 아래 들어갔는데, 그것은 미국이 인도차이나 반도 전체가 공산화될 것을 두려워했기 때문이다.

1956년에는 역시 프랑스령인 튀니지와 모로코가 해방운동을 통해 독립을 얻었다. 그러나 프랑스가 가장 어려움을 겪은 것은 알제리에서였다. 자국민들이 많이 살고 있고, 지리적으로도 가까운 알제리를 프랑스 본국의 연장으로 생각했으므로 끝까지 내놓지 않으려 했기 때

1959년 6월 알제리를 방문한 프랑스 대통령 샤를 드골

스페인령 모로코 (1956)
튀니지(1956)
지 중 해
(1956) 모로코
알제리 (1962)
리비아 (1951)
이집트
홍해
(1975) 스페인령 사하라
(1960) 말리
모리타니(1960)
니제르 (1960)
차드 (1960)
이탈리아에서 에티오피아로,
에리트레아
(1960) 세네갈
감비아
수단 (1956)
(1975)
(1960) 상볼타
(1960)
지부티
가나 (1958)
나이지리아 (1960)
시에라리온 (1961)
아이보리 코스트 (1960)
가나 (1957)
토고 (1960)
다호메이
에티오피아
라이베리아
중앙아프리카(1960)
카메룬 (1960)
우간다 (1962)
소말리아
적도 기니(1968)
상투메 (1975)
가봉 (1960)
(1960) 콩고
르완다 (1962)
케냐 (1963)
콩고민주주의 공화국 (1960)
브룬디 (1962)
대 서 양
탄자니아 (1961)
앙골라 (1975)
(1964) 말라위
잠비아 (1964)
(1975)
모잠비크
마다가스
(1960)
남서아프리카 (1990년까지 남아프리카가 신탁통치)
로디지아
보츠와나 (1966)
(1965년 독립 선언 1980년 독립)
스와질란드(1968)
인 도 양
N
레소토(1966)
0 500킬로미터
0 500마일
남서아프리카공화국 (1910년에 자치)

아프리카 국가들의 독립

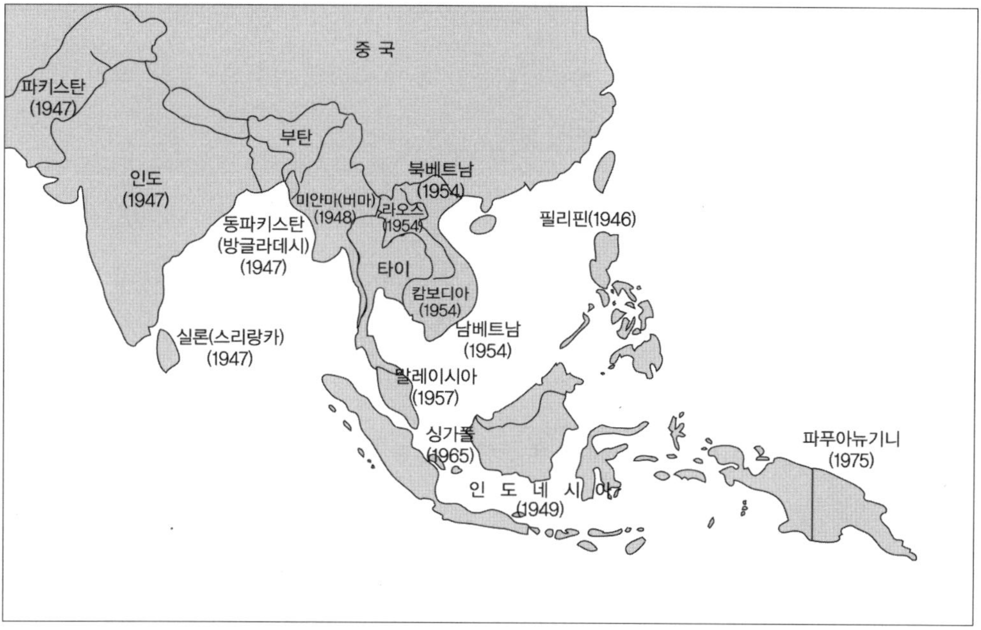

아시아의 국가들의 독립(1946~1975년)

문이다.

1954년에 벤 벨라A. B. Bella가 알제리민족해방전선을 결성하여 독립 전쟁을 시작했다. 프랑스는 가장 많게는 50만 대군을 파견했으나 게릴라 세력을 진압하는 데 성공하지 못했다. 이 전쟁으로 프랑스의 국론이 분열되면서 1958년에 제4공화정이 붕괴되었다.

1958년 12월에 대통령에 선출된 드골은 정착민들의 반대와 식민지 군대의 반란에도 불구하고 1962년 7월 알제리의 독립을 허용했다. 드골은 나머지 아프리카 식민지를 프랑스 영향권으로 계속 묶어 두려 했으나 독립의 요구가 너무 커서 성공하지 못했다. 결국 1960년대에 남아 있던 12개 식민지가 모두 독립했다.

그리하여 1945~1975년 사이에 아시아, 아프리카의 대부분의 식민지들이 독립을 쟁취했다. 1997년에는 홍콩이 중국에 반환됨으로써 식민주의 시대가 사실상 끝났다.

제3세계의 비동맹주의와 남북 관계

2차 대전 이후 식민지에서 해방되어 독립한 대부분의 나라들을 총칭하여 보통 제3세계라고 부른다. 이는 선진 자본주의권인 제1세계, 사회주의권인 제2세계와 구분한 것으로, 1950년대 중반부터 일반화되었다. 지금은 사회주의권인 제2세계가 붕괴한 상태이나 관행적으로 그대로 사용한다.

아시아, 아프리카 지역의 제3세계에 속하는 많은 국가들은 냉전 체제 아래서 사회주의권이나 자본주의권 중 어디에도 속하지 않으려 했다. 신식민주의와 내정 간섭에 반대함으로써 독자적인 세력이 되려고 한 것이다. 이들은 1955년 반둥에서 처음으로 비동맹회의를 열어 하나로 결집했다. 그 대표자는 인도의 자와할랄 네루P. J. Nehru 수상, 인도네시아의 수카르노 대통령, 이집트의 가말 나세르G. A. Nasser 대통령 등이다.

비동맹을 내세우기는 했으나 이 나라들은 거의 과거 자본주의 국가들의 식민지였으므로 사회주의권에 보다 우호적인 태도를 취했다. 많은 나라들이 계획경제, 기간 산업의 국유화 등 사회주의에 보다 근접한 경제체제를 채택한 것은 그 이유 때문이다. 이집트의 나세르 대통령은 수에즈 운하를 비롯해 수백 개의 외국 기업들을 국유화하고, 공공연히 아랍 사회주의를 부르짖었다.

여기에는 소련이나 중국의 역할도 중요했다. 냉전 상황에서 제3세계의 지지를 얻고 영향력을 확대하기 위해 제3세계의 경제 개발을 위한 인적 · 물적 원조를 아끼지 않았기 때문이다. 그러나 중소 분쟁 이후에는 중국의 영향력이 더 커졌다. 중국이 소련을 제국주의 국가로, 자국을 제3세계의 피억압 국가로 규정하고 그런 방향으로 선전을 강화했기 때문이다. 그리하여 제3세계에서는 한동안 모택동주의가 새로운 이데올로기적 대안으로서 널리 환영받았다.

미국은 제3세계 국가들이 사회주의권에 포섭되는 것으로 보이자, 1960년대 초에는 콩고, 인도네시아, 알제리, 가나 같은 여러 나라에서 CIA의 공작을 통한 군사 쿠데타로 이에 대응했다. 그러나 1960년대

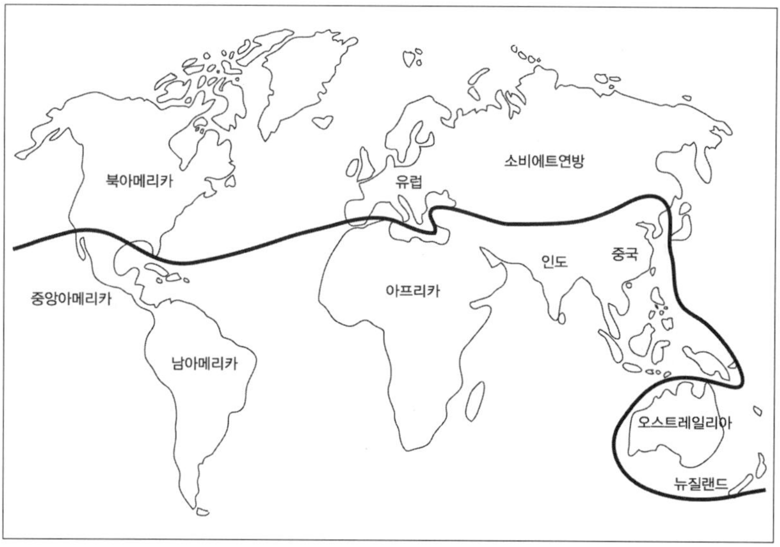

1970년대 빈부 차이에 따른 남과 북의 구분선. 한국은 이제 북에 속하게 되었다.

말에는 상황이 달라졌다. 미국이 베트남 전쟁에 묶여 있는 상황을 틈타 제3세계 곳곳에서 사회주의자나 민족주의자들에 의한 반정부 반란이 속출했기 때문이다. 그래서 존슨 대통령은 제3세계에 대해 빈곤이나 무역 역조를 개선시키는 것보다는 전쟁과 억압 정책을 택했다.

그러나 비동맹 국가들은 국력이 강하지 않았으므로 국제사회에서의 영향력은 크지 않았다. 또 냉전이 약화되자 결속력도 줄어들어 점점 유명무실해졌다. 1979년에 쿠바의 아바나에서 열린 비동맹 회의에는 모두 92개 국가가 참여했고, 그 인구는 세계 전체 인구의 70퍼센트에 달할 정도로 많았다. 그럼에도 그에 걸맞은 정치력을 보여 주지는 못했다.

남북 관계라는 말은 북반구의 선진국과, 대부분 남반구나 그 가까운 곳에 위치해 있는 제3세계의 가난한 나라들의 관계를 가리키는 것이다. 1989~1990년의 경우를 보면 북의 1인당 GNP는 남의 평균보다 24배 높다. 1992년의 경우, 일본은 2만 8,000달러, 노르웨이는 2만 5,800달러이나, 에티오피아는 110달러에 불과했다. 현격한 빈부의 차이가 나타나는 것이다.

이는 식량 소비의 격차에서도 잘 나타난다. 1980년대 초에 세계 인구의 70퍼센트인 이들은 고작 세계 식량 소비의 30퍼센트를 차지할 정도로 빈곤한 상태였으나, 미국은 세계 인구의 10퍼센트로 세계 식량의 40퍼센트를 소비했다. 이는 유럽 등 다른 선진국의 경우도 마찬가지였다.

따라서 영양 섭취에서도 큰 차이가 나타났다. 미국과 서유럽인들은 1인당 2,700~3,300칼로리를 섭취하나, 제3세계인들은 2,000칼로리 이하를 섭취했다. 노동자의 1일 최소 필요 칼로리는 2,300칼로리이므로 서양인은 영양이 과잉되어 있고, 제3세계인은 영영 결핍 상태에 있었다. 그것은 지금도 큰 차이가 없다. 서양인이 점점 뚱뚱해지고 있는 반면, 제3세계인은 대부분 마른 모습을 하고 있는 것은 그 때문이다.

1980년에 국제적으로 명망이 높은 여러 정치가들이 이 문제에 대한 해결책을 위해 만든 것이 독일 수상을 역임한 빌리 브란트W. Brandt의 이름을 딴 브란트 보고서였다. 이 보고서에서는 점점 커지고 있는 남북의 격차를 줄이기 위해 북의 국가들이 남의 국가들을 도울 것을 제안했다. 1985년까지는 원조액을 GNP의 0.7퍼센트, 그리고 그것을 2000년까지는 1퍼센트로 확대하자는 것이었다. 그러나 그것은 사실 불가능한 제안이었고 실제로도 실천되지 못했다. 부국들이 가난한 나라들을 도울 마음이 별로 없었기 때문이다.

근대화론과 종속이론

냉전 상황에서 소련이나 미국은 제3세계 국가들을 자기편으로 묶어 놓기 위해서 신경을 쓰지 않으면 안 되었다. 그래서 소련은 동유럽 국가들은 물론 아시아, 아프리카의 비동맹을 표방하는 제3세계 국가들에게 많은 원조를 해 주었다.

미국도 자국의 동맹국에 속하는 나라들에게 막대한 원조를 했다. 이때 미국의 관변 경제학자들이 만들어 낸 이론이 근대화론 또는 경제발전론이라는 것이다. 이런 이론을 만든 대표적인 학자 가운데 한 명이 로스토W. W. Rostow이다. 그의 주장을 한번 살펴보자.

로스토는 그의 유명한 『경제성장 단계론』에서 경제성장이 5단계를 거쳐 이루어진다고 주장했다. 1. 전통적 사회 2. 이륙 준비 단계 3. 이륙 단계 4. 고도성장 단계 5. 대량생산, 대량소비 단계가 그것이다.

첫 단계는 전통적 삶에 익숙한 상태로, 아직 경제에 대한 관념이 없고 성장하려는 생각이 없는 단계이다. 두 번째는 이륙을 위해 자본을 준비하고, 교육을 통해 주민들의 생각이 바뀌는 단계이다. 세 번째는 경제성장을 시작하는 단계이다. 네 번째는 이제 경제가 어느 정도 성숙하여 본격적으로 고도성장을 누리는 단계이다. 다섯 번째는 선진국들과 같은 풍요한 생활수준을 누릴 수 있는 높은 수준의 자본주의에 도달한 단계이다.

그는 어느 경제나 이러한 단계를 거쳐 선진국에 도달하게 되므로 적절한 자본과 교육, 노동력만 투입하면 어느 나라든 경제성장을 이룰 수 있다고 주장했고, 이런 주장은 한때 미국의 관변 측에서 상당한 영향력을 갖고 있었다.

따라서 미국은 이런 논리에 따라 제3세계 국가들에게 기술이나 교육을 제공하기도 했고, 잉여 농산물 공여 등의 경제원조를 하기도 했다. 케네디 대통령 시기에 미국이 제3세계 국가들에 평화봉사단을 파견한 것도 그런 노력의 일환이었다. 그러나 이런 노력은 별로 성공하지 못했다. 대부분의 나라들은 경제성장을 이루는 데 실패했다.

그것은 어떤 이유 때문일까? 이 점에서 종속이론가들의 주장은 많은 시사점을 보여 준다. 종속이론은 맑시즘에서 발전한 것으로, 그 최초의 표현은 미국의 지도적인 맑스주의 경제학자인 배런P. Baran의 『성장의 정치경제학』(1957)이라는 책에서 시작되었다. 그리고 1960년대에 그것은 푸르타도C. Purtado, 산토스T. D. Santos, 카르도소F. H. Cardoso 같은 라틴아메리카 학자들의 손으로 넘어가 본격적으로 발전했다.

그러나 이론이 국제적으로 널리 알려진 것은 아민S. Amin, 프랭크A. G. Frank, 월러스틴I. Wallerstein 같은 사람들에 의해서이다. 특히 프랭크와 월러스틴은 미국 학문의 국제적 지위를 통해 이를 널리 확산시키는 데 기여했다.

이들은 전통 사회에 대해서 경제 발전론자들과 근본적으로 다른 생각을 갖고 있다. 즉, 근대화론자들이 전통적 사회라고 부르는 제3세계의 사회는, 과거부터 수백 년 동안 유지되어 온 그러한 전통 사회가 아니라 오랜 식민 지배에 의해 피폐해지고 왜곡된 사회라는 것이다. 게다가 현재에도 계속 착취당하고 있는 사회이다.

그러므로 이런 사회구조적인 문제들을 제쳐 놓고, 자본이나 기술을 적당히 투입한다고 해서 경제성장이 이루어질 수는 없다는 것이다. 투입된 자본이 관리들이나 기업가들에 의해 횡령되거나 착복되기도 하고 비효율적으로 낭비되는 경우도 많기 때문이다.

따라서 그들은 제3세계가 이런 기형적인 사회 · 정치 구조를 바로잡거나, 선진국에 대한 예속에서 벗어나지 않고는 경제성장을 이룰 수 없다고 주장한다. 많은 종속이론가들이 제3세계가 선진국의 예속에서 벗어나 경제성장을 이룰 수 있는 유일한 방법을 사회주의 혁명에서 찾은 것은 그 때문이다. 그것을 통해 선진국과의 연결 고리를 차단해야 한다는 것이다.

사실 대부분의 제3세계 국가들이 여러 노력에도 불구하고 빈곤에서 벗어나지 못하고 있는 것을 보면 제3세계의 실상을 설명하는 데에는 근대화론보다 종속이론적 관점이 보다 타당성을 갖고 있는 것으로 보인다. 그 예외는 한국이나 대만, 중국 등 전통문화와 교육의 수준이 매우 높은 동아시아 국가들뿐이다. 그러니까 근대화론자들의 실패는 그들의 이론적 전제가 잘못되었기 때문이라고 할 수 있을 것이다.

제3세계가 가난한 이유

그러면 왜 제3세계 국가들은 아직도 가난에서 벗어나지 못하고 있을까? 거기에는 다음과 같은 요인들이 있다.

첫째, 북에 대한 경제적 의존이 아직도 심하다는 것이다. 대부분의 제3세계 국가들은 과거에 유럽 국가들이나 미국의 식민지였던 나라들로 과거의 식민 경제가 만들어 놓은 틀에서 크게 벗어나지 못하고 있다. 북은 남으로부터 원자재와 식량을 수입하는 대신 부가가치가 높은 공산품들을 수출한다. 따라서 신식민주의적 상황이 계속되고 있는 것이다. 그렇다고 북의 선진국들이 남의 산업 발전을 도우려고도 하지 않는다.

둘째로, 대부분의 제3세계 나라의 경제는 식민지 시대에 구조화된 단일 작물 경작이나 특정한 광산물 수출에 의존하고 있는데, 많은 나라가 비슷한 작물이나 광물을 생산한다. 예를 들어 가나 · 카메룬은 코코아, 칠레 · 페루 · 잠비아는 구리, 자이레 · 에티오피아는 커피, 모잠비크 · 이집트 · 수단은 면화에 의존한다. 따라서 과잉생산의 경우나 선진국의 수요가 감소하는 경우에는 가격이 급락할 수밖에 없고, 이럴 경우 이 나라들의 경제는 타격을 입는다. 실제로 1970년대에 커피, 동, 코코아, 면화의 가격이 크게 하락하며 이들 상품을 수출하는 나라들은 큰 어려움을 겪었다.

셋째, 공산품의 가격은 계속 오르는 반면, 1차 산품의 가격은 상대적으로 그대로이다. 게다가 큰 폭의 가격 변동에 시달린다. 이를 시정하기 위해 '유엔 무역과 개발 위원회'UNCTAD가 공정한 가격 협상을 시도한 적이 있었으나 별 성과가 없었다.

넷째, 원조를 주기는 하나 대개 상업 차관이나 공공 차관이다. 따라서 이자를 물어야 한다. 1980년까지 제3세계는 선진국에게 5,000억 달러의 채무를 졌는데, 그 한 해 이자만도 500억 달러에 달했다. 그러니 이자를 갚기 위해 다시 돈을 빌리는 악순환이 벌어질 수밖에 없었다.

다섯째, 남 지역의 인구 급증도 하나의 중요한 요인이다. 1975년 세계 인구는 약 40억이었으나, 현재는 근 60억에 달한다. 그 인구 증가의 대부분은 제3세계에서 이루어졌다.

여섯째, 계속되는 내전과 이웃 국가들과의 전쟁, 또 가뭄, 사막화 등으로 인한 계속적인 기근과 질병도 하나의 요인이다. 이는 아프리카의 경우 특히 심한 상태이다.

라틴아메리카의 외채 위기와 경제 주권의 상실

1980년대에 들어와 과잉자본을 주체하기 어려워진 선진국들은 중남미 국가들에게 막대한 차관을 제공했다. 또 산유국들도 석유 파동 당시에 석유가 인상에 따른 막대한 자금을 선진국 금융기관에게 맡겼는데, 그것이 중남미로 흘러들어 왔다.

이것은 주로 각국 정부에 대한 은행 차관의 형태를 취했다. 그러나 라틴아메리카 국가들은 이렇게 들어온 차관들을 효율적으로 사용하지 못했다. 이익이 나는 산업에 효율적으로 투자하지 못했을 뿐 아니라 부패한 정치가들이나 관료들이 횡령하기도 했다. 연리 약 10퍼센트에 달하는 높은 이자율도 문제였다. 그리하여 만기가 다가오자 거의 모든 나라들이 채무 불이행 상태에 빠졌다. 1982년에 멕시코가 채무 불이행을 선언한 것이 그 시초였다. 뒤이어 다른 나라들도 줄줄이 같은 상태에 빠졌다.

이렇게 되자 미국을 비롯한 선진국 정부들과 함께 IMF가 이 문제의 해결을 위해 나섰다. 그들은 이들 나라에 약간의 추가 자금을 제공하여 경제를 돌아가게 하는 대신 가혹한 부대 조건을 내세웠다. 수입 관세의 인하, 통화 축소, 금융 자유화, 국영 기업의 민영화, 경제에 대한 국가 개입의 축소, 세금 인상 등이다. 그것은 이 지역 경제를 선진국에게 직접 예속시키는 결과를 가져왔다.

오늘날 라틴아메리카 경제가 회복 불능의 상태에 빠진 것은 선진국 정부들과 금융기관, IMF, 세계은행의 이런 몰염치하고 뻔뻔스런 약탈 행위 때문이다. 개개의 금융기관들이 손해를 보고 끝내야 할 부채를 국가들과 국제 금융기관들이 앞장서서 받아 준 셈이다. 그러는 사이 라틴아메리카 지역 경제는 만신창이가 되고 말았다.

결과적으로 라틴아메리카에는 신제국주의적 질서가 만들어졌다. 그것은 다섯 개의 기둥 위에 서 있다. 하나는 외채에 대한 대규모의 장기적 이자 지불이다. 외채는 점점 늘어 2002년에는 7,250억 달러에 달했다. 1990년대에 들어와서는 정부에 대한 차관 대신 기업들에 대한 대출이 증가했다.

표 10-1 1982~1998년의 외채와 이자 지불액

단위 : 억 달러

	80	87	93	97	98
외채액	2,570	4,740	5,260	6,500	6,980
GNP 대비율	36%	66%	37%	33%	36%
지불액	300	470	380	330	350
수출 대비율	36%	37%	28%	-	-

세계은행 자료

두 번째는 포트폴리오 투자로부터 나오는 이익의 이전이다. 여기에는 각 기업의 주식이나 회사채뿐 아니라 각 정부에서 발행하는 국채에 대한 투자도 포함된다.

세 번째는 이익이 나는 공공기업이나 재정적으로 문제 있는 국영기업의 인수, 고한산업(苦汗産業)·에너지원·낮은 임금의 제조업이나 서비스 산업에 대한 직접 투자이다. 그러나 직접 투자 액수는 그렇게 크지 않다. 1999년에 최고 797억 달러까지 올라갔으나, 2002년에는 다시 390억 달러로 감소했다.

네 번째는 상품·특허·문화 상품의 로열티 수입이다.

그리하여 이 지역 경제는 거의 미국 기업이나 은행의 지배 아래 들어갔고, 그에 따라 경상수지 적자는 일상적인 일이 되었다.

그러면 라틴아메리카의 소득 분배는 어떻게 되었을까? 소득은 보통 자본 소득, 부동산 소득, 임금 소득으로 나눌 수 있다. 대부분의 노동계급은 단지 임금에만 의존한다. 그런데 1970년대와 1990년대를 비교해 보면 이 지역에서 GNP 대비 임금 총액 비율이 급격히 떨어진 것을 알 수 있다.

이에 따라 이 지역의 소득 격차도 급격히 커졌다. 예를 들어 아르헨

표 10-2 국민소득에서 임금이 차지하는 비율

	1970년	1980년	1985년	1989년	1992년
아르헨티나	40.9	31.5	31.9	24.9	-
칠레	47.7	43.4	37.8	-	-
에콰도르	34.4	34.8	23.6	16.0	15.8
멕시코	37.5	39.0	31.6	28.4	27.3
페루	40.0	32.8	30.5	25.5	16.8

티나에서 상위 20퍼센트와 최하위 20퍼센트의 소득 격차는 1975년 8:1이었으나, 1991년에는 16:1, 1997년에는 25:1로 크게 벌어졌다. 20년도 안 되는 짧은 기간에 양 계층의 소득 격차가 세 배로 늘어난 것이다.

칠레는 아옌데S. Allende의 사회주의 정권에서 GDP의 60퍼센트가 노동계급에게 분배되었으나, 피노체트A. Pinochet가 쿠데타를 통해 집권하여 신자유주의를 채택한 지 17년이 지난 1989년에는 19퍼센트만이 노동계급에게 돌아갔다. 이는 세계에서 가장 낮은 수치 가운데 하나이다. 이런 현상은 대부분의 라틴아메리카에서 정도의 차이는 있으나 비슷하게 나타난다.

그래서 상층 계급은 선진국 사람들과 같은 풍요한 생활을 누린다. 높은 담이 둘러쳐 있고 경비병이 지키는 그들만의 전용 주거 지역에서 특권적인 생활을 누린다. 이들은 영어에 능통하고, 해외 계좌를 갖고 있고, 아이들을 사립학교에 보낸다. 그러나 서민들은 빈곤과 열악한 생활환경 속에서 먹는 것조차 어려움을 느끼고 있을 정도이다.

아프리카의 상황

이는 아프리카 지역에서도 마찬가지이다. 조금 빌려 준 외채를 빌미로 세계은행과 IMF가 들어가서 구조 조정을 강요하며 아프리카 경제를 만신창이로 만들어 놓았다. 따라서 이들 나라의 경제가 발전하고 자립할 가능성은 거의 없다고 해도 과언이 아니다.

1980년에서 2000년까지 사하라 이남 아프리카의 전체 외채액은 600억 달러에서 2,060억 달러로 증가했다. GDP에 대한 외채액의 비율은 23퍼센트에서 66퍼센트가 되었다. 그래서 현재 아프리카는 유입되는 돈보다 더 많은 돈을 유출시키고 있다. 1980년에는 96억 달러가 유입되고 32억 달러가 유출되었으나, 2000년에는 32억 달러가 유입되고 98억 달러가 유출되며 62억 달러의 적자를 보고 있다.

아프리카 지배층의 자본 이탈도 여기에 한몫하고 있다. 몇몇 주요 국가의 지배층이 지난 4분세기 동안 유출시킨 액수는 2,850억 달러에 달하는 것으로 추산된다. 외국의 원조도 냉전이 끝난 1990년대에는 절반 이상인 60퍼센트가 줄었다. 이렇게 들어온 원조도 관리들이나 기업들, 또 국가의 이데올로기적 사업에 전용되므로 대중의 요구를 만족시키지는 못한다.

무역 조건도 매우 나빠졌다. 농산물 교역 조건은 보조금을 받는 G8 국가들이 생산하는 곡물들의 낮은 가격으로 말미암아 나빠지고 있다. 그래서 지난 4분세기 동안 수출량은 늘어났는데도 세계 무역에서 차지하는 비율은 줄어들었다. 이것은 구조 조정을 통한 지나친 탈규제화를 통해 세계의 다른 공업 지역에서 많은 공산품을 수입하며, 이 지역이 탈산업화되고 있기 때문이다. 따라서 지금 상태로 아프리카의 경제는 별 희망이 없다고 하겠다.

참고 문헌

P. 바란(김수행 역), 『제3세계 후진성의 역사적 고찰』, 한울, 1984.

P. 바란(김윤자 역), 『성장의 정치경제학』, 두레, 1984.

A. 사드-필류 편(김덕민 역), 『네오리버럴리즘』, 그린비, 2009.

L. 테일러(윤진호 편역), 『제3세계의 경제위기와 구조개혁』, 새얼문화재단, 2000.

C. 푸르타도 외(정윤형 편역), 『제3세계와 외채 위기』, 창작과 비평사, 1985.

A. G. 프랭크(최완규 역), 『저개발의 개발』, 새밭, 1980.

T. 하이터(이유식 역), 『빈곤의 정치경제학』, 비봉, 1984.

P. Baran & P. Sweezy, *Monopoly Capital*, Monthly Review Press, 1968.

A. Brewer, *Marxist Theories of Imperialism*, Routledge & Kegan Paul, 1980.

D. Green, *Silent Revolution*, New York: Monthly Review Press, 2003.

J. Isbister, *Promises not Kept*, West Hardford, 1995.

J. L. Love, The Origins of Dependency Analysis, *Journal of Latin American Analysis* 22, 1990, pp.143~168.

W. W. Rostow, *The Stages of Economic Growth: A Non-Communist Manifesto*, Cambridge, 1971(2판).

I. Wallerstein, *The Capitalist World Economy,* Cambridge, 1979.

11

서유럽의 사회민주주의 체제

사회민주주의란 무엇인가

냉전 시기에 서유럽에서는 사회민주주의 체제가 성립되었다. 이는 동유럽의 공산주의에 대항하기 위해 국민들의 복지 수준을 크게 높이지 않으면 안 되는 시대적 상황과 맞물려 있으나 이 시기의 고도성장과도 밀접한 관련이 있다. 서유럽의 자본주의 경제는 1950년대 이후 지속적인 경제성장을 이루며 이 나라들을 풍요하게 만들었다. 그것이 분배를 가능하게 한 것이다.

그러나 사회민주주의의 뿌리는 매우 깊다. 사회민주주의 정당은 처음 프랑스에서 민주주의적 공화파들과 사회주의자들의 연합으로 1849년 2월에 탄생했으나, 그해 6월에 관권에 의해 해산되었다. 그 본격적인 시작은 1869년에 독일 작센에서 리프크네히트와 베벨이 창설한 독일사회민주주의노동자당이다. 이 당의 이념은 맑스주의적 성향을 가지고 있었는데 곧 줄여서 '사회민주주의'로 불렸다.

과학적 사회주의 이념을 창시한 맑스와 엥겔스는 원래 '공산주의'라는 단어를 더 좋아했으나, 독일사회민주당이 1875년에 고타 강령을 채택하여 맑시즘을 일부 수용한 후에는 '사회민주주의'라는 단어를 받아들였다. 그리하여 이 명칭은 1880년 이후 유럽 각 나라에서 맑시즘의 영향을 받아 계급투쟁과 정치투쟁의 우위를 받아들이는 급진적인 노동계급 정당들을 가리키는 데 사용되었다.

그 모델이 되었던 것은 1891년의 에어푸르트 강령을 통해 완전한 맑스주의 정당으로 탈바꿈한 독일사회민주당이다. 이는 또 1871년의 파리코뮌 실패 이후 유럽 사회주의 운동의 주도권이 프랑스에서 독일로 옮겨 왔기 때문이기도 하다.

그럼에도 유럽의 사회민주주의 이념은 1914년 무렵에는 정통주의, 수정주의, 혁명주의의 세 경향으로 나뉘어 있었다. 이는 1890년대 말부터 독일사회민주당 내에서 벌어진 수정주의 논쟁을 통해 잘 드러난다. 1890년대에 들어와 당내에서는 맑시즘과 현실 사이의 간극을 지적하는 사람들이 나타났다. 맑스주의의 여러 테제들이 당시 급속히 발전하고 있던 자본주의 현실을 제대로 설명하지 못한다고 생각했기 때문이다. 그래서 이들은 사회민주당의 이념을 현실에 맞춰 혁명이

독일사회민주당의 창설자 가운데 한 명인 아우구스트 베벨(1840~1913)

아닌 개혁주의적인 노선으로 수정하기를 원했다.

반면 당을 이끄는 지도부는 현실에서는 국가와 타협했으나, 대중에 대한 맑시즘의 호소력을 고려하여 프롤레타리아 계급투쟁과 국가의 전복이라는 혁명적 주장을 포기하려고 하지 않았다. 이들이 정통파 세력이다. 또 한편에서는 당이 타협적인 정책을 폐기하고 명실상부하게 혁명주의 노선을 취해야 한다고 주장하는 급진적 세력도 있었다.

이러한 이념 투쟁에도 불구하고 독일사회민주당은 1914년까지는 정통파들의 타협적 노선 위에 그대로 머물러 있었으나 1차 대전과 러시아의 볼셰비키 혁명으로 상황은 크게 바뀌었다. 맑스주의를 중심으로 한 각국 사회주의자들의 국제적 조직인 제2인터내셔널(1889~1914)이 유럽 전쟁을 거부한다고 여러 차례 결의했음에도 불구하고, 1차 대전이 발발하자 거의 모든 나라의 사회주의 정당들이 자국 정부의 전쟁에 협력했기 때문이다. 그리하여 인터내셔널이 붕괴하고 사회주의 이념도 크게 분열되었다.

1917년 볼셰비키 혁명의 성공은 그것을 더 뚜렷하게 만들었다. 볼셰비키가 이름을 공산당으로 바꾸면서 그 후 프롤레타리아 혁명을 추구하는 각 나라의 혁명 노선 정당들이 모두 공산당이라는 이름을 받아들였기 때문이다. 그래서 전간기에는 같은 맑스주의 정당이지만 혁명을 통한 사회주의화를 신봉하는 급진적인 세력이 공산당으로, 민주적인 방식에 따른 사회주의화를 신봉하는 온건한 세력이 사회민주당으로 불렸다. 이렇게 1차 대전 후에 공산당과 분리된 사회민주당들은 명목적으로 혁명을 포기하지는 않았으나, 실제로는 혁명 대신 점진적인 개혁주의 방안을 받아들였다. 오늘날의 유럽 사회민주주의는 그 후예이다.

사회민주주의의 성장과 그 원리

그러면 사회민주주의 체제는 어떻게 성장했을까? 경제공황과 뒤이은 전쟁으로 1930~1940년대는 유럽 국가들에게 경제적으로 매우 어려운 시기였다. 따라서 이 시기에 사회민주주의 체제를 세우는 것은 불가능했다. 어느 정도 그 기초를 마련한 것은 북유럽 국가들이다. 경제공황기에 사회민주당들이 공황을 극복하기 위해 비사회주의 정파들과 손잡고 사회민주주의적 방향으로 나아간 것이다.

스웨덴에서는 사회민주당이 농민당과 연립 정권을 수립했고, 덴마크에서는 사회민주당이 급진 자유주의자들과 제휴했다. 그리고 노사 간의 협조 체제를 통해 실업 문제를 어느 정도 해결하고 사회복지를 확대했다. 또 계급 갈등을 줄이고 완전고용을 목표로 서로 협력했다. 그리하여 다른 어느 나라들보다도 경제공황을 쉽게 극복할 수 있었다. 영국이나 프랑스는 이를 해결하지 못했다.

서유럽에 사회민주주의 체제가 자리 잡은 것은 1950~1960년대에 이루어진 고도성장의 결과였다. 고도성장을 통한 물적인 기반이 상당한 정도의 분배를 가능하게 한 것이다. 또 전후의 서유럽 국가들은 냉전 상황에서 동유럽의 공산주의 국가들과 체제 경쟁을 해야 했다. 따라서 국민들에 대한 복지 수준을 크게 높이지 않으면 안 되었다. 그리하여 완전고용, 저물가, 광범한 복지 정책을 내세운 사회민주주의 체제가 본격적으로 등장하게 된 것이다.

그것을 주도한 것은 서독의 사회민주당, 스웨덴의 사회민주당, 영국의 노동당, 프랑스의 사회당 같은 사회민주주의 정당들이었다. 이 정당들이 대중정당으로 성장하며 노동조합들의 도움을 받아 사회민주주의 체제를 만들어 낸 것이다.

사회민주주의의 이상은 영국에서 1944년에 발표된 「비버리지 보고서」에 잘 나타나 있다. 이 보고서에서 영국 국민을 '요람에서 무덤까지' 보살펴야 한다고 규정하고 있기 때문이다. 국민의 복지를 전적으로 국가에서 책임져야 한다는 것이다.

사회민주주의는 다음 네 가지 원리 위에 서 있다. 첫째, 자본주의의 원리를 평등이라는 사회주의적 이상과 결합시켰다. 이는 자본주의를 부정하고 생산수단의 사회화를 추구하는 사회주의권의 태도와는 다르다. 즉, 민주적인 방식으로 사회적 평등을 대폭 확대했다.

둘째, 케인스 경제학을 수용하여 국가가 경제에 깊이 관여했다. 이것은 성장과 고임금, 물가안정, 완전고용을 위해서였다.

케인스 경제학을 만든 존 메이너드 케인스

셋째, 경제 잉여의 재분배를 위한 광범한 국가정책이다. 복지 정책, 사회보험제도, 조세제도를 통한 소득의 재분배가 이루어졌다.

넷째, 사회민주주의 정당과 노동조합의 긴밀한

관계이다. 사회민주주의 정당과 노조가 이 체제의 든든한 지지 기반이 되었다. 이 결합은 스웨덴, 핀란드, 노르웨이 같은 북유럽 국가들, 네덜란드, 벨기에, 오스트리아, 서독 같은 경우에 가장 분명히 나타나며 영국이나 프랑스, 이탈리아, 스페인의 경우는 좀 덜하다.

사회민주주의의 사회적 배경

그러면 그 사회적 배경은 무엇이었을까? 1950~1960년대를 통한 서유럽의 고도성장은 계급 관계의 변화를 가져왔고, 그것은 점차 정치에도 변화를 가져왔다. 고용의 확대와 임금 수준의 향상, 국민들 생활수준의 일반적 향상으로 계급투쟁이 약화된 것이다. 서비스 부문의 확대에 따라 육체노동자의 수도 감소했고, 노동계급의 자녀들도 사회적 상향 이동이 가능해졌다. 고등교육을 받을 기회가 늘어남으로써 사회 상층으로의 진출이 용이해진 것이다.

영국의 경우를 보자. 영국은 20세기 후반에 들어오며 석탄, 금속, 자동차, 조선, 직물 등의 전통적인 주력 산업들이 경쟁력의 하락으로 쇠퇴했다. 그 결과, 산업 부문의 고용은 1951년의 946만 명에서 1991년에는 540만 명으로 줄어들었다. 즉, 전체 고용자의 41.7퍼센트에서 근 절반인 21.2퍼센트로 떨어졌다. 대신 이렇게 줄어든 고용을 서비스 부문의 팽창이 떠맡았다. 서비스 부문은 1951년의 46.6퍼센트에서 1991년에 70.1퍼센트로 급증했다.

표 11-1 영국 서비스 부문 고용의 성장

단위 : 천 명

	1951	1971	1991
도매	3,040	807	952
소매		2,284	2,365
운송	1,398	1,164	1,345
금융 / 경영	*	1,455	2,652
교육	530	1,403	1,794
의료	647	1,016	1,561
중앙정부 +	1,126	840	1,869
지방정부	610	772	
호텔, 요식업	890	700	1,221
기타 서비스	*	*	1,937
총계	10,560	12,638	15,695

주 : *비교 가능한 수치 없음
+국방 포함
자료 : 1951년과 1971년은 인구 총조사, 1991년은 고용 · 고용인 조사
J. Obelkevich 외, *Understanding Post-War British Society*, Routledge, 1994. p. 93 에서.

산업구조의 이러한 변화는 고용 형태의 변화도 가져왔다. 서비스 부문의 확대에 따라 고용 유연성이 커지며 시간제 노동, 계절적 노동, 비정규직 노동이 크게 늘었다. 또 실업도 점차 증가했다. 따라서 전통적으로 큰 공장에서 매일같이 몸을 부딪치며 노동을 하는 과정에서 형성됐던 노동계급 의식도 약화될 수밖에 없었다.

이런 변화는 나라마다 조금씩 차이가 있다. 그러나 전반적으로는 비슷한 흐름을 보인다. 따라서 각 나라의 사회민주당들은 과거에 표방하던 계급투쟁 전략을 포기하고 자본주의에 적응하지 않을 수 없었다. 또 선거가 중요했으므로 중산층의 표를 의식하지 않을 수 없었다. 결과적으로 당의 계급적 성격과 그 이데올로기가 약화되었다.

이는 1959년에 서독 사회민주당이 고데스베르크 당 대회에서 채택한 고데스베르크 강령에 잘 나타난다. 이 강령에서 서독의 사회주의자들은 그때까지 유지해 왔던 계급투쟁과 프롤레타리아 혁명이라는 원칙을 포기하고 '사회적 연대'를 새로운 가치로 내세웠다. 이미 의미가 사라진지 오래인 계급투쟁과 혁명을 공식적으로 포기하고 민주적인 절차에 의한 사회주의를 받아들인 것이다.

사회민주주의 정당들의 사회민주주의적 정책은 1960년대 말까지 잘 작동할 수 있었고, 1970년대 초까지도 정부 정책에 대한 영향력이 컸다. 그러나 1970년대에 들어와 다른 정당들도 이들 정당과 경쟁하기 위해 사회민주주의 정책들을 차용함에 따라 그 유용성이 점차 줄어들었다.

독일의 사회민주주의

1949년에 성립된 독일연방공화국(서독)에서는 기독교민주당의 콘라트 아데나워K. Adenauer가 수상이 되었고, 그 후 장기간 기민당의 집권이 이어졌다. 기민당은 '사회적 시장경제' 정책을 채택했는데, 이는 자유 시장경제를 추구하되 사회적 분배를 중요하게 생각하는 정책 노선이었다. 따라서 기민당은 부르주아 정당이기는 하나 처음부터 사회복지에 관심을 기울였고 그것이 독일 사회민주주의 체제의 기초가 되었다.

그러나 기민당의 정책에는 사회민주당의 압력도 크게 작용했다. 독

독일사회민주당의 빌리 브란트 수상

일사회민주당은 이미 1949년 선거에서 29.2퍼센트의 득표를 하여 기민당의 31.0퍼센트에 거의 근접했다. 또 고데스베르크 강령을 통해 노동자 중심의 계급 정당에서 벗어나 국민 정당으로 변신하며 1965년에 39.3퍼센트까지 득표율이 올라갔다. 따라서 기민당도 사회민주당의 요구를 쉽게 거부할 수 없었다.

사회민주당의 지지층이 점차 확대됨에 따라 1966년에는 기민당과의 대연정을 통해 정부에 참여했다. 또 1969년 선거에서는 42.7퍼센트의 지지율을 얻어 5.8퍼센트의 지지를 얻은 자유민주당과 함께 연립정권을 구성했는데, 이 연정은 1982년까지 유지되었다. 그리하여 사회민주당의 주도 아래 서독의 사회민주주의 체제가 완성되었다.

전후 호황에 힘입어 독일 경제도 1970년대 초까지는 지속적인 번영을 누렸다. 그리고 이는 물가 안정, 경제성장, 완전고용, 국제 수지 균형이라는 좋은 결과를 가져왔다. 그래서 이것을 '모델 도이치란트'라고 부른다. 사민당 정권하에서 사회복지 예산은 점점 늘어났고, 1974년에는 GNP의 25퍼센트에 이를 정도가 되었다.

그러나 1973년의 오일 쇼크는 독일 경제에도 큰 타격을 주었고, 인플레이션이 생기고 실업자가 늘어났다. 노동자들의 임금 인상 요구는 계속되었고, 독일 경제는 점차 침체하게 되었다. 특히 1979년의 2차 오일 쇼크는 경제성장률을 낮추고, 실업자를 크게 증가시켰다. 1980년의 실업률은 3.8퍼센트였으나 1983년에는 9.2퍼센트로 늘어났다. 이는 전례 없는 일이었다. 그 결과, 서독의 사회민주주의 체제의 기반도 상당히 약화될 수밖에 없었다.

1973년의 석유 위기. 가솔린을 넣으려는 미국 시민이 오랜 기다림에 지쳐 있다.

스웨덴의 사회민주주의

스웨덴의 사회민주주의 체제도 장기 집권하고 있는 사회민주당(정식 명칭은 스웨덴사회민주주의노동자당)의 공헌이다. 1889년에 창립된 사회민주당은 독일사회민주당의 강한 영향을 받은 맑스주의 정당으로 노동계급의 이익을 잘 대변해 왔다. 1917년에 그 좌익 세력이 따로 분리해 나가 좌익당이 되며 개혁주의적인 사회주의 정당으로 변모했다.

사회민주당은 1932년에 농민당과의 연립으로 정권을 잡은 뒤 1976년까지 지속적으로 집권했고 1982년 이후에도 거의 대부분의 시기를 단독 또는 연립 정권 형태로 집권했다. 그 가운데 스웨덴 노조LO와 밀접한 관계를 가졌고, 그 정치적 지지와 재정적 도움을 받았다. LO의 조합원 수는 1967년에 160만 명이었는데. 육체노동자의 70퍼센트가 가입했을 정도로 가입률이 높다. 세계 최고의 가입률이다.

스웨덴 사회민주주의의 원리는 사회경제적 평등과 경제적 효율성의 결합이다. 혼합경제 체제를 유지했으나, 기업의 국유화는 시도하지 않았으며 국제적 경쟁력을 위해 독점자본을 허용하고 고무했다. 따라서 경제적 민족주의의 경향이 강하다. 그 결과, 자본 집중과 부의 집중도가 매우 높다. 총 기업 주식의 4분의 1을 국민의 0.1퍼센트가 차지하고 있고, 나머지 4분의 3을 나머지 상위 10퍼센트가 가지고 있다. 여기에 힘입어 스웨덴의 몇몇 대기업들은 1980년대에 외국에 생산 기지나 연구 개발 기지를 둔 초국적 기업으로 성장했다.

그럼에도 독점자본은 엄격한 규제 속에 있다. 고용 조건과 노동 환

표 11-2 1974년 스웨덴의 소득 분배

	최상위 10%	차상위	9번째	최하위 10%
원래 소득	140.40	90.64	11.23	4.67
직접 현물 교부	+2.06	+1.71	+12.21	+12.16
현물 교부	+5.35	+4.79	+3.71	+5.10
직접세	−32.20	−19.54	−1.50	+5.10
간접세	−18.81	−14.15	−4.38	−2.89
최종 소득	101.53	65.12	20.03	13.31

※재산 소득 가운데 주택 소득은 43%, 토지는 4.5%

경의 질 등이 매우 높고, 노동자들은 세계 어느 나라 노동자들보다 유리한 입장에 있다. 직업 재훈련을 통해 산업 부문 간 노동 이동이 쉬우며, 임금 평준화 정책을 통해 숙련 노동과 비숙련 노동, 육체노동과 다른 직업 집단 사이의 임금 차이가 크지 않다. 또 조세정책을 통해 빈부의 차이를 크게 줄임으로써 세계에서 가장 평등한 나라의 하나가 되었다.

대처리즘과 신자유주의로의 전환

서유럽의 사회민주주의 체제는 1970년대에 들어와 점차 동력을 잃게 되었다. 서유럽 국가들이 일본, 한국, 대만 등 동아시아 국가들의 도전으로 산업 경쟁력을 점차 잃게 되었고 두 차례의 오일 쇼크로 인해 성장에도 제동이 걸렸기 때문이다. 이렇게 경제가 후퇴했으므로 케인스 정책을 취하기가 어렵게 되었다. 케인스 정책을 취하기 위해서는 정부가 합리적으로 활동할 충분한 자율성이 있어야 하고, 시장 조작을 할 충분한 국내시장이 존재해야 하기 때문이다.

그러나 문제는 사실 그 이전부터 쌓이기 시작했다. 정부 지출의 증대로 인플레이션이 야기된 한편, 노조는 고임금을 요구하고, 구조 조정에 반대했으므로 경제의 탄력성이 줄어들었다. 선거도 이에 한몫을 했다. 국민들은 세금 인상보다는 정부 지출 증대를 좋아했으므로 공공 지출이 관성적으로 확대된 것이다.

그러나 이것은 예산의 팽창을 가져올 수밖에 없었다. 스웨덴의 경우 복지 지출은 1970년에 전체 예산의 56.6퍼센트였으나, 1980년에는 61.1퍼센트까지 올라갔다. 성장기에는 그래도 괜찮았으나, 경기가 후퇴하자 그런 상황을 더 이상 유지하는 것은 불가능하게 되었다. 따라서 저성장과 만성적인 실업의 고통 속에서 서유럽 국가들은 더 이상 과거와 같은 높은 복지 수준을 기대할 수 없게 되었다.

영국은 전통적으로 자유방임경제를 신봉하는 나라이다. 그러나 1945년에 노동당이 정권을 잡은 후 노동당과 보수당이 정권을 번갈아 맡으며 사회민주주의를 발전시켰다. 철도, 석유, 항공 등 기간산업의 국유화가 이루어졌고, 사회 각 부문에 대한 국가의 힘이 커졌다. 또 영국의 노조는 매우 강력하여 이 체제를 뒷받침했다.

그러나 경제가 침체에 빠지며 문제가 생기기 시작했다. 여러 요소들이 경제적 효율성을 가로막았기 때문이다. 그러나 구조 조정도 쉽지 않았다. 노조가 걸핏하면 파업을 벌여 저지했기 때문이다. 영국의 노조는 사업장 노조의 형태로 조직되었으므로 한 개 사업장의 파업이 한 산업 부문 전체의 마비를 가져올 수도 있었다. 결국 잦은 파업은 영국의 산업 경쟁력을 약화시키는 중요한 요인의 하나가 되었다. 이것이

'영국병'이라고 하는 것이다. 사실 이대로 간다면 영국 경제는 회생 불능의 상태에 빠질 수도 있었다.

강력한 노조가 산업 구조 조정을 가로 막고 있는 암울한 상황에서 마거릿 대처M. H. Thatcher의 보수당 정권이 1979년에 출범했다. '철의 여인'으로 불린 대처는 특히 완강하게 구조 조정에 반대하는 석탄산업 노조에 강권을 발동했다. 심부 채굴에 따라 점점 생산성이 떨어짐에도 석탄노조가 광산 폐쇄에 반대하며 현상 유지를 추구했던 것이다. 대처는 1984~1985년의 석탄노조 파업을 군대까지 동원하여 억누르고, 경제정책의 방향을 사회민주주의에서 신자유주의 쪽으로 바꿔 놓았다.

대처는 기존의 노동조합법 대신 9개의 노동 관계법을 새로 만들어

영국 석탄노조 파업(1984)

노조의 힘을 약화시켰다. 그리하여 영국은 OECD 국가 내에서 노동시장이 가장 자유로운 나라로 변신했다. 또 많은 국영기업을 민영화했다. 1984년의 정보통신을 시작으로 가스, 전기, 수도, 철도를 민영화했으며, 부자들의 소득세를 줄였고 간접세를 올렸으며 인플레이션을 막기 위해 통화를 축소했다. 빈민과 실업자들에 대한 복지 수혜는 약간 감축되었고, 정부의 통제도 더 심해졌다. 교육과 의료 부문에도 시장주의를 더 많이 도입했다. 그리고 경제 효율성을 올리는 데 큰 힘을 기울였다.

이런 정책들은 정부의 역할을 줄이고, 국민들의 자립성을 더 높이는 것을 목표로 한 것이었다. 또 국가에 대한 의존 문화를 바꾸려는 것이었다. 이것이 기업에 대한 규제를 없애고, 국민들에 대한 관료적 · 경찰적 통제를 대폭 늘린 신자유주의 체제이다. 대처는 이렇게 2차 대전 후에 서유럽에 정착한 사회민주주의적 합의를 처음으로 깬 인물이었다.

대처의 신자유주의 정책은 영국 사회가 과거 어느 때보다도 더 물질적인 성공과 경쟁을 주된 가치로 받아들이도록 했고, 그 결과 사회 내의 양극화는 커졌다. 그러나 경제성장률은 1.9퍼센트에 머물러 영국 경제의 쇠퇴를 막지는 못했다.

미국이 영국의 뒤를 따랐다. 1980년에 집권한 레이건 대통령이 레이거노믹스를 내걸고 신자유주의 정책을 채택한 것이다. 그리하여 미국에서도 기업에 대한 감세 정책, 사회복지의 감축이 나타났다. 미국은 유럽 국가들에 비하면 원래 복지 수준이 매우 낮은 편이었으나, 그것마저도 약간 줄어들었다.

서유럽 사회민주주의의 변화

이것은 서유럽의 다른 나라들도 마찬가지였다. 정밀전자산업의 발전과 아시아 국가들의 도전으로 유럽 국가들이 더 이상 과거와 같은 경쟁력을 가질 수 없었기 때문이다. 이에 따라 경제성장도 힘들어지고 실업자가 크게 늘어났다.

그 결과, 독일에서도 복지 예산의 축소를 주장하는 자유당의 반발로 1982년 10월에 사민당 정권이 무너지고, 헬무트 콜H. Kohl을 수상으로 하는 기민당과 자유당의 연립 정권이 수립되었다. 새 정권은 공무원 봉급을 동결하고, 실업수당 등의 복지 예산을 삭감하고, 세금을 인상했다. 또 강력한 힘을 갖고 있는 독일 노조도 노동시간 연장을 받아들였다. 다른 나라 노동자들에게 일자리를 빼앗기기보다는 연장 근무를 통해 경쟁력의 약화를 막으려는 것이었다.

프랑스에서는 1981년에 사회당의 프랑수아 미테랑F. Mitterand 대통령이 이끄는 사회당–공산당 연립 정권이 수립되었다. 이는 이른바 사회성장경제를 추구했다. 이는 좌파들의 오랜 꿈이었다. 새 정부는 고임금과 사회적 소득 이전을 통한 국내 수요의 확대로 경제성장을 이룩하려는 계획을 짰다. 이 원리에 따라 12개의 주된 산업 집단, 39개의 은행, 두 개의 지주회사를 국영화했다. 오루Auroux법은 노동자들이 기업 내에서 보다 큰 발언권을 행사하게 했다.

그러나 2년이 지나자 미테랑은 이런 정책을 포기하지 않으면 안 되었다. 국내 수요의 확대가 프랑스 산업을 강화시키기는커녕 독일을 비롯한 외국 상품의 수입만을 증가시킨 것이다. 소비 증가가 실업률을 줄이지는 못하면서 인플레이션을 야기했다. 또 정부 재정의 증가와 무역수지 적자는 프랑화의 안정성을 위협했다.

그래서 1983년 8월에 미테랑은 경제정책의 방향을 바꾸지 않을 수 없었다. 인플레이션을 막고 공공 적자를 줄이는 것이 정책의 우선순위를 차지했다. 또 1984년까지는 적자를 내는 산업 부문들을 재구조화하는 것도 목표가 되었다. 그 후 자크 시라크J. R. Chirac 수상의 신드골주의 정권(1986~1988)은 1980년대 초에 국영화되었던 기업들이나 은행들을 다시 민영화했다. 이는 프랑스가 서유럽의 다른 국가들과 다른 방향으로 나아갈 수 없다는 사실을 잘 보여 주었다.

그렇다고 하여 서유럽 국가들의 복지 지출이 GDP에서 차지하는 비율이 당분간 떨어지지는 않았다. 1980~1989년 사이에는 감소한 나라들도 있으나 증가한 나라들도 있었다. 줄어든 나라도 그 폭은 좁았다. 그것은 각 나라의 유권자들이 급격한 복지의 축소를 바라지 않았기 때문이었다.

그럼에도 1990년대에 들어와 공산권이 붕괴하고 지구화 바람이 불며 사회민주주의 체제를 그대로 유지하는 것은 점점 어렵게 되었다. 따라서 과도한 사회복지의 부담을 덜어 내고 경제적으로 잘 작동할 수 있는 국가를 어떻게 만들어 내느냐 하는 것이 서유럽 국가 정책 입안자들의 관심사가 되었다.

결국 이들 국가의 복지 예산은 1993년부터 축소되기 시작했다. 유럽연합 15개국의 복지 지출은 1993년에 GDP 대비 29퍼센트로 정점에 달했으나, 1997년에 28.2퍼센트가 되었고, 2000년대 이후 완만한 하강 추세를 보이고 있다.

서유럽의 사회민주주의 정당들도 상황 변화에 스스로를 맞추지 않을 수 없게 되었다. 그래서 전통적인 좌파 노선을 점차 중도 좌파 쪽으로 바꾸고 있다. 영국 노동당의 토니 블레어A. C. L. Blair 수상이 말한 '제3의 길'이나 독일 사회민주당의 헬무트 슈미트H. Schmidt 수상이 말한 '신중도파'가 바로 그것이다.

그것은 분배와 경쟁력의 결합을 추구하는 것이다. 그리하여 '제3의 길'은 국가가 아닌 시장의 중시, 낮은 인플레이션율, 자연적 실업률의

표 11-3 GDP에서 사회복지 지출이 차지하는 몫

	1960	1970	1980	1989
오스트레일리아	8.70	7.70	11.70	7.70
오스트리아	13.80	19.50	22.40	23.80
벨기에	15.60	18.40	26.50	27.00
캐나다	8.20	10.80	11.60	17.40
덴마크	10.40	14.80	26.90	27.60
핀란드	9.30	12.70	18.60	21.00
프랑스	12.70	15.30	26.80	25.90
서독	16.30	16.40	23.00	22.20
아일랜드	9.20	10.30	21.70	14.60
이탈리아	13.10	12.60	19.70	22.50
일본	4.40	4.50	10.10	11.10
네덜란드	10.80	19.00	28.60	27.10
뉴질랜드	11.90	11.50	17.10	15.90
노르웨이	9.30	13.10	20.30	20.90
스웨덴	11.10	18.80	32.20	33.40
스위스	9.90	10.10	13.80	13.20
영국	10.90	12.50	15.10	16.10
미국	6.70	9.50	12.70	11.70
평균	9.50	13.19	19.93	19.95

ILO 자료

유지, 지식과 정보 산업을 위한 교육의 공공 책임, 자본 이동의 자유화를 비롯한 지구화의 수용 등 신자유주의적 논리를 상당 부분 받아들이고 있다.

이에 따라 2000년대에 들어와서 서유럽 각 나라에서 사회복지의 성격도 점차 달라지고 있다. 나라에 따라 다르나 직업훈련을 조건으로 하는 실업수당의 제공, 의료보험 등의 민영화, 복지 수혜 대상자의 축소 등 전반적으로 국가보다 개인의 책임을 더 강조하는 쪽으로 바뀌고 있다. 그리고 '복지 국가' 대신 '가능 국가'라는 개념도 나타나고 있다. 복지만이 능사가 아니라 국가가 작동할 수 있게 되어야 한다는 것이다.

참고 문헌

박근갑, 『복지국가 만들기』, 문학과 지성사, 2009.
박호성, 『사회민주주의의 역사와 전망』, 책세상, 2005.
G. I. 칼슨(윤도현 역), 『사회민주주의란 무엇인가』, 논형, 2009.
F. 캐슬(우형동, 우기동 공역), 『복지국가의 미래 : 위기론의 허구와 실제』, 해냄, 2008.
M. 힐슨(주은선, 김영미 공역), 『노르딕 모델 : 북유럽 복지국가의 꿈과 현실』, 삼천리, 2010.
N. Gilbert, *Transformation of the Welfare State*, Oxford, 2004.
A. Hicks, *Social Democracy and Welfare Capitalism*, New York, 1999.
T. Meyer, *The Theory of Social Democracy*, Polity Press, 2007.
G. Moschonas(tr. G.Elliot), *In the Name of Social Democracy*, London and New York, 2002.
J. Obelkevich 외, *Understanding Post-War British Society*, Routledge, 1994.

12

소련과 사회주의권의 붕괴

흐루쇼프의 개혁과 실패

1953년에 장기 독재를 하던 스탈린이 사망하며 소련은 말렌코프, 흐루쇼프, 보로실로프, 베리아, 불가닌, 몰로토프의 집단 지도 체제로 돌아갔다. 그러나 당서기장이 된 니키타 흐루쇼프N. Khrushchyov는 곧 비밀경찰 책임자인 베리아를 처형하고 수상인 말렌코프를 1955년에 사임시켰다. 그리고 독재 권력을 장악했다.

흐루쇼프는 1956년 20차 공산당 전당대회에서 스탈린 개인숭배와 1930년대에 스탈린이 행한 숙청 행위를 강력히 비판했다. 또 사회주의는 스탈린 방식으로는 달성될 수 없으며 이윤 동기를 도입해야 한다고 주장했다. 그리고 핵전쟁을 피하려면 서방과의 공존은 반드시 필요하며 또 가능하다고 주장했다. 정치국원인 말렌코프와 몰로토프는 이런 태도가 너무 급진적이라고 비판했으나, 그들은 결국 권력에서 밀려나 1957년에 은퇴할 수밖에 없었다.

스탈린주의 비판은 중국과의 불화를 가져왔다. 소련과 중국은 1950년 2월에 동맹국이 되었으나, 중국의 모택동 주석이 스탈린주의로부

소련의 새 지도자 흐루쇼프(가운데)와 불가닌(왼쪽)이
유고슬라비아의 티토 대통령을 만나 이념 차이를 좁히려 하고 있다(1955).

터의 이탈과 서방과의 공존 정책을 수정주의라고 비판하며 양국 사이가 벌어진 것이다. 이는 1960년 여름에 산업화를 돕기 위해 중국에 파견되어 있던 대부분의 소련 고문들이 철수하며 본격화되었다.

당시에 소련은 심각한 문제들에 직면해 있었다. 산업 노동자와 농업 노동자들의 생활수준은 낮았고, 공급이 수요를 맞추기 어려웠다. 그래서 탈스탈린 정책의 일부로 경제 면에서도 중요한 변화가 있어야 했다.

산업 정책에서 5개년 계획은 계속되었으나, 이제 중공업이 아니라 소비재 산업에 치중했다. 또 각 지역에 지역경제위원회를 조직하여 그 지역의 산업에 대한 결정권을 가지도록 했다. 또 할당량 배정에 따른 생산이 아니라 이윤 관념을 도입했으며, 임금 수준도 그에 따라 결정하도록 했다. 1958년에는 대규모 주택 건설 정책을 시작했다.

그 결과, 생활수준이 상당히 향상되었다. 1955~1966년 사이에 1,000명당 라디오 소유 수는 66대에서 171대, 텔레비전은 4대에서 82대, 냉장고는 4대에서 40대, 세탁기는 1대에서 77대로 증가했다. 그러나 이는 미국의 각각 1,300대, 376대, 293대, 259대에 비하면 한참 뒤처지는 것이었다.

그럼에도 흐루쇼프는 미국을 몇 년 내에 따라갈 수 있다고 큰소리를 쳤다. 기술적 진보가 그 자신감을 뒷받침했다. 1957년 최초의 인공위성인 스푸트니크호가 발사되고, 1961년에는 유리 가가린Y. A. Gagarin이 탄 소련의 유인우주선이 처음으로 지구 궤도를 돈 것이다. 소련인들은 이제 소련이 과학과 기술에서 서방을 앞섰다고 믿었다. 미국의 케네디 정부는 이에 큰 자극을 받고 과학 교육에 큰 힘을 기울였고, 소련과의 우주 경쟁에 뛰어들었다.

농업 면에서는 1954년부터 서남시베리아와 카자흐스탄에서 대규모 개간 사업을 벌였다. 또 집단농장 사람들이 개인 소유지에서 생산한 것들을 시장에 내다 팔 수 있게 했다. 뿐만 아니라 집단농장의 생산을 늘리도록 임금에 대해 인센티브를 제공했다.

그리하여 1958년까지 농업 생산량은 56퍼센트가 증가했다. 곡물 생산은 1953~1962년 사이에 8,200만 톤에서 1억 4,700만 톤으로 증가했다. 그러나 개간 사업의 실패로 1963년부터 곡물 수확량이 줄어들기 시작했다. 1963년 곡물 수확량은 1억 1,000만 톤에 불과했다. 새로 개간한 지역들의 땅이 비옥하지 않았고, 비료가 부족했으며, 건조 지역이어서 물도 부족했기 때문이다.

또 지방 당 간부들의 이해 부족도 농업 생산성 향상을 막았다. 결과적으로 소련은 대량의 외국 곡물에 의존해야 했다. 소련이 미국으로부터 밀 등의 곡물을 자주 대량으로 수입해야 했다는 사실은 냉전 시대의 한 이면을 보여 주는 것이다.

국내적으로는 과거보다 국민들에게 더 많은 자유가 주어졌다. 언론 통제와 개인숭배가 약화되었고, 대신 당의 통제가 점차 제도화되었다. 그리하여 이제 정치가들도 처형되거나 고문을 당하지 않고 조용히 은퇴할 수 있었다.

흐루쇼프는 집권기에 스탈린 같은 독재 권력을 만들지는 못했으며, 1964년 10월에 당 중앙위원회의 결정에 의해 축출되었다. 농업 정책에 실패하고, 쿠바 미사일 위기로 인해 국가 위신을 실추시켰으며, 수정주의 논쟁으로 중국과의 불화를 야기했기 때문이다. 그러나 무엇보다 뛰어난 능력을 가지고 있기는 하나 제멋대로인 그의 성격에 그의 동료들이 싫증을 냈던 탓이 컸다. 그는 유엔에 가서 구두를 벗어 연단을 두드리는 등 경망한 태도를 보여 소련인들의 자존심에 상처를 입혔다.

그 후 소련 정치는 정부를 맡은 수상 코시긴, 당 서기장인 브레즈네프, 연방의회 의장인 포드고르니의 삼두체제에 의해 유지되었다. 그러나 1970년대 초부터 브레즈네프가 부상했고, 코시긴은 경제의 분권화를 주장함으로써 권력이 약화되었다. 그것이 소련의 위성국들에게 사상의 자유를 가져올 것이라는 우려 때문이었다. 브레즈네프는 1977년까지 1인 독재 권력을 장악하는 데 성공했고, 1982년 12월에 사망할 때까지 독재자로서 당 서기장 자리에 있었다.

브레즈네프 시대

브레즈네프는 소련 사회의 기득권층에 영합하는 정책을 취했다. 그래서 공산당의 우위를 확고히 했고, 관료, 군부, 비밀경찰의 지위도 강화시켰다. 이는 소련 사회를 안정시키는 결과를 가져왔으나, 다른 편에서는 권위주의 체제를 강화시켰고, 소련을 구태의연하게 만들었다. 치세 초기에는 경제도 안정되었다. 브레즈네프는 경제정책에서 흐루쇼프를 대체로 계승했다. 임금 격차를 인정했고, 이윤 동기를 부여했다. 그래서 성장은 어느 정도 했으나 그 증가율은 비교적 낮았다.

농업은 1960년대 초의 어려움에서 벗어났고, 공업도 계속 발전하고 있었다. 그래서 1970년대 초에는 미국과 거의 대등한 수준으로 생각되었다. 이렇게 브레즈네프 치세 초기는 성공적으로 보였으나, 1970년대 말에 가면 상황은 달라졌다.

공산당은 국민으로부터의 인기를 계속 유지하기 위해 생산 증가나 품질 향상보다는 완전고용이나 낮은 가격 유지를 더 강조했다. 그래서 수요가 부족한 상황에서도 공장을 계속 가동했다. 1982년에 오면 많은 산업이 새로운 생산 기술과 가공 기술이 필요한 시점에서 혁신을 하지 못했으므로 이미 국제 수준에서 뒤떨어졌다. 석탄, 석유, 주택 산업 모두 정체했다.

농산물 가격도 1961년의 낮은 수준으로 동결되었다. 그 결과, 농산물 공급이 수요를 따라가지 못하게 되었고, 적정 이윤을 보장받지 못하게 되자 집단농장과 국영농장 생산물의 질이 떨어졌다.

농업 생산성도 낮은 수준에 머물렀다. 미국은 1980년에 농민 1인이

75인을 부양했으나 소련은 겨우 10명을 부양하는 수준에 불과했다. 그래서 주부들이 부족한 식품을 사기 위해 바구니를 들고 길게 줄을 서는 것이 소련 사회의 일반적인 풍경이 되었다.

그러나 어쨌든 브레즈네프 시기에 국민의 생활수준은 상당히 개선되었다. 주택 임대료가 낮게 유지되었고, 소비재 가격을 낮추기 위해 정부가 막대한 보조금을 지불했기 때문이다. 그럼에도 가전제품의 보유 수준은 서유럽은 물론, 동유럽보다도 낮았고, 주택, 보건, 교육의 수준도 좋은 편은 아니었다.

외교적으로 브레즈네프 정권은 한편에서는 데탕트를 추구했으나, 다른 편에서는 군비 확장을 계속했다. 또 동유럽의 위성국가들에 계속적으로 간섭했다. 1968년 둡체크의 체코슬로바키아 정부가 개혁 정책을 시작하고, 특히 언론 검열을 폐지함으로써 민주화운동을 야기시키자, 바르샤바 동맹군을 진입시켜 '프라하의 봄'을 무산시켰다. 그리고 곧이어 브레즈네프 독트린을 발표했다. 이 선언은 동유럽 어느 나라에서건 사회주의가 위협받는다고 간주될 때에는 소련이 그 내정에 간섭하는 것이 정당화된다는 내용이었다.

브레즈네프 독트린이 가장 잘 나타난 것이 1979년 12월의 아프가니스탄 출병이다. 아프가니스탄의 사회주의 정권이 무너질 듯하자 소련군 10만 명을 출병시킨 것이다. 이는 미국과의 관계를 매우 악화시켰고, 그 결과 미국이 지원하는 무자헤딘 게릴라와의 장기적인 투쟁에 휘말리게 되었다. 그 막대한 전비는 나중에 소련 경제에 큰 짐이 되었다.

1970년대 후반에 폴란드에서 위기가 왔다. 경제난을 참지 못한 노동자들의 반정부 운동이 벌어진 것이다. 이는 1980년에 그단스크에 있는 레닌조선소의 노동자인 레흐 바웬사L. Walesa가 이끄는 노조 운동인 솔리다리티 운동으로 발전했다. 이 노조에는 전체 노동자 1,650만 명 가운데 900만 명이 가입함으로써 정부를 위협했다. 이에 소련의 후원을 받은 군 참모총장 야루젤스키가 군사 쿠데타를 일으키고 정부 수반에 올라 솔리다리티 운동을 불법화함으로써 브레즈네프 체제는 얼마간 위기에서 벗어날 수 있었다.

신부 앞에 무릎을 꿇고 있는 레흐 바웬사

고르바초프의 등장과 개혁 정책

오랫동안 소련을 지배하던 브레즈네프가 1982년에 사망함으로써 소련에도 변화가 가능하게 되었다. 더구나 그 뒤를 이은 안드로포프와 체르넨코가 모두 70대 노인으로 집권 후 얼마 지나지 않아 사망했으므로, 브레즈네프 사후 2년도 채 안 되어 한 세대 밑의 젊은 정치가인 고르바초프가 정권을 잡을 수 있었다.

1985년 3월에 당 서기장에 선출된 고르바초프는 당시 54세로서 매우 활력 있고 재능 있는 신세대 정치가였다. 그는 소련을 완전히 개혁하려 시도했으며, 이는 글라스노스트와 페레스트로이카 정책으로 나

고르바초프와 레이건

타났다.

개방 정책인 글라스노스트 정책은 고르바초프의 집권 직후에 터진 체르노빌 원자력 발전소 폭발 사고에서 비롯되었다. 1986년 4월, 우크라이나의 체르노빌에 있는 원자력 발전소가 폭발하여 대참사가 벌어졌다. 당시 소련 정부는 처음부터 이 사건이 내포하고 있는 중요성을 잘 알고 있었음에도, 과거의 관행에 따라 이를 비밀에 부쳤다. 그리하여 국민들의 피해를 가중시키는 결과를 가져왔다.

이에 고르바초프는 정보의 자유로운 공개를 통해 소비에트 정권의 억압성을 약화시키고, 그 폐해를 시정하려 했다. 정부의 비효율성과 부패를 견제하려는 목적으로 뉴스 보도의 자유를 허용했으므로 1988년의 19차 당 대회가 텔레비전으로 중계될 수 있었다. 새 정책에 대한 대중적 지지를 만들어 내기 위해 여론을 형성하려는 시도도 했다.

그는 인권, 문화 부문에서도 보다 개방적인 정책을 취했다. 1986년에 반체제 인사인 핵물리학자 사하로프를 추방에서 풀어주었으며, 많은 반정부 운동가들을 석방했다. 출판의 자유도 확대하여 솔제니친A. Solzhenitsyn의 『수용소 군도』와 같은 책들의 출판을 허용했다. 또 스탈린 시대에 숙청된 사람들의 복권이 이루어졌다. 1986년 5월에는 영화제작자 협회와 문인협회의 장을 보다 독립적인 인물로 선출하게 했다.

페레스트로이카는 사회주의 체제의 병폐를 치유하려는 것이었다. 개인의 창의성이 완전히 부정되고, 관료적인 통제로 전락한 사회주의 체제에 새바람을 불어넣으려는 것이었다. 그는 1988년의 당 대회에서 소련의 중앙집권적 체제를 비판했다. 지방의 독립성을 인정하지 않고 국가 소유와 통제를 강조했으며, 중공업과 군수산업에 치중하여 소비재의 부족을 가져왔다는 것이다.

그래서 소련의 경직된 사회주의 체제를 개혁하여 경제적 활력을 되찾으려고 했다. 고르바초프는 이를 위해 1987년에 국영기업법을 폐기하여 원자재 배분, 생산 할당, 무역과 관련한 경제계획가들의 통제를 없애고 이제 고객의 주문에 따라 생산하도록 만들었다.

개혁은 외교에도 반영되었다. 그는 거대한 소비에트권을 유지하는 것에 부담을 느꼈다. 이에 따라 미국과의 해빙 정책을 다시 시작했다. 중국과의 관계를 개선했고, 아프가니스탄에서 철병했다. 또 1989년에는 미국의 부시 대통령과 몰타 섬에서 만나 냉전 종식에 합의했다.

그러나 고르바초프는 이런 변화가 가져올 충격에 충분히 대비하지 못했다. 수십 년 동안 억압되어 있던 자유가 풀어질 때 그것이 얼마나 강력한 힘으로 나타날 것인가를 헤아리지 못한 것이다.

한번 억압의 고삐가 풀리자 그것은 곧바로 소비에트 체제 전체의 와해를 향해 나아갔다. 동유럽 국가들은 모두 사회주의 체제를 포기했고, 혼란 속에 빠진 소련은 해체되었으며, 사회주의 체제도 순식간에 붕괴했다.

고르바초프에 반대하는 공산주의자들의 쿠데타 음모를 분쇄하고, 1991년 8월에 새로 정권을 잡은 보리스 옐친B. Yeltsin은 과감한 개혁을 통해 구체제를 청산했다. 그는 소비에트 연방을 해체하여 연방에 포함되었던 많은 공화국들의 독립을 허용했다. 그 결과, 구소련 지역에는 15개의 국가가 새로 등장했다. 이 국가들은 독립국가연합이라는 이름의 느슨한 틀로 연결되었다. 또 사회주의 체제 대신 새로이 자본주의 체제를 도입했다. 1917년에 시작된 사회주의 실험은 이렇게 70여 년 만에 끝장났다.

소련 사회주의 체제 붕괴의 원인

소련의 사회주의 체제가 붕괴한 것은 경제의 비효율성 때문이었다. 사회주의 경제는 초기에는 소련의 모든 자원을 투입하여 성장을 이룰 수 있었으나, 어느 단계에 올라서자 더 이상 성장이 불가능하게 되었다.

이는 계획경제의 경직성과 낭비, 노동 유인의 감소, 낮은 노동 생산성, 경쟁의 배제, 기업가 정신의 결여, 기술의 낙후 때문이었다. 이러한 것들이 경제의 효율적인 작동을 막았다. 또 냉전 시기 미국과의 경쟁도 우주, 항공, 군사 부문에 대한 과다한 자원 집중을 불가피하게 했다. 이것도 자원 배분의 비효율성을 가져오는 데 기여했다.

경제적 비효율성에도 불구하고 소련 사회주의 체제가 장기간 유지될 수 있었던 것은 사회적 평등과 그것을 지키려는 억압적 체제 때문이었다. 국민들에게 평등은 사회적 긴장을 크게 감소시켰으므로, 먹고사는 문제만 해결된다면 다른 것은 크게 문제가 되지 않았던 것이다. 그러나 개방을 통해 자본주의 경제와 점차 비교되고, 경쟁을 하게 되면서 문제가 생긴 것이다.

고르바초프의 경제 개혁은 즉각적인 결과를 가져오지는 못했다. 1988~1989년의 경제성장률은 정체했고, 1990년 이후에 국민소득은 계속 떨어져 1991년에는 15퍼센트가 감소할 정도가 되었다.

이것은 국영기업법이 가지고 있는 문제 때문이었다. 이 법에 의해 임금은 생산된 물건의 가치에 따라 지불되었다. 그러므로 공장들은 임금 수준을 올리기 위해 가격이 낮은 상품 생산은 줄이고, 가격이 높은 상품들을 많이 생산했다.

그래서 임금은 많이 올랐으나 정부는 그것을 지불하기 위해 통화량을 늘려야 했으므로 급속한 인플레이션이 왔다. 게다가 비누, 세탁비누, 면도기, 컵 같은 생필품까지 부족해져서 국민들의 불만이 커졌다. 따라서 개혁 정책에 대한 의구심이 생겨났다.

1989년 7월 시베리아 탄광에서 비누 부족으로 인한 파업이 일어났고, 이에 각지의 탄광 노동자들이 가담하며 파업 가담자는 50만 명에 이를 정도가 되었다. 이것은 1917년 이후 최대의 파업이었다. 1990년 초가 되면 인구의 4분의 1이 빈곤선 이하에서 살게 되었다. 이에 고르바초프의 개혁 정책은 급속히 동력을 잃어갔다.

민족주의의 압력도 중요했다. 소련은 15개 공화국의 연방을 형성하고 있었으나 스탈린 시대 이래 중앙의 엄격한 통제 아래 있었다. 그러나 개혁 정책은 이 공화국들이 보다 많은 자율성을 추구하게 만들었다. 고르바초프 자신은 공산당의 통제는 유지시킨 채 약간의 개혁을 하려고 했으나, 개혁이 한번 시작되자 그 한계를 지키는 것은 불가능하게 되었다.

먼저 1988년 2월에 아제르바이잔공화국 안의 나고르노-카라바흐 자치 공화국에서 종족 분규가 발생했다. 1990년 3월에는 발트 3개 공화국에서 독립운동이 일어났다. 고르바초프가 이를 불허하자 결국 3개 공화국이 독립을 선언하는 데에 이르렀다. 그 후 다른 공화국들도 속속 독립을 선언함으로써 소비에트 연방의 유지는 불가능하게 되었다. 스탈린 이후 엄격한 통제로 각 종족의 민족주의를 억눌러 왔으나, 한번 봇물이 터지자 감당할 수 없게 된 것이다.

동유럽 사회주의의 붕괴

국내 문제가 복잡했으므로 고르바초프는 1989년에 동유럽을 휩쓴 대중운동에 간섭할 여력이 없었다. 그리하여 이들 지역을 소련의 영향권 안에 두어야 한다는 과거의 논리도 점차 약화되었다. 사실 동유럽의 정치 변화는 고르바초프가 만든 개혁 정책의 결과이기도 했다.

1980년대 말의 체제 변화와 관련해 동유럽의 공산주의 국가들은 세 개의 범주로 나뉜다. 첫 번째 유형이 폴란드와 헝가리이다. 폴란드는 1989년 초까지 아직 계엄령 아래서 경제난에 시달리고 있었다. 고르바초프의 등장과 함께 야루젤스키 정부는 점차 정치적 다원주의로 나아가려 했다. 그래서 1989년 초에 솔리다리티를 합법화하고, 자유선거를 실시하기로 정치 세력 간에 합의가 이루어졌다. 그리고 솔리다리티의 마조비에츠키가 대통령에 당선됨으로써 동유럽 최초의 비공산당 정권이 들어섰다.

헝가리는 폴란드의 예를 따랐다. 1989년 6월에 중요 정치인들의 원탁 토론을 통해 자유주의적이거나 민족주의적 정당들의 합법화가 결정되고, 자유선거 일정이 합의되었다.

두 번째는 동독과 체코슬로바키아 유형이다. 폴란드와 헝가리의 정치 변화는 협상의 결과였으나, 동독의 경우는 극적인 대중운동의 결과였다. 1989년 여름에 수만 명의 동독인들이 서독으로 탈주하는 사건이 일어났고, 이 사건이 라이프치히 시에서의 정치적 민주화를 요구하는 대중 시위를 촉발시켰다.

그 결과, 11월 7일 동독의 정치 지도자들이 모두 사임하고, 이틀 후에 베를린 장벽이 개방되었다. 그리고 다음 해 봄인 1990년 3월의 선거에서 기독교민주당이 정권을 잡았다. 동독 기민당은 서독 정부와의 협정을 통해 1990년 10월 3일에 독일을 통일시켰다. 동독인들이 이렇게 빨리 통일에 동의한 것은 그렇게 하면 서독으로부터 많은 경제적 도움을 얻을 수 있을 것으로 기대했기 때문이다.

체코슬로바키아에서도 1989년 11월 프라하에서 대규모 대중 시위가 벌어졌다. 자유주의적 작가인 바츨라프 하벨V. Havel이 이끈 저항운동인 '시민 포럼'은 대중의 지지를 얻어 정부 각료들의 사임을 얻어내고, 하벨을 임시 대통령으로 선임했다. 그리고 1990년 6월의 선거에서 '시민 포럼'이 압승을 거두며 민주적 정권을 수립했다. 공산당 정권이 거의 저항 없이 권력을 내놓은 것은 이미 소련도 민주화되는 과정에 있는 상황에서 자신감을 잃어버렸기 때문이다.

세 번째 유형인 루마니아의 상황은 좀 달랐다. 다른 나라들은 대체로 무혈로 정권 교체에 성공했다. 그러나 루마니아에서는 공산당과 군부, 정보부서 내의 반정부 세력들이 대중의 지지를 등에 업고 쿠데타를 일으켜 니콜라에 차우셰스쿠 대통령을 실각시켰다. 이 과정에서 1,000명 정도가 사망했고, 차우셰스쿠는 처형당했다.

독일의 재통일

그 가운데에서 독일의 재통일은 특기할 만한 사건이다. 독일은 2차대전 이후 연합국들에 의해 분할 점령되었고, 1949년에 동독과 서독 정권이 수립됨으로써 분단되었다. 소련은 동독을 서유럽을 견제하는 기지로 생각했으므로 20만 명의 소련 지상군을 주둔시키고 엄격히 통제했다.

그리하여 서독과 동독은 유럽에서 자본주의와 사회주의의 대결장이 되었다. 1961년 동베를린 시민들이 대거 서베를린으로 탈출하자 동독 측은 양쪽 경계선에 콘크리트로 베를린 장벽을 쌓아 그것을 막았다. 그러나 1970년대에 들어와 서독 정부의 적극적인 포용 정책으로 점차 관계가 개선되었다.

이는 1969년에서 1974년까지 집권한 사회민주당 수상인 빌리 브란트의 동방 정책 때문이다. 그는 1972년 12월에 동·서독 간 기본 조약을 체결하고, 상호 간의 주권 존중, 국경의 인정, 국민 간의 교류를 약속했다. 이는 분단의 현상은 인정하되 서로 간의 교류를 확대함으로써 통일의 기반을 만들려는 장기적인 포석이었다.

그 후 동·서독 사이에 광범한 교류가 열렸다. 서독 시민이 동베를린의 친척을 방문할 수 있었고, 동독 시민들은 서독의 방송을 청취할 수 있었다. 또 서독 정부는 동독 정치범들을 인수하는 대가로 매년 막대한 돈을 지불했다. 이런 교류는 1980년대 초에 냉전이 격화되는 가운데서도 후퇴하지 않았다.

고르바초프의 개혁 정책으로 통일을 위한 기회가 마련되었다. 그리고 1989년 수만 명의 동독인들이 헝가리 국경을 통해 서독으로 탈출하면서 그 과정은 급진전되었다. 그러나 독일 통일은 동·서독 사이에서만 해결될 수 있는 일은 아니었다. 그것이 유럽 국제정치의 큰 변화를 가져올 수 있기 때문이었다.

서독 기민당의 헬무트 콜 수상은 독일의 통일을 위해 먼저 주변국들과 강대국들의 양해를 얻어야 했다. 우선 폴란드의 불안감을 줄여 주는 일이 급선무였다. 2차 대전이 끝나면서 독일 동부 영토의 많은 부분이 폴란드로 넘어갔기 때문이다. 따라서 콜은 폴란드에게 현 독일 국경선을 지키겠다는 약속을 했는데, 이는 과거 독일 영토의 상당 부분을 포기한다는 것을 의미했다.

콜은 고르바초프와 미국의 부시 대통령으로부터도 지지를 얻었고, 프랑스로부터도 마지못한 동의를 얻어 냈다. 반면 영국의 대처 수상은 끝까지 이에 반대했다. 유럽에서의 주도권을 통일 독일에게 빼앗길 것을 두려워한 것이다. 그러나 다른 중요 국가들이 모두 이를 지지

베를린 시민들이 베를린 장벽을 무너뜨리고 있다(1989. 11. 9.).

했으므로 끝까지 막을 수는 없었다.

그리하여 독일은 동독에서의 민주 선거로 기민당 정부가 수립된 뒤인 1990년 7월 1일에 경제 통합을 했고, 10월 3일에는 양국 정부의 협의에 의해 통일을 달성했다. 그리고 독일 전체 총선거가 1990년 12월 2일에 치러짐으로써 통일 작업은 완결되었다.

독일의 재통일이 쉽게 가능했던 중요한 이유 가운데 하나는 독일이 한국과 같이 내전의 경험을 갖고 있지 않다는 것이었다. 따라서 동·서독인 사이에 원한이 없었으므로 쉽게 민족으로서의 형제애를 되찾을 수 있었다. 이것이 통일을 앞두고 있는 한국이 독일과 근본적으로 다른 점이다.

그러나 통일 과정에서 경제적인 면에서는 실수도 컸다. 특히 통일 초기에 실질가치가 약 4:1인 서독마르크와 동독마르크를 1:1로 교환해 준 것이 그랬다. 그것은 동독인들의 구매력을 높여 주어 통일에 대한 지지를 얻으려는 정책이었다. 또 동독인의 서독 이주를 막기 위한 고육책이기도 했다. 그러나 실질임금이 함께 오름에 따라, 생산성과 경쟁력이 훨씬 떨어지는 동독 기업들에게 치명적인 타격을 주어 많은 기업들이 파산하게 되었다. 그 결과, 2년 동안에 동독 주민의 약 3분의 1이 실직할 정도가 되었고, 이들을 실업수당 등 사회보장제도를 통해 구제할 수밖에 없었다.

독일은 동독을 재통합하기 위해 통일 이후 매년 어마어마한 예산을 사용하고 있다. 당장은 이것이 경제에 큰 부담으로 작용하고 있다. 또 동독 지역의 경제 사정이 아직도 서독 지역에 비해 상당히 떨어지므로, 동독인들의 불만을 사고 있다. 그러나 장기적으로 보면 민족정체성의 회복, 국제정치적 위상 강화, 분단 비용의 감소 등 통일은 그 모든 것을 넘어서는 훨씬 긍정적인 면을 갖고 있다. 따라서 단기적인 결과만으로 판단해서는 안 될 것이다.

참고 문헌

전태국, 『국가사회주의의 몰락 : 독일통일과 동구변혁』, 한울, 1998.

K. 바이메(이규영 역), 『탈사회주의와 체제전환 : 러시아와 동유럽』, 서강대출판부, 2000.

R. 블랙번 편(김영희 외 편역), 『몰락 이후 : 공산권의 패배와 사회주의의 미래』, 창작과 비평사, 1994.

H. 슈미트(오승우 역), 『독일통일의 노정에서 : 결산과 전망』, 시와 진실, 2007.

아우프헤벤(오세철 역), 『소련은 무엇이었나』, 빛나는 전망, 2009.

B. 아자드(채만수 역), 『영웅적 투쟁, 쓰라린 패배 : 사회주의국가 소련을 해체시킨 요인들』, 노사과연, 2009.

H. 텔칙(엄호현 역), 『329일 : 베를린 장벽 붕괴에서 독일통일까지』, 고려원, 1996.

C. 하먼, M. 헤인즈(이원영 편역), 『소련의 해체와 그 이후의 동유럽』, 갈무리, 1995.

A. G. Ghaussy & W. Schäfer(ed.), *The Economics of German Unification*, Routledge, 1993.

13

신자유주의와 지구화

신자유주의와 국제경제의 흐름

신자유주의는 1980년대에 들어와 영국의 대처리즘과 미국의 레이거노믹스로 구체화된 경제 원리이다. 이는 자유방임을 모토로 경제에 대한 국가 규제의 완화, 노조의 힘 약화, 사회보장의 축소 등을 통해 분배를 줄이고 투자를 늘려 침체된 경제를 회생시키려는 목적을 가진 것이다. 따라서 사회적 요구 대신 시장의 자유경쟁 원리가 중시될 수밖에 없었다. 이는 전후, 특히 서유럽에서 발전했던 복지국가 체제가 더 이상 과거와 같은 형태로는 유지되기 어렵다는 것을 의미했다.

냉전이 끝나고 사회주의권이 붕괴한 이후 모든 나라에게 경제적 경쟁력 확보는 중요해졌다. 따라서 많든 적든 신자유주의 원리의 채용은 불가피해졌다. 문제는 이 신자유주의적 원리가 국제사회에 강요될 때이다. 1980년대 이후 자본시장의 국제화가 빠르게 진척되며 미국, 영국을 중심으로 하는 선진국들은 다른 나라들에 대해 상품 시장뿐 아니라 금융시장의 개방, 국가 규제의 완화, 시장에서의 자유로운 경쟁

영국의 마거릿 대처 수상

을 점차 강요하기 시작했다. 여기에서는 자본주의 국가들의 중심으로서의 미국의 역할이 특히 중요했다.

이런 상황은 WTO 체제에 의해 분명히 나타났다. 그러나 세계 경제가 선진 자본주의 국가들과 그 독점자본의 힘에 의해 좌우되는 상황에서 자유방임적 시장 원리의 요구는 제3세계 국가들에 대한 노골적인 침탈을 의미하는 것이었다. 그것이 자유경쟁을 가져오는 것이 아니라 선진국에 대한 일방적인 예속만을 가져올 것이기 때문이었다. 따라서 신자유주의 원리가 가져오는 국제적 · 국내적 파장에 대해 잘 알 필요가 있다.

미국 신자유주의의 원인

1970년대 이후 미국 산업에 대한 일본, 서유럽, 아시아 신흥 공업국들의 도전이 시작되었다. 이는 군사적 · 과학적 도전은 아니었다. 단지 이미 알려져 있는 지식을 상품 생산에 적용하여 부가가치를 늘리는 형태를 띤 것이었다. 특히 일본은 대기업 집단, 국가, 숙련되고 기율 있는 노동계급의 협력으로 이를 달성했다. 이 도전은 미국을 놀라게 했다.

당시까지 미국은 두 가지 전략에 초점을 맞추고 있었다. 하나는 군사 과학과 기술의 혁신을 통해 소련 군사력을 봉쇄, 중립화하는 것이었다. 다른 하나는 조직 노동을 국가의 제도적 틀 안에 편입시킴으로써 국내의 계급 관계를 안정시키는 것이었다. 이를 위해서는 높은 임금을 받는 안정된 산업 노동력의 존재가 필수적이었다.

미국의 대기업들은 노동자들의 고임금 요구에 따랐다. 그것은 대기업들이 시장을 과점하고 있었기 때문에 가능했다. 고임금과 다른 비용들을 상품 가격에 전가할 수 있었던 것이다. 대기업들이 이렇게 시장을 특권적으로 통제할 수 있었으므로 미국 기업들은 상품의 질을 근본적으로 개선하기보다는 광고와 포장의 개선을 통한 시장의 팽창에 초점을 맞추었다.

그 결과, 미국 산업에는 독점 속에서 고품질의 군수품을 생산하는 거대 산업 복합체와, 내수나 수출 시장을 위해 중 · 저질 상품을 대량 생산하는 과점적 부분이 나타났다. 그리고 이 두 부분의 노동 안정성으로부터 물질적 이익을 얻는 대규모의 블루칼라 중간 계급이 만들어졌다.

그러나 일본이 지구적 경쟁자로 등장함으로써 상황이 달라졌다. 그것은 미국의 대기업들에게는 단순한 도전 이상의 것이었다. 미국 기업의 생산성이 떨어졌기 때문이다. 수직적으로 통합된 미국 기업들이 과거의 성공에 안주함으로써 대부분의 산업(자동차, 철강, 복사기, 카메라, 농업 기계 등)이 상품 혁신과 새 생산 방법을 채용하는 데 실패한 결과였다. 기술과 생산 체제가 시대에 뒤떨어졌으므로 낮은 품질의 상품을 높은 가격에 제공할 수밖에 없었던 것이다.

그리하여 미국 수요의 보다 많은 부문이 점점 효율적인 외국 생산자에 의해 침식되었다. 따라서 많은 대기업들은 노동자들에게 더 이상

1950~1960년대에 미국 자동차 회사들은 기름을 많이 먹고
비효율적인 대형 자동차들을 주로 생산했다.

과거와 같은 고임금이나 복지를 제공할 수 없었다.

다른 한편에서 미국 기업들은 열등한 생산 기술을 보상받기 위해 일시적으로라도 '공간적 조정'을 통해 임금이 낮은 지역으로 공장을 이전할 수밖에 없었다. 결과적으로 많은 기업이 출구를 찾아 해외로 공장을 이전하여 초국적 기업으로 변신했다. 미국의 산업 노동계급은 버림받은 채 뒤에 남겨졌다.

이런 현상은 미국에만 한한 것은 아니었다. 서유럽 국가들도 강한 압력을 느끼고 있었다. 1980년대에는 일본 외에도 한국을 포함한 아시아의 여러 신흥 공업 국가들이 세계시장에 도전했기 때문이다. 그러므로 미국을 비롯한 선진 자본주의 국가들에게는 세계시장을 다시 지배할 새로운 전략이 절실히 필요했다. 무역의 확대와 함께 선진국들, 특히 미국이 우월한 지위를 유지하고 있던 금융 부문의 개방을 통해 이익을 최대화하는 것이 필요했다. 그리하여 이를 위한 자유무역주의를 강하게 주장하기 시작했다.

자유무역주의와 WTO 체제

신자유주의에 의해 강조된 자유무역 원리는 그것이 경제성장과 지구적 번영을 촉진시킨다는 전제에 기초해 있다. 그것은 다시 여러 세부적인 주장으로 나눌 수 있다. 자유무역은 지구의 자원 분배를 최적화한다. 자유무역은 소비자 후생을 최대화한다. 자유무역은 생산성 향상과 경제성장을 촉진시킨다. 무역 정책에 대한 정부의 간섭은 시장을 왜곡시키고, 복지와 성장을 감소시킨다. 자유무역 체제를 가진 나라들이 폐쇄 체제를 가진 나라들보다 빨리 성장한다. 관세를 인하하고 비관세 장벽을 없애야 무역량이 증가한다는 따위의 이야기들이다. 자유무역을 마치 만병통치약처럼 내세우고 있다.

그리하여 미국과 유럽의 선진국들은 냉전이 끝나자마자 1990년대에 들어와 자유무역을 이끌어갈 세계무역기구WTO 체제를 밀어붙였다. 더 이상 과거와 같이 소련이나 사회주의권의 눈치를 볼 필요가 없었기 때문이다. 그 결과, 1995년에 GATT 체제 대신 세계무역기구가 만들어졌고, 이 기구는 그 후 관세를 인하하고 비관세 장벽의 제거를 통한 무역의 자유화와 자본 이동의 자유화를 노골적으로 요구함으로써 선진국들의 대리인이 되었다.

그러나 오늘날 미국을 비롯한 선진국들이 요구하는 것은 이것만이 아니다. 많은 협정이나 국제 기준을 통해 다른 나라의 제도나 여러 규제, 국내법까지도 변경시키려고 시도하고 있다. 그래서 이제 무역정책은 과거에는 국제무역의 영역 밖에 있는 것으로 생각되었던 국내투자나 지적 재산권 문제, 또 국내법 개정 문제로까지 확대되고 있다. 제3세계 국가들에게 완전히 무장해제를 하도록 요구하는 것이다.

자유무역 원리의 불공정성은 다른 면에도 있다. 경제의 3요소는 자본, 상품, 노동력이다. 그런데 자본과 상품이라는 면에서 후진국은 선진국과 비교할 수 없는 낮은 수준에 있다. 축적된 자본도 없을뿐더러 상품도 공산품의 경우는 선진국들에게 내다 팔 정도로 경쟁력이 있지 않다.

오직 팔 수 있는 것은 농산물이나 광산물 정도이다. 따라서 무역과 자본 이동의 자유화는 후진국을 선진국 시장에 내준다는 의미 외에 별

다른 의미가 없다. 이렇게 자본과 상품의 이동은 자유화하라고 요구하면서 후진국들에게 유리한 노동의 이동은 철저히 막고 있다.

그러니 WTO 체제의 수혜를 받는 것은 제3세계 기업들이 아니라 규모가 크고 훨씬 우월한 경쟁력을 가진 선진국 기업들일 수밖에 없다. 결국 WTO 체제라는 것은 선진국 중심의 국제경제 질서를 만들려는 것이지, 모든 나라에게 공평한 질서를 만들려는 것은 아니다. 그리고 이런 국제경제 질서를 만드는 데 이론적 기반을 마련한 것이 바로 워싱턴 콘센서스이다.

워싱턴 콘센서스

워싱턴 콘센서스는 워싱턴에 본부를 두고 있는 세계은행과 국제통화기금IMF, 미국 재무부에 의해 조율된 정책 방향을 말하는 것으로, 이것이 지난 20여 년 간 제3세계의 경제 발전 정책을 지배했다. 나중에 여기에 국제무역기구, 유럽중앙은행 같은 기구들도 포함되었다.

이것은 신고전주의 경제이론과 신자유주의 정책을 중심으로 만들어진 것으로, 가난한 나라들이 가난할 수밖에 없는 이유는 자본이나 기계, 하부구조의 부족 때문이 아니라, 경제에 대한 국가의 쓸데없는 개입, 부패, 비효율, 잘못된 경제 유인 때문이라고 주장한다. 따라서 경제에 대한 국가의 개입이 사라져야 하며, 국내 소비가 아니라 국제무역과 금융이 경제 발전의 원동력이 되어야 한다고 주장한다. 그래서 이 기구들은 다음과 같은 정책들을 권장했다.

첫째, 국가는 외국의 침입으로부터의 방위, 시장이 작동할 수 있도록 법적 · 경제적 인프라를 만드는 일, 시장 관계를 유지하고 팽창시키기 위해 사회 집단들의 관계를 조정하는 일을 제외하고는 뒤로 물러서 있어야 한다.

둘째, 정부의 재정 적자나 통화 증발에 따른 인플레이션과 경제에 대한 국가의 개입을 막기 위해 재정이나 화폐 정책에 제약이 가해져야 한다. 이를 위해 조세 개혁과 재정 지출의 감축이 이루어져야 하고, 정부 투자는 직접적 생산 부문으로부터 의료, 교육 같은 공공재 부문으로 옮겨져야 한다.

셋째, 무역과 환율을 자유화해야 한다. 자유무역은 외국 생산자와의

워싱턴의 IMF 본부

경쟁으로 국내 기업들을 더 효율적으로 만들고, 환율 자유화는 각 나라의 비교 우위를 통해 수출을 늘리고 전문화를 달성하게 해 준다.

넷째, 저축을 늘리고 투자 이익률을 높이기 위해 국내 금융 제도를 자유화해야 한다.

다섯째, 고용과 노동 생산성을 높이기 위해 노동시장을 유연하게 만들어야 한다. 고용과 해고의 규제를 단순하게 하고, 노동관계를 분권화하고, 노동조합의 힘을 약화시키고, 단체협약이나 노동자 보호 조항 등을 없애고, 사회보장 혜택을 줄여야 한다.

제3세계 국가들 가운데 과다한 외국 차관이나 경상수지 적자에 따른 외환 부족으로 심각한 어려움을 겪는 나라들은 이런 논리에 따라 만들어진 경제 안정화 및 구조 조정 프로그램에 동의하는 경우 IMF나 세계은행으로부터 돈을 빌릴 수 있었다.

그 결과, 지난 20년 동안에 자금이 필요한 약 100개 국가가 이런 프로그램에 동의하고 신자유주의적 구조 조정을 허용함으로써 신자유주의 정책이 전 세계로 확산되었다. 이 신자유주의 원리를 정당화하기 위해 만들어진 이데올로기가 지구화론globalization theory이다.

지구화란 무엇인가

요사이 사람들은 지구화globalization 또는 세계화라는 말을 일상적으로 사용하고 있다. 또 지구촌global village이라는 말도 자주 사용한다. 그것은 이제 지구가 하나로 묶여서 상호 의존성이 매우 강화되고 있다는

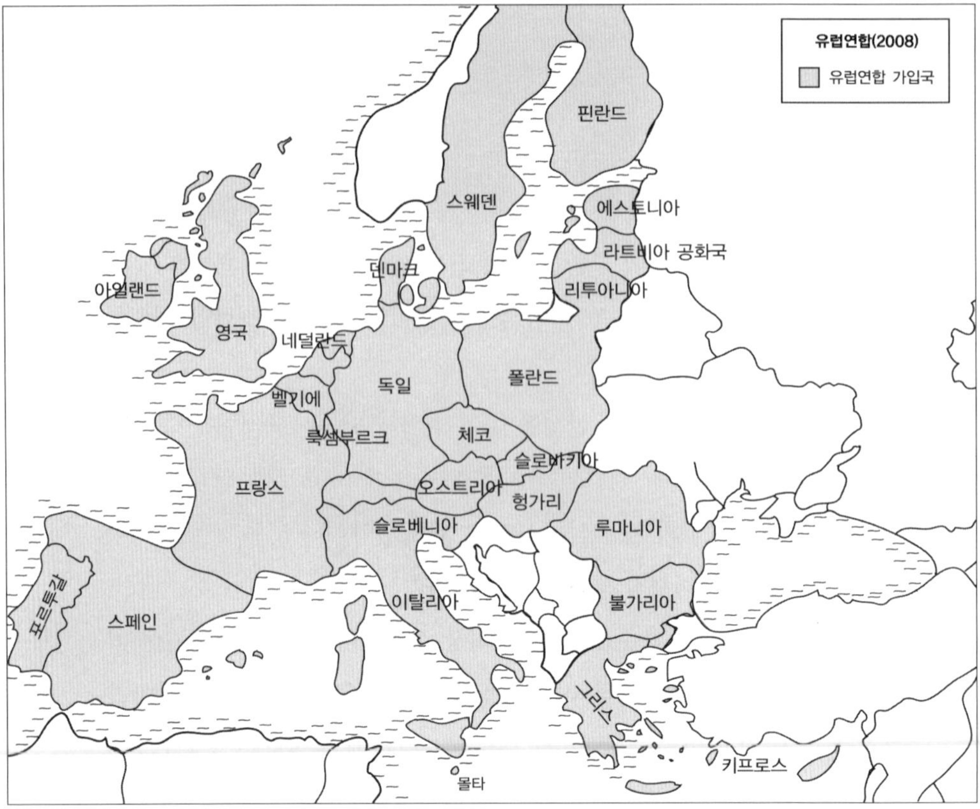

유럽연합 가입국들

의미이다. 1992년에 지구화에 대한 책을 처음 낸 로버트슨R. Robertson은 그 본질을 세계 각 지역의 연결이 강화되고 이러한 발전에 대한 우리의 의식이 커 가는 것을 의미한다고 말했다. 그러면 그것은 어떤 현상을 말할까?

먼저, 하나로 통합된 지구적 시장 속에서 무역, 자본, 기술, 정보의 국제적인 흐름이 확대되고 심화되는 것을 말한다. 노동도 규제받고 있기는 하나 크게 보면 마찬가지이다. 여기에서는 하비D. Harvey의 시간-공간 압축이라는 개념이 영향력을 갖고 있다. 사람과 상품을 훨씬 빨리 움직이게 하는 기술 혁신의 결과로 세계가 축소되고 있고, 의사소통의 가장 큰 장애인 거리를 단축시키고 있다는 것이다.

그는 이런 경제적 변화가 정치적인 변화도 야기하고 있다고 말한다. 민족국가의 기능과 힘이 약화되고 있고, 그 대신 초국적 기구들이 등장하고 있다는 것이다. IMF와 같은 국제기구, 수많은 국제적 비정부기구들, 북미자유무역협정NAFTA · 유럽연합EU 같은 지역 연합들의 등장이 그것이다. 한 나라 안에서도 각 지역이 직접 국제적인 흐름에 동참하여 국가의 전통적인 힘이 약화되고 있다. 또 초(超)영토적 가치를 갖는 지구적 운동들이 성장하고 있다.

이러한 발전과 관련된 가치나 문화적 실천의 확산도 나타나고 있다. 그에 따라 국제적이며 지구적인 문화도 나타나고 있다. 미국적 생활양식의 전 세계적 파급이나 코카콜라와 햄버거로 대표되는 문화의 혼합화가 그것이다. 이 외에 지구적 문화 산업의 발전(라디오, 텔레비전을 통한 음악, 영상 산업), 지구적 관광, 스포츠, 여가 산업, 인구 이동 같은 것도 이에 큰 영향을 주고 있다.

지구화론자들은 이런 현상을 역사적 필연성으로 주장하는 경향이 있다. 이런 견해를 잘 보여 주는 것이 세계은행의 1996년 「세계 발전 보고서」의 첫 페이지이다. 여기에서는 '계획경제로부터 시장경제로의 이행과 신자유주의적 지구화로의 진전은 불가피한 기본적인 과정이며, 그 뒤에는 보이는 어떤 손도 존재하지 않는다'고 주장한다.

또 『뉴욕타임스』지는 2001년 7월 7일자에서 오늘날의 지구적 현실은 하나의 '유동적이며, 무한정하게 팽창하고, 고도로 조직화된 체계로 그것이 전 세계 인구를 감싸고 있으나 거기에는 특권적인 지위나 권력은 존재하지 않는다'고 주장하며, 그것을 자연적인 과정으로 묘사한 바 있다. 어떤 나라나 집단도 그것을 인위적으로 이끌어가지는 않는다는 것이다.

미국 MIT 교수로 '지식 기반 경제'를 설파하는 레스터 서로우L. C. Thurow 같은 사람은 이런 현상을 신기술의 발전과 관련지어 본다. 그것이 오늘날의 세계 경제의 모습을 새롭게 바꾸게 만드는 정밀전자, 컴퓨터, 로봇, 장거리 통신, 신물질, 생물학 기술 등 신기술의 결과라는 것이다.

이런 것들이 지식 기반 경제를 만들고, 인간의 경제와 사회생활을 크게 변화시키고 있다는 것이다. 빌 게이츠는 여기에서 상징적인 인물이다. 그는 옛날 형태의 자본가가 아니며, 공장이나 설비를 갖고 있지도 않다. 그는 지식 과정을 통제함으로써 부자가 된, 지식 기반 경제로의 근본적인 이행을 보여주는 인물이다. 이는 증기와 전기 다음에 오는 제3의 산업혁명이다.

이 제3의 산업혁명은 선진국에서 점차 개발도상국으로 전파되고 있다. 그러나 이런 지구화 경제에 참여하기 위해서 개발도상국은 초국적 기업을 위한 매력적인 해외 생산 기지가 되어야 한다. 그리고 이를 위해 비교적 숙련된 노동력, 훌륭한 하부구조(전기, 장거리 통신, 운송), 정치적 안정을 제공해야 하고, 시장의 규칙에 따라야 한다.

왜냐하면 개발도상국 혼자서는 고부가가치 산업이 요구하는 고품질의 상품을 만들 수 없을 뿐 아니라, 그들이 생산한 섬유나 신발 등 저부가가치 상품을 팔 수도 없기 때문이다. 즉, 개발도상국이 지구적 경제에 참여하기 위해서는 초국적 기업들의 많은 요소들을 이용해야 한다.

초국적 기업들은 오늘날의 발달된 통신과 운송 기술 아래 이익을 최대화하기 위해 가장 싸게 상품을 생산할 수 있는 곳과 가장 많은 이익을 내는 시장을 알고 있으며, 전 지구적 차원에서 그런 일들을 한다.

그리고 그 과정에서 지구적 경제가 기존의 국가 경제 체제를 해체시킨다는 것이다.

그러나 이런 주장들에는 맹점이 많다. 신자유주의적 지구화를 기술적인 변화의 결과로만 볼 수는 없는데, 왜냐하면 선진국들의 강요라는 측면도 매우 강하게 작용하기 때문이다. 또 지구화 과정에 특권적 지위나 권력이 존재하지 않는다는 주장도 실제와는 다르다. 만약 정말 그렇다면 후진국에 대한 선진국의 착취는 존재하지 않아야 하기 때문이다.

서로우의 주장도 비판자들에게는 식민주의 이론이나 근대화론 등 과거의 제국주의적 침탈 논리의 연장선상에 있는 것처럼 보인다. 국경을 개방하여 선진국의 기술이나 자본을 받아들여 지구화 경제에 참여하려면 받는 것 이상의 혹독한 대가를 치러야 하기 때문이다. 그런 의미에서 지구화론은 강한 이데올로기적 성격도 갖고 있다.

문제는 오늘날의 지구화 논의가 지구화론의 이러한 이데올로기적 성격을 감추고, 역사의 필연성으로만 강조되고 있다는 것이다. 따라서 이 두 가지 성격을 잘 이해하지 못하면 지구화에 대해 잘못된 이해를 할 수밖에 없다.

지구화의 요인과 문제점

그러면 지구화의 중요한 요인은 무엇일까? 사실 지구화는 오늘날의 세계 자본주의 상황이 만들어 낸 것으로, 다음과 같은 여러 요인의 결과이다.

자본주의의 위기를 극복하기 위한 선진국들의 공격적인 경제정책의 결과이다. 특히 미국 기업의 경쟁력 약화로 세계시장에서 그 몫이 줄어드는 것을 막으려는 미국 정부의 공격적 경제정책이 중요한 역할을 하고 있다. 미국 정부는 미국 자본의 전 세계적인 진출에 유리한 환경을 만드는 데 심혈을 기울이고 있다. 다른 선진국들도 미국에 동조하며 제3세계에 대해 공격적으로 경제 개방을 요구하고 있다.

초국적 기업들은 노동 집약적 산업을 임금이 싼 제3세계 지역으로 재배치하고 있다. 이에 따라 전 세계적으로 새로운 노동 분업이 나타나고 있으며, 국제적 · 국내적으로 생산 형태가 변화하고 있다. 이는 직접 투자나 아웃 소싱의 형태로 나타난다. 이런 현상은 1980년대부터 본격화되고 있는데, 그것은 통신과 운송 수단의 획기적인 발전으로 이에 드는 비용이 과거보다 훨씬 저렴해지고 있기 때문이다.

빠르게 진척되고 있는 자본의 국제화도 그 한 요인이다. 이 밑바탕에 있는 것은 선진국들이 강요한 자본 이동의 자유화와 탈규제화이다. 이것은 컴퓨터와 같은 새로운 전자통신 기술에 의해 지원되고 있다. 그리하여 1970년 이전에는 금융 거래의 90퍼센트가 실물거래였으나, 2000년에는 10퍼센트만이 실물거래였다. 나머지는 환거래, 초단기적 주식 투자, 채권, 파생금융상품 등 투기적 금융 거래였다. 그래서 세계에서 유통된 금융 자산의 총 액수는 53조 달러로 OECD 국가들의 GDP 합계의 세 배가 될 정도로 늘어났다. 그리고 하루의 거래량은 약 2조 달러로, 그중 40퍼센트는 이틀 만에 방향을 바꾸는 초단기 자본 이동이었다.

일일 외환 거래량도 1989년에는 5,700억 달러 수준이었으나, 2006

년에는 2조 7,000억 달러로 늘었다. 2001년 이후 세계 파생상품시장은 연 100퍼센트 수준으로 성장하여 2006년 전반기에는 26조 달러에 달했을 정도이다. 세계금융시장이 사실상 하나의 거대한 카지노 판이 된 것이다.

따라서 지금 진행되고 있는 지구화는 많은 문제점들을 안고 있다. 먼저 국제경제의 불안정화를 들 수 있다. 오늘날 세계 금융 산업의 중심은 투기 자본에 있다. 미국의 헤지펀드로 대표되는 이런 자본들은 정상적인 금융 거래보다는 선물 투기를 포함하여 환이나 원유 · 금 · 광물 등 원자재 투기를 일삼으며 국제 금융시장을 교란하고 있다. 지난 50여 년 간 과도하게 축적된 이들 선진국 자본이 빚어내고 있는 이런 투기적 국제금융의 폐해를 어떻게 줄이느냐가 관건이다. 그것이 제대로 제어되지 못한다면 멀지 않은 장래에 세계는 큰 경제적 혼란에 빠질 가능성이 있다.

또 국가 사이의 착취 구조가 강화되면서 국제적 불평등도 증가하고 있다. 선진국들은 IMF나 WTO를 이용하여 국가 사이의 경계선을 허물 것을 강요하고 있다. 그리고 관세 인하, 기업에 대한 정부의 보조금 인하나 철폐, 식량가 제한 철폐, 공기업 민영화, 은행 · 철도 · 전기 등 기간산업의 민영화, 시장에 대한 여러 규제의 철폐, 정부 재정 적자 축소, 화폐 공급 축소 같은 것들을 요구한다. 이런 요구들은 해당 국가의 경제적 자주성을 현격하게 약화시키고, 그 국민들의 생활수준을 떨어뜨릴 뿐 아니라, 부를 해외로 이전하게 만든다. 따라서 지구화는 제3세계를 착취하는 중요한 수단이 되고 있다.

공장 자동화로 인해 고임금의 안정된 노동자가 불필요하게 됨에 따라 세계적으로 실업자가 크게 증가했다. 또 기업의 국제화로 치열한 국제적 기업 경쟁을 이기기 위해서, 안정적인 고용 대신 유연 노동을 채택하는 경향이 생겼다. 그 결과, 비정규직, 파트타임 노동이 급증하게 되었다.

자본의 국제화로 자본과 노동의 힘의 관계도 변화했다. 노동조합 가입률이 감소하여 노동의 교섭력도 현격하게 떨어졌고, 이로 인해 국민소득에서 노동임금의 몫이 크게 줄어들고 있다. 그러므로 자본이 주도하는 지구화 추세를 과거와 같이 노동이 견제하기 어렵다.

이와 함께 점점 커지는 빈부 차로 각 나라에서 사회적 불안이 고조되고 있다. 어느 곳에서나 노동계급뿐 아니라 전문직의 소득 수준도 떨어지고 있다. 그리하여 극소수의 부자와 대다수의 빈민 사이의 양극화가 심화되고 있다. 2010년대에 들어와 제3세계 많은 곳에서 일어난 식량 폭동은 그 사실을 직접적으로 보여 준다. 2011년에 북아프리카와 중동 여러 나라에서 벌어져 이집트나 리비아 등의 독재 정권을 무너뜨린 민주화운동의 배경에도 대중의 빈곤이 깔려 있다.

선진국의 경우도 마찬가지이다. 2005년 파리 근교에서 일어난 폭동이나 2011년의 런던 폭동은 모두 빈민 지역에서 일어난 것이다. 또 미국에서 2011년에 시작된 '월가를 점령하라'는 시위운동은 미국뿐 아니라 전 세계로 확산된 바 있다. 모두 일자리가 없고 장래의 희

'월가를 점령하라'는 시위

망이 없는 청년층이 주도했다. 이렇게 지구화에 대한 비판과 저항은 선 · 후진국을 막론하고 매우 크며, 시간이 감에 따라 더 확대될 가능성이 있다.

또 문화가 지구화되며, 혼합화된다는 지구화론자들의 주장과 달리, 실제로는 자본주의적 산업의 형태를 가진 선진국 문화가 문화 제국주의의 형태로 제3세계를 파고들고 있다. 맥도날드, 코카콜라 같은 패스트푸드나 음료 사업, 할리우드 영화와 서양 음악 등이 이들 나라의 고유문화를 크게 침탈하고 있다. 여기에서는 미국 문화 산업이 가장 중요한 역할을 하고 있고, 따라서 세계 문화의 미국화 현상이 나타나고 있다.

지구화의 미래

그러면 지구화는 우리의 미래가 될 것인가? 별로 그렇지 않다. 지구화는 말만 새로울 뿐이지 오늘의 새로운 현상은 아니기 때문이다. 1820~1830년대와 1860년대, 1890~1914년 사이의 시기는 경제의 국제화가 매우 진전된 시기였다. 그러나 1840년대, 1870~1990년대 초, 1929~1945년의 시기에는 불황이 오며 추세가 역전되었다.

특히 1차 대전 이전의 국제화는 지금보다도 더 높은 수준에 있었다. 자본과 상품, 그리고 무엇보다도 노동력 이동이 매우 자유로웠다. 그러나 그것은 1차 대전으로 인해 크게 후퇴했을 뿐 아니라, 경제공황이 시작되며 거의 중단되었다.

세계 각국은 다시 보호무역으로, 폐쇄 경제로 되돌아갔다. 결과적으로 많은 나라가 자급자족경제를 추구했다. 그러니까 역사 속에서 나타나는 국제화라는 현상이 항상 한쪽 방향만으로의 변화를 보여 주지는 않는다는 것이다. 그것은 얼마든지 역전될 수 있으며, 그런 점에서 지금의 지구화 추세도 마찬가지이다.

지구화로 인해 국경이 사라지고, 국가의 역할이 약화된다고 하는 주장도 별로 설득력이 없다. 실제로 신자유주의 지구화를 이끌어 가는 주체들이 선진국들이기 때문이다. 특히 미국 정부와, 세계를 지배하는 그 군사력이 결정적인 요인이다. 미국의 군사력이 사라지게 되면 미국과 선진국들이 신자유주의적 지구화라는 억압적 틀을 전 세계에 강요하는 것은 당장 불가능해질 것이다.

사실 국가라고 하는 정치적 제도가 반드시 경제에만 의존하는 것은 아니다. 국민을 보위하고 국민 전체의 삶을 어루만져야 할 나름의 존재 이유를 가지고 있다. 반면 NAFTA와 EU 같은 지역 연합은 세계 경제가 악화되고 국가 간 경쟁이 치열해지면 붕괴할 여지가 얼마든지 있다. NAFTA 안에서도 미국에 대한 캐나다와 멕시코의 불만이 상당히 크다. 2011년에 유럽 국가들의 재정 위기가 급속히 악화되면서 EU가 존폐 위기에 서 있는 것도 그것을 잘 보여 준다. 지역 연합은 그렇게 안정성 있는 조직이 아니다.

게다가 지구화론자들이 간과한 하나의 중요한 요소는 민족주의이다. 이들은 경제가 통합되면 민족주의 같은 것은 큰 문제가 아니고 곧 소멸될 것처럼 이야기한다. 지구적인 시대가 곧 열린다는 것이다. 그러나 지구적인 의식이나 생각은 환경문제 같은 데서 일부 나타나고는 있으나, 아직은 영화적인 상상력에 불과하며 대부분의 사람들은 국가나 민족을 단위로 사고하고 행동한다.

그럼에도 '지구화'가 최근의 민족주의 이론에도 영향을 미치고 있는 것은 사실이다. 최근의 주류 해석인 민족주의의 '근대주의적 해석'을 대표하는 인물 가운데 한 사람인 에릭 홉스봄E. Hobsbawm 같은 역사가도 민족주의는 당분간은 남아 있을지 몰라도 얼마 안 가 사라질 것이라고 전망한다.

20세기 후반 서양 학자들은 민족과 민족주의에 대해 매우 부정적이었다. 제2차 세계대전을 민족주의의 부정적 결과로 보았을 뿐 아니라, 냉전으로 인해 동서 진영 어디에서나 각 나라의 민족주의가 크게 억압되었기 때문이다. 그래서 민족이나 민족주의는 큰 의미가 없고 그 시대도 끝났다고 생각하는 경향이 있었다.

그러나 냉전이 끝나고 나서 구 소련 지역이나 유고슬라비아 지역 등 세계 각지에서 동시다발적으로 벌어진 종족 분규나 민족 분규는 그것이 쉽게 사라질 수 있는 성격의 것이 아님을 실증해 주고 있다. 그것은 민족이라고 하는 것이 종족성에 기초한, 오랜 역사를 가진 문화적 단위이기 때문이다.

제3세계뿐 아니라 선진국이라고 하는 서유럽 각 나라 안에도 하나의 민족을 구성하는 여러 종족들 사이에 갈등이 지속되고 있는 것이 이를 잘 보여 준다. 이 지역들은 대개가 잘 발전된 민주주의 제도를 가지고 있어서, 종족에 따른 경제적 차이나 그 외 다른 차별이 별로 없다. 따라서 갈등의 원인을 종족적 정체성의 문제로 볼 수밖에 없다.

이렇게 종족이나 민족을 구성하는 혈통, 언어, 관습, 종교, 공유하고 있는 역사, 영토 등의 종족적·문화적 요소들은 쉽게 생겨나거나 사라지지 않는다. 따라서 민족주의는 앞으로도 상당히 오랫동안 힘과 영향력을 유지할 수밖에 없다.

2000년대 들어와 진행되고 있는 국제경제 위기도 지구화 추세의 역전 가능성을 보여 준다. 이 경제 위기는 기본적으로는 1970년대부터 시작된 과잉 생산설비와 소비 부족으로 인한 경기 침체에서 시작되었다. 수요는 별로 늘지 않는데 기술의 발전으로 생산 능력이 대폭 확대되었기 때문이다. 이것은 특히 1990년대 이후 정밀전자기계 산업의 발전으로 공장 자동화가 크게 진척되며 심화되었다.

2008년 9월의 미국 금융 위기는 바로 그 연장선상에 있는 것이다. 이 위기의 직접적 원인은 2000년대 들어와 미국을 비롯한 선진국들이 경기 침체에서 벗어나기 위해 지나치게 인위적으로 경기 부양을 한 데에 있다. 지속적인 저금리로 과도한 유동성을 만들어 냄으로써 국가나 기업, 가계에 너무 많은 거품이 끼게 만든 것이다.

이 위기는 즉시 전 세계로 확산되어 많은 나라 사람들에게 1929년 경제공황의 악몽을 불러일으켰다. 또 2011년에는 유럽 여러 나라의 재정 위기를 불러오는 등 계속 진행 중이다. 이 경제 거품이 다 빠지기 전까지 수십 년 동안 경제 회생이 어려울 수도 있다.

2012년 2월에는 국제적으로 영향력 있는 기업가, 정치인, 관료들의 모임으로 신자유주의를 이끌어 오는 데 중요한 역할을 한 다보스 포럼의 회장이 '신자유주의의 종언'을 이야기할 정도로 세계 경제의 전망은 비관적으로 보인다. 이런 것들은 지금까지의 신자유주의적 지구화 과정이 중단되거나 큰 타격을 받을 가능성이 있음을 시사한다.

좀 더 장기적으로 보면 최근 급속히 진행되고 있는 온난화가 가져올 여러 가지 문제들도 있다. 그것은 더 이상 지금과 같은 경제성장을 불가능하게 할 뿐 아니라, 오히려 크게 후퇴시킬 가능성이 크다. 그렇게 되면 지금까지의 자본주의 체제 자체를 붕괴로 몰고 갈 가능성이 크며, 자연히 지구화라는 과정도 역전될 수밖에 없을 것이다.

참고 문헌

A. 사드-필로(김덕민 역), 『네오리버럴리즘』, 그린비, 2009.

L. C. 서로우(한기찬 역), 『지식의 지배』, 생각의 나무, 개정판, 2007.

H. 슈만(김호준 역), 『세계화의 미래』, 영림카디널, 2010.

J. F. 페트라스(황성권 역), 『제국은 어떻게 움직이는가』, 갈무리, 2010.

E. J. 홉스봄(강명세 역), 『1780년 이후의 민족과 민족주의』, 창작과비평사, 1994.

J. Bellamy & F. Magdoff, *The Great Financial Crisis*, Monthly Review Press, 2009.

J. B. Forster, *Naked Imperialism*, Monthly Review Press, 2006.

D. Harvey, *The Condition of Postmodernity*, Oxford, 1989.

P. Krugman, *The Return of Depression Economics and the Crisis of 2008*, W. W. Norton & Company, 2009.

R. Robertson, *Globalization: Social Theory and Global Culture*, London, 1992.

찾아보기

서양 현대사의 흐름과 **세계**

1판 1쇄 인쇄 2012년 8월 25일
1판 1쇄 발행 2012년 8월 30일
1판 2쇄 발행 2013년 7월 5일

지은이 강철구
펴낸이 강영선
펴낸곳 도서출판 용의 숲
주소 서울시 마포구 서교동 361-9 3층
전화번호 02-338-5113
팩시밀리 031-914-5113
휴대폰 010-9177-8210
E-mail dragonpc@hanmail.net
출판등록 2004년 3월 29일 제 313-2004-00078호

주문처 한국출판협동조합
전화 070-7119-1741 | 팩스 031-944-8234~6

ISBN 978-89-93703-32-0 93900